光明社科文库
GUANGMING DAILY PRESS:
A SOCIAL SCIENCE SERIES

·政治与哲学书系·

反腐败视角下
高校校办企业国有资产监管研究

南 锐 | 著

光明日报出版社

图书在版编目（CIP）数据

反腐败视角下高校校办企业国有资产监管研究 / 南锐著 . -- 北京：光明日报出版社，2023.5

ISBN 978 - 7 - 5194 - 7198 - 9

Ⅰ.①反… Ⅱ.①南… Ⅲ.①高等学校—校办企业—国有资产管理—研究—中国 Ⅳ.①G649.22②F123.7

中国国家版本馆 CIP 数据核字（2023）第 086405 号

反腐败视角下高校校办企业国有资产监管研究
FANFUBAI SHIJIAOXIA GAOXIAO XIAOBAN QIYE GUOYOU ZICHAN
JIANGUAN YANJIU

著　　者：南　锐

责任编辑：王　娟　　　　　　　责任校对：李海慧

封面设计：中联华文　　　　　　责任印制：曹　净

出版发行：光明日报出版社

地　　址：北京市西城区永安路 106 号，100050

电　　话：010-63169890（咨询），010-63131930（邮购）

传　　真：010-63131930

网　　址：http://book.gmw.cn

E - mail：gmrbcbs@gmw.cn

法律顾问：北京市兰台律师事务所龚柳方律师

印　　刷：三河市华东印刷有限公司

装　　订：三河市华东印刷有限公司

本书如有破损、缺页、装订错误，请与本社联系调换，电话：010-63131930

开　　本：170mm×240mm

字　　数：237 千字　　　　　　印　　张：14

版　　次：2023 年 5 月第 1 版　　印　　次：2023 年 5 月第 1 次印刷

书　　号：ISBN 978 - 7 - 5194 - 7198 - 9

定　　价：89.00 元

目 录
CONTENTS

前　言

　　本书基于反腐败背景，以高校校办企业为研究对象，立足于腐败预防与反腐败治理的发展实践，基于深度访谈和案例研究的结论，识别高校校办企业国有资产监管中出现的腐败问题及成因，并依据政策计量的结论，从制度、文化和科技三个层面探讨360°全方位高校校办企业国有资产反腐监管模式的构建。笔者选择该话题，主要基于以下理由。

　　一是反腐倡廉是永恒的时代主题。党的十八大以来，以习近平同志为核心的党中央始终保持高压态势，坚持对腐败零容忍，腐败现象进一步得到遏制。党的十九届六中全会审议通过的《中共中央关于党的百年奋斗重大成就和历史经验的决议》指出，腐败是党长期执政的最大威胁，反腐败是一场输不起也决不能输的重大政治斗争。党的二十大报告也进一步指出，只要存在腐败问题产生的土壤和条件，反腐败斗争就一刻不能停，必须永远吹冲锋号，坚持不敢腐、不能腐、不想腐一体推进，以零容忍态度反腐惩恶，决不姑息。总之，反腐倡廉是永恒时代主题，反腐倡廉永远在路上，需要长期坚持和持续抓好落实的一项重大政治任务。基于此，在新的时代背景下，面对不同领域的腐败风险或问题，对腐败治理进行研究，提出中国方案，贡献中国智慧具有重要意义。

　　二是高校校办企业国有资产监管尤为重要。高校校办企业是指由高校兴办或控股的以营利为目的的企业，是将高校前沿科技成果进行市场转化的重要场所，也是孵化科技型产业的重要基地。伴随着我国经济体制从计划经济体制向社会主义市场经济体制的转轨，高校校办企业迎来了一段高速发展的时期。但高校校办企业在高速发展的同时，也面临监管缺位、法人治理结构不完善、资本运营效率不高、企业定位不清晰等问题，其中国有资产流失问题较为突出，国有资产的有效监管就显得尤为重要。

三是高校校办企业国有资产反腐监管刻不容缓。党的十八大以来，我国社会各领域掀起了一场反腐倡廉的新浪潮，相对于社会其他领域的腐败，人们普遍认为高校的腐败程度并不高。事实上，在市场化进程中，高校也面临着较高的廉洁风险，而高校校办企业作为高校直接和市场对接的部分，长期处于政府与学校的"三不管"地带，也比较容易滋生一些腐败问题。十八届中央第十二轮巡视对北京大学、清华大学等14所高校党委专项巡视的反馈情况公布，再次强调了校办企业管理混乱、廉洁风险突出的问题。在持续推进高校高质量发展的时代背景下，高校校办企业国有资产反腐监管刻不容缓。

本书由南锐撰写完成。博士研究生王竞杰、朱文俊，硕士研究生肖叶静、李艳、刘建凯、陈蒙、康琪、王瑞馨、曹丹婷、齐圣雄也参与数据收集、案例整理等工作，尤其是王竞杰、朱文俊两位博士研究生为此书完成做出了重要贡献。全书由南锐统稿。

由于本课题涉及高校校办企业国有资产监管和腐败等较为敏感话题，在研究过程中，尤其在实地调研过程中，遇到了一些阻力和挫折，但在中国矿业大学（北京）廉政研究中心和文法学院的全力支持下，在师长、同学、朋友和亲人的帮助与关怀下，最终按照预定计划完成了研究任务。在此，感谢中国矿业大学（北京）文法学院和廉政研究中心，它们的资助让课题研究不断深化；感谢光明日报出版社，它的支持、帮助让著作得以顺利出版。

我还要衷心感谢在项目研究过程中为我提供无私帮助和鼎力支持的各位专家和学者；感谢我的博士生导师北京师范大学政府管理学院汪大海教授、访学合作导师中国人民大学公共管理学院张康之教授等诸位老师给予的倾心指导和帮助；感谢中国矿业大学（北京）文法学院院长殷召良、书记杨洪兵、副院长许卉艳、副院长刘金程、副院长谭爽及我所在单位公共管理系的各位同事和朋友，是他们的鼓励和支持使我得以完成相关研究，取得一些成绩；感谢我的学生们，是他们给我带来了很多帮助和欢乐，并贡献了很多宝贵的建议；感谢光明日报出版社学术出版中心的编辑，是他们细微的审读和无私奉献，让我的著作不断完善，最终顺利出版。

最后，还得衷心感谢我的家人，他们是我继续前行的原动力。在此我最需要感谢我的父母，给予了我很多的鼓励和帮助，使我有勇气面对一切困难和挫折。感谢我的夫人、姐姐、姐夫、哥哥、嫂子等家人的无私关爱，他们的爱是我坚强的后盾和永恒的动力。与此同时，谨向论文中所列参考文献的诸位作者表示感谢，他们的科研成果为我的研究奠定了基础；也向为本书提出宝贵意见的学者表示衷心的感谢。

在本书的编写过程中，虽然已经付出了很大的努力，但是难免存在疏漏与不足，恳请各位专家和读者批评、指正。

南锐

2022 年 11 月

上篇 **01**

| 理论与实践 |

第一章

绪　论

第一节　研究背景与意义

一、研究背景

严重的腐败会导致政治混乱，腐败被国际社会公认为"政治毒瘤"，反腐倡廉是政治建设的重要内容，一直受到党和政府的高度重视。党的十九届六中全会审议通过的《中共中央关于党的百年奋斗重大成就和历史经验的决议》指出，腐败是党长期执政的最大威胁，反腐败是一场输不起也决不能输的重大政治斗争。① 党的二十大报告也指出，只要存在腐败问题产生的土壤和条件，反腐败斗争就一刻不能停，必须永远吹冲锋号，坚持不敢腐、不能腐、不想腐一体推进，以零容忍态度反腐惩恶，决不姑息。② 新中国成立以来，中国共产党经历了运动反腐、权力反腐和制度反腐多个阶段，致力于打造独立之中国、富强之中国、清廉之中国和美丽之中国③，在反腐败斗争中取得了显著成效，也积累了重要经验。尤其是党的十八大以来，以习近平同志为核心的党中央从实际出发，进一步指出要加强反腐制度建设，强调反腐要注重预

---

① 人民日报. 中共中央关于党的百年奋斗重大成就和历史经验的决议 [EB/OL]. (2021-11-17) [2022-10-22]. http://paper. people. com. cn/rmrb/html/2021-11/17/nbs. D110000renmrb_ 01. htm.

② 人民日报. 习近平在二十大报告中强调，坚定不移全面从严治党，深入推进新时代党的建设新的伟大工程 [EB/OL]. (2022-10-16) [2022-10-22]. http://cpc. people. com. cn/20th/n1/2022/1016/c448334-32546204. html.

③ 董瑛. 中国特色社会主义监督话语体系的构建 [J]. 马克思主义研究，2020 (12): 103-112, 164.

防与惩治相结合，治标与治本相结合，凸显制度体系构建和综合施策①，并从全面从严治党出发，出台了一系列的政策和规定，如《中国共产党廉洁自律准则》《中国共产党问责条例》《中国共产党党内监督条例》等。这些制度设计覆盖了党建的各个方面，更是将制度反腐倡廉活动推向了新阶段，"反腐败斗争取得压倒性胜利"也成为全面从严治党和腐败治理的标志性成果②。

党的十八大以来，中央纪委共立案审查调查中管干部 453 人，全国纪检监察机关立案审查案件 380.5 万件、查处 408.9 万人，查处违反中央八项规定精神问题 62.6 万件，查处形式主义、官僚主义问题 21.7 万件，处理 32.2 万人。③ 党的十九大以来，查处扶贫领域腐败和作风问题 28 万件，处分 18.8 万人，在惩治腐败的震慑和党的政策感召下，4.2 万人主动找党组织、找纪检监察机关投案。④ 实践证明，我们党进行的反腐败斗争是有理论、有目标、有行动、有成效的。在党中央领导下，构筑起了党统一领导反腐败斗争的体制机制，形成了党全面领导的反腐败工作格局，构建了一整套反腐败制度体系。党的十八大以来反腐败相关政策和规定详见表 1-1。

表 1-1　党的十八大以来反腐败相关政策和规定一览表

政策和规定名称	制定或印发机关	印发时间
《中共中央政治局关于改进工作作风、密切联系群众的八项规定》	中央政治局	2012 年 12 月
《中央巡视工作 2013—2017 年规划》	中共中央办公厅	2013 年 6 月

---

① 廖冲绪，杨旭. 党的十八大以来反腐倡廉制度建设探要 [J]. 毛泽东思想研究，2017（6）：80-85.

② 董瑛，刘缉川. 清廉中国：反腐败斗争压倒性胜利的三重逻辑 [J]. 治理研究，2022（1）：93-101+127-128.

③ 中国共产党新闻网. 新时代全面从严治党取得历史性开创性成就 [EB/OL]. (2021-06-30) [2022-10-22]. http：//fanfu. people. com. cn/n1/2021/0630/c64371-32144609. html.

④ 中国共产党新闻网. 新时代全面从严治党取得历史性开创性成就 [EB/OL]. (2021-06-30) [2022-10-22]. http：//fanfu. people. com. cn/n1/2021/0630/c64371-32144609. html.

续表

政策和规定名称	制定或印发机关	印发时间
《党政机关厉行节约反对浪费条例》	中共中央、国务院	2013 年 11 月
《建立健全惩治和预防腐败体系 2013—2017 年工作规划》	中共中央	2013 年 12 月
《中央和国家机关公务用车制度改革方案》	中共中央办公厅、国务院办公厅	2014 年 7 月
《中华人民共和国刑法修正案（九）》	全国人大常委会	2015 年 8 月
《中国共产党巡视工作条例》	中共中央	2015 年 8 月
《中国共产党廉洁自律准则》	中共中央	2015 年 10 月
《中国共产党纪律处分条例》	中共中央	2015 年 10 月
《中国共产党问责条例》	中共中央	2016 年 7 月
《中国共产党第十八届中央委员会关于新形势下党内政治生活的若干准则》	中共中央	2016 年 10 月
《中国共产党第十八届中央委员会中国共产党党内监督条例》	中共中央	2016 年 10 月
《中国共产党工作机关条例（试行）》	中共中央	2017 年 3 月
《中国共产党党务公开条例（试行）》	中共中央	2017 年 12 月
《中国共产党第十九届中央纪律检查委员会第二次全体会议公报》	中共中央纪律检查委员会	2018 年 1 月
《中华人民共和国监察法》	全国人民代表大会	2018 年 3 月

续表

政策和规定名称	制定或印发机关	印发时间
《国务院国资委关于以管资本为主加快国有资产监管职能转变的实施意见》	国务院国有资产监督管理委员会	2019 年 11 月
《中华人民共和国公职人员政务处分法》	全国人大常委会	2020 年 6 月
《公共企事业单位信息公开规定制定办法》	国务院办公厅	2020 年 12 月
《中华人民共和国监察官法》	全国人大常委会	2021 年 8 月

　　高校校办企业是指由高校兴办或控股的以营利为目的的企业，是将高校前沿科技成果进行市场转化的重要场所，也是孵化科技型产业的重要基地。高校校办企业是具有高校职能与企业职能的双重主体，既隶属于高校，又是独立经营实体。高校校办企业创建的意义在于：一是作为会集诸多顶尖人才的科研创新高地，高校通过办企业能够将科研成果转化和高新技术产业化；二是通过企业经营所得反哺高校，补充学校经费，促进其可持续发展；三是给学生提供实习、实践便利，促成学生将理论与实践相结合，提升学生实践能力。改革开放以来，随着我国经济体制向社会主义市场经济体制转轨的深入，高校校办企业迎来了一段高速发展的时期。该时期的国家政策安排以激励为主，对高校校办企业给予了大量政策支持，为企业发展创造了宽松的制度环境。[①] 然而，高校校办企业在高速发展的同时，也面临着监管缺位、法人治理结构不完善、资本运营效率不高、企业定位不清晰等问题[②]，其中，国有资产流失问题较为突出，因此高校校办企业国有资产的有效监管就显得尤为重要。为此，国家出台了一系列政策，对高校校办企业国有资产进行监管，详见表 1-2。

---

① 章亿发，张兵，王睿. 中国高校校办企业改革：回顾与展望 [J]. 中国高教研究，2021（8）：86-91.

② 方苑，沈弋. 公司治理视角下的高校校办企业内部控制：问题识别与对策分析 [J]. 商业会计，2017（20）：60-61，104；王涛，林丽雪. 高校校办企业监督机制研究 [J]. 教育财会研究，2017（3）：48-55.

表1-2 高校校办企业国有资产监管的主要政策一览

年份	政策名称	政策意蕴
2001	《关于北京大学、清华大学规范校办企业管理体制试点指导意见》	标志着清华大学与北京大学的校办企业改制工作开始。对校办企业改制提出目标：一是使校办企业成为承担有限责任、自主经营、自负盈亏、照章纳税的市场主体，并对国有资产承担保值增值的责任；二是逐步建立和完善学校在创办高科技企业中的投入与退出机制。
2005	《教育部关于积极发展、规范管理高校科技产业的指导意见》	在总结清华、北大校办企业管理改革试点的基础上，进一步规范高校科技产业的发展。
2006	《教育部关于高校产业规范化建设中组建高校资产经营有限公司的若干意见》	依法组建国有独资的资产经营公司或从现有校办企业中选择一个产权清晰、管理规范的独资企业，将学校所有经营性资产划转到高校资产公司。
2009	《教育部关于做好2009年度直属高校产业工作的意见》	全面建立新型的学校产业管理体制，学校资产公司规范运营，强化校办企业风险管控，加强对学校产业和国有资产的监督管理。
2012	《教育部直属高等学校国有资产管理暂行办法》	高校国有资产实行"国家统一所有，财政部综合管理，教育部监督管理，高校具体管理"的体制。
2014	《加强高校国有资产管理，杜绝违规经商现象》	加强高校国有资产和校办企业的监管，禁止院（系）、教师违规利用学校资源兴办企业；健全学校采购管理体制，实行采管分离。
2015	《教育部关于进一步规范和加强直属高等学校所属企业国有资产管理的若干意见》	加强所属企业国有资产监管，对所属企业全面进行清理规范，加强企业负责人薪酬待遇管理及规范领导干部在所属企业兼职、任职等。
2015	《教育部直属高等学校、直属单位国有资产管理工作规程（暂行）》	企业合并、分立、改制、上市，增加或者减少注册资本，发行债券等重大事项，应当遵守法律、行政法规以及企业章程的规定，不得损害出资人和债权人的权益。
2015	《教育部关于直属高校落实财务管理领导责任严肃财经纪律的若干意见》	强化对校办企业国有资产监管，提升财务队伍专业化水平，加强内部审计工作等。

续表

年份	政策名称	政策意蕴
2017	《教育部关于规范和加强直属高校国有资产管理的若干意见》	高校要建立国有资产监督管理责任制，强化纪检、监察、审计等部门协作联动监督，提高内部控制水平，防止国有资产流失。
2018	《国务院办公厅关于高等学校所属企业体制改革的指导意见》	坚持国有资产管理体制改革方向，尊重教育、市场经济规律，对校办企业进行清理规范，厘清产权和责任关系，分类实施改革。
2020	《教育部办公厅关于进一步加强国有资产出租出借管理的通知》	资产应当用于保障事业发展、提供公共服务，要严格控制资产出租行为，原则上不得无偿出借资产。
2020	《国有资产评估管理办法》（2020修订）	国有资产评估工作，按照国有资产管理权限，由国有资产管理行政主管部门负责管理和监督。
2021	《行政事业性国有资产管理条例》	各级人民政府应当建立健全行政事业性国有资产管理机制，加强对本级行政事业性国有资产的管理，审查、批准重大行政事业性国有资产管理事项。
2022	《高等学校财务制度》	建立健全内部控制体系，加强对学校经济活动的财务控制和监督，防范财务风险。

诚然，造成高校校办企业国有资产流失的原因是多方面的，既与校办企业的高校职能与企业职能的角色冲突相关，也与校办企业行为规制失范相关，更重要的是与校办企业内部出现的腐败问题相关。党的十八大以来，我国社会各领域掀起了一场反腐倡廉的新浪潮，相对于社会其他领域的腐败，人们普遍认为高校的腐败程度并不高。事实上，随着我国改革开放和市场经济建设进程的不断推进，我国高校经历了从计划经济转向市场经济的过程，在市场化进程中，不可避免会受到市场经济一些弊端的影响，比如腐败。而高校校办企业作为高校直接和市场对接的部分，受到的影响最为明显，这直接表现为校办企业中滋生了一些腐败问题。2017年6月，十八届中央第十二轮巡视对14所高校党委专项巡视的反馈情况公布，再次强调了校办企业管理混

乱、廉洁风险突出的问题。①

从实践来看，高校校办企业一般都是由国家投资、学校运营，依托于学校资产而存在，享受高校品牌给自身经营带来的品牌红利，并且很多时候不需要自负盈亏，于是出现了校办企业只享受利益却不承担风险的现象。又由于其特殊身份，高校校办企业处于政府与学校的"三不管"地带，无限的权力与有限的监管使其成为滋生腐败的土壤。一些高校校办企业管理者之所以未能遵守"筑牢防线、守住底线、不越红线"的廉政准则，做出以权谋私的行为，主要是因为这种行为侵犯的是公共利益，没有直接对私人利益造成影响，所以易导致公众产生"事不关己，高高挂起"的心理，衍生国有资产监管困境，诱发高校校办企业国有资产监管的腐败问题，造成诸多不良后果。高校校办企业国有资产运营及监管中出现的腐败问题，不仅给校办企业健康快速发展带来了隐患和风险，也为高校腐败滋生提供了温床。因而，在当前背景下，以反腐败为视角，科学精准识别高校校办企业国有资产监管面临的腐败问题，探讨腐败问题的形成原因，并依据相关政策计量分析的结果，基于"制度+文化+科技""三位一体"的系统化视角提出具体的监管模式，对提升高校校办企业国有资产监管成效，推进校办企业反腐治理体系和治理能力现代化具有重要意义。

二、研究意义

在反腐败背景下，以高校校办企业为研究对象，基于高校校办企业国有资产监管面临的腐败问题，从治理结构、产权制度、监督体系和思想认识四个层面寻求腐败问题产生的原因，并依据政策计量分析结果，以制度、文化和科技为三大要素，构建了反腐败视角下高校校办企业国有资产监管新模式，旨在实现国有资产监管和高校校办企业腐败治理的双重目标。总的来说，该研究具有以下理论和现实意义。

（一）理论意义

1. 有助于进一步丰富和深化国有资产监管理论

目前，学界对国有资产及其监管的研究相对较多，形成了一批较为丰富

---

① 人民日报. 重磅！北大等14高校巡视反馈公布：校办企业管理混乱［EB/OL］. （2017-6-16）［2022-10-23］. http：//edu. people. com. cn/n1/2017/0616/c1053-29345428. html.

的研究成果。但现有研究很少以高校校办企业为样本来关注国有资产监管的问题。且由于它的特殊地位，高校校办企业国有资产监管长期游离在国务院国有资产监督管理委员会（以下简称"国资委"）监管体制之外。加之相关实践的缺乏，使得高校校办企业国有资产监管的理论研究相对较少。因而，在当前背景下，对高校校办企业国有资产监管问题进行研究，在一定程度上丰富和深化了国有资产监管理论，具有重要的理论意义。

2. 有助于拓展高校校办企业治理理论在反腐新时代背景下的理论内涵与适用场域

高校校办企业治理以构建高校创新体系、提高高校创新能力、深入推动高校综合改革为重要目标。自新中国成立以来，高校校办企业改革先后经历了政策鼓励、制度激励、制度监管、行政剥离与清理四个阶段，高校校办企业治理理论先后经历了"高校校办企业是否存续"到"高校校办企业如何运营"的议题转向，这在一定程度上推动了高校校办企业治理制度的系统化与规范化。面对信息技术的快速发展与日益浓厚的反腐文化，技术要素与文化要素交互影响，并成为影响校办企业治理效能的关键变量。基于政策计量分析与案例研究的结论，对高校校办企业国有资产监管面临的腐败问题进行全方位识别，据此构建制度、文化和科技的360°全方位高校校办企业国有资产反腐监管模式，有利于深化校办企业治理理论内涵并完善其理论分析框架，拓宽其在监管环节的理论适切程度。

3. 有助于形成具有时代特征、中国特色的高校校办企业腐败治理的新理论

党的十八大以后，腐败治理提到了一个更高的层次。在反腐败斗争取得压倒性胜利并全面巩固的时期，以高校校办企业为研究对象，基于大量案例，通过对高校校办企业国有资产监管面临的腐败问题进行精准识别，并找出其成因，进而基于反腐败视角，以制度、文化和科技为三大主要构成要素，提出360°全方位高校校办企业国有资产反腐监管模式，这既是对校办企业国有资产监管模式的有益探索，也是回应推进反腐败斗争向纵深发展的现实要求，有利于在反腐败背景下深入研究具有时代特征、中国特色的高校校办企业腐败治理的新经验和新理论，具有重要的理论意义。

（二）现实意义

1. 有助于提升政策体系的科学性与有效性

随着高校持续推进产学研的深度融合，高校校办企业的数量急剧增加，

规模越来越大，涉及的利益越来越广泛，长期游离在国资委监管体制之外的高校校办企业迫切需要新的政策设计，以解决高校校办企业在高速发展中遭遇的"瓶颈"问题，推动我国高校校办企业改革向纵深发展。通过对相关政策进行计量分析，基于政策发文时间、政策文本效力、政策发文单位、政策主体、政策过程与政策工具的六维分析框架，深入研究高校校办企业监管相关政策的外部属性和内部结构，揭示政策的演进规律，并从完善政策主体协同、强化政策过程、优化政策工具结构三方面提出相应的政策建议。同时，通过对高校校办企业国有资产监管的成功案例进行分析，精准识别监管实践中的各类腐败问题，并对其成因进行深入剖析，从制度、文化和科技三个层面提出具体对策建议。另外，通过综合使用政策量化研究和案例研究等方法，消弭单一研究方法的固有局限性，系统提升高校校办企业国有资产监管政策设计的科学性和有效性。

2. 有助于优化高校校办企业腐败治理的政策设计

腐败治理一直是政界和学界关注的焦点问题，对其治理政策设计的关注具有重要的现实指导意义。高校校办企业腐败问题多发，使高校不再是一片净土，腐败问题亟待解决。因而，在此背景下，以腐败问题多发的高校校办企业为切入点，对高校校办企业国有资产监管面临的腐败问题进行科学精准识别并找出成因，提出具体的反腐型高校校办企业国有资产监管模式，将有利于提高高校校办企业腐败治理政策的全面性和针对性，优化高校校办企业腐败治理的政策设计，从而推动高校校办企业腐败治理与国有资产监管的有机融合，通过提高政策的全面性和针对性，能够为高校腐败治理提供重要的政策支撑。

3. 有利于推进高校校办企业的现代化发展

随着市场经济的发展，高校校办企业发展模式不清、产权不明、效益不高等问题凸显，给高校国有资产安全带来风险，对校办企业的持续健康发展造成隐患。中央全面深化改革委员会审议通过的《高等学校所属企业体制改革的指导意见》指出，全面加强国有资产监管，履行程序，规范操作，强化审计监督，严格责任追究，防止国有资产流失。在此背景下，对高校校办企业国有资产监管面临的腐败问题及其成因进行精准识别与分析，并提出具体的高校校办企业国有资产监管模式，有利于为提高高校校办企业监管成效提供具有可操作性的实践路径，进一步推进高校校办企业的现代化发展。

4. 有利于推进高校的高质量发展

深化高校校办企业改革是促使高校聚焦教学科研主业，减轻高校管理负担，促进高等教育内涵式发展，办好中国特色社会主义高校的重要手段。高校治理作为一项系统性工程，需要综合施策，全方位、多层面、立体化推进高校发展。高校相对封闭的系统环境、腐败行为的隐蔽性和高传染性等特征导致高校校办企业监管容易滋生腐败行为，腐败问题易成为高校发展的重要阻点。基于此，聚焦高校校办企业这一双重职能主体，探析其国有资产监管面临的腐败现象及成因，有利于推进监管领域的反腐败斗争向纵深发展，推进高校的高质量发展。

第二节　国内外研究现状综述

一、国外研究现状综述

国外学界对高校校办企业国有资产监管研究主要沿着两条脉络进行：一是将高校校办企业视作私营企业进行资产监管；二是将高校校办企业视作国有（公有）企业进行资产监管。

（一）关于国有资产监管的研究

1. 国有资产监管的理论分析

从产权理论分析，国有资产为国家所控制，其所有权归国家，对国有资产的管理实际上是对其产权的管理①。国家履行产权管理职责的目的不能简单归纳为追求利润的最大化，其并不仅仅在于对剩余价值的追求，更重要的是对社会公共利益最大化的追求，以维持自身存在的合法性②。但政府在此过程中可能会存在干预市场的行为，这会导致权力寻租、贪污受贿等问题，政企分开能提升国有企业的独立性，降低寻租行为发生的概率，因而应该以一套

---

① KOPPELL J G S. Political control for China's state-owned enterprises: lessons from America's experience with hybrid organizations [J]. Governance, 2007, 20 (2): 255-278.

② GUO Y. Evolution and Thinking of the Accounting Supervision Mode of China's State-owned Enterprises [J]. Journal of computers, 2011, 6 (11): 2476-2483.

完备的管理制度为基础设立专业的管理机构，以此实现国有资产利益的最大化①。但研究表明，信息不对称的问题使委托代理产生了代理成本，致使多个政府部门同时监管国有企业效率较低。政府应找出科学有效的模式约束与激励代理人的行为，提高国有企业及国有资产监管的有效性，并提高国有资产的回报率②。

2. 关于国有资产监管的方式及过程研究

当国有企业出现重大违规事件造成国有资产流失时，政府作为公众代表、市场调控者与企业服务者应当参与监管，通常采用法制监管、处罚监管、隐性监管等监管方式③。监管方式的差别导致监管过程大相径庭，一般包括如下内容：规章制度设计、损害行为归因、落实责任人、判定损失、给出制裁、公示教育④。还有学者基于市场与行业协会的主体定位，分析了行业自律与市场竞争对监管的影响，并在对监管过程的目标、方法和因果进行反思的基础上，指出企业中存在隐形监管的行为，对日常监管程序的改良具有积极作用⑤。

3. 国有资产管理体制改革的研究

政府兼顾国有企业出资人和社会监管者的双重身份会造成角色定位偏差，导致市场主体无法分辨其何时是代表政府干预市场，何时是代表所有者和投资者保护市场⑥。政府在为提高国有企业效益和效率创造宽松条件的同时，还要确保国有企业能够顺利实现政府的社会目标⑦。也有学者提出国有资产管理

---

① QIANG Q. Corporate governance and state – owned shares in China listed companies [J]. Journal of Asian Economics, 2003, 14 (5): 771-783.

② HASSARD J, MORRIS J, SHEEHAN J, et al. China's state-owned enterprises: economic reform and organizational restructuring [J]. Journal of Organizational Change Management, 2010, 23 (5): 500-516.

③ ROE M J. Political determinants of corporate governance: Political context, corporate impact [M]. Oxford University Press on Demand, 2006.

④ TSAI H W, CHEN T S, CHU C P. An on-demand routing protocol with backtracking for mobile ad hoc networks [C] //2004 IEEE Wireless Communications and Networking Conference (IEEE Cat. No. 04TH8733). IEEE, 2004, 3: 1557-1562.

⑤ NEVIN J R. Relationship marketing and distribution channels: Exploring fundamental issues [J]. Journal of the Academy of marketing Science, 1995, 23 (4): 327-334.

⑥ CHAN H S. Politics over markets: Integrating state-owned enterprises into Chinese socialist market [J]. Public Administration and Development, 2009, 29 (1): 43-54.

⑦ KOPPELL J G S. Political control for China's state-owned enterprises: lessons from America's experience with hybrid organizations [J]. Governance, 2007, 20 (2): 255-278.

不应该追求多重目标的实现，而是应该基于人民的利益严格维持盈利和增值的目标，实行彻底的政企分离和政资分离，认为"政府—国有资本运营公司—混合所有制企业"的结构是国有资产管理体制改革的重要方向之一①。

（二）关于高校校办企业国有资产的研究

1. 基于高校校办企业存在合理性的视角

在此问题上，学界呈现出两种对立的观点。一种观点是肯定的，认为高校创办校办企业有利于发挥高校的专业技术优势和参与市场竞争的自主意愿②，国家政策与大学的创业文化也为其发展构建了制度空间和文化氛围③。同时，高校的科研实力与其所属企业吸引外部资金的能力存在相关性④，这有利于高校校办企业通过市场化的方式实现利润获得，在一定程度上增加了教育经费，减少了对政府教育拨款的过度依赖，具有积极的意义。基于校办企业有其存在的合理性，对其资产进行监管也在情理之中⑤。另一种观点则是否定的，认为高校应该回归它的公益性，作为众多利益集团的一部分，高校必须警惕自己的利益由于人们要求它更加实用，更适应现实，更受大众喜爱而受到损害，而且校办企业会受到经济形式、企业家精神等因素的影响，可能使高校承担连带责任⑥。高校校办企业存在的合理性也遭受了质疑，资产监管

① SAM C Y. Partial privatisation and the role of state-owned holding companies in China [J]. Journal of Management & Governance, 2013, 17 (3): 767-789.

② FRANKLIN S J, WRIGHT M, LOCKETT A. Academic and surrogate entrepreneurs in university spin-out companies [J]. The Journal of Technology Transfer, 2001, 26 (1): 127-141; SMILOR R W, GIBSON D V, DIETRICH G B. University spin-out companies: technology start-ups from UT-Austin [J]. Journal of business venturing, 1990, 5 (1): 63-76.

③ SMITH H L, HO K. Measuring the performance of Oxford University, Oxford Brookes University and the government laboratories' spin-off companies [J]. Research Policy, 2006, 35 (10): 1554-1568.

④ JELFS P, LAWTON SMITH H. Financial performance studies of university spin-off companies (USOs) in the West Midlands [J]. The Journal of Technology Transfer, 2021, 46 (6): 1949-1972.

⑤ 德里克·博克. 走出象牙塔：现代大学的社会责任 [M]. 徐晓洲，等译. 杭州：浙江教育出版社，2001：12；VOHORA A, MIKE W, ANDY L. Critical junctures in the development of university high-tech spinout companies [J]. Research Policy, 2004, 33 (1): 147-175; SELEIM A, BONTIS N. The relationship between culture and corruption: a cross-national study [J]. Journal of Intellectual Capital, 2009, 10 (1): 165-184.

⑥ KORPYSA J. Endo-and exogenous conditions of entrepreneurial process of university spin-off companies in Poland [J]. Procedia Computer Science, 2019, 159: 2481-2490.

的有效性也是质疑其合理性的重要方面①。不过在此问题上，国外学界仍然未形成较为统一的观点，这也一直成为学界关注的热点话题。

2. 基于校办企业与高校、政府关系的视角

在此问题上，国外学界大部分学者立足于政府与市场关系的逻辑起点，认为创办能够盈利的高校校办企业是政府和高校的主要目标，高校和校办企业应实现分离，保持相对独立，维持一种良好的合作伙伴关系；而政府则是要促成并维护这种关系的形成，并对其资产进行有效的监管②；与此同时，高校校办企业面临获取风险投资、提高知识产权回报、开拓市场、商业可持续性等现实压力③。高校校办企业在实践发展中呈现出三种模式：政府主导的国家社会主义型（An Etatistic Model）、各自独立的自由放任型（A laissez-faire Model）和三方互动的三螺旋模型（The Triple Helix Model），政府对这三种模式下的校办企业资产监管也应体现一定的差异性④。还有学者认为，监管的类型与企业治理结构有关，监管方式与程度高低也取决于校办企业的内部治理结构⑤。

---

① 阿什比. 科技发达时代的大学教育 [M]. 滕大春，等译. 北京：人民教育出版社，1983：28；布鲁姆. 走向封闭的美国精神 [M]. 缪青，等译. 北京：中国社会科学出版，1994：263-272；CLARYSSE B, MORAY N. A process study of entrepreneurial team formation: the case of a research-based spin-off [J]. Journal of Business Venturing, 2004, 19（1）：55-19；BARR A, SERRA D. Corruption and culture: An experimental analysis [J]. Journal of Public Economics, 2010, 94（11）：862-869.

② WRIGHT M, LOCKETT A, CLARYSSE B, et al. University spin-out companies and venture capital [J]. Research policy, 2006, 35（4）：481-501.; PIRNAY F, BERNARD S, FREDERIC N. Toward a typology of university spin-offs [J]. Small Business Economics, 2003, 21（44）：355-359.

③ LOCKETT A, WRIGHT M. Resources, capabilities, risk capital and the creation of university spin-out companies [J]. Research policy, 2005, 34（7）：1043-1057；LIBAERS D, MEYER M, GEUNA A. The role of university spinout companies in an emerging technology: The case of nanotechnology [J]. The Journal of Technology Transfer, 2006, 31（4）：443-450.

④ ETZKOWITZ H, WEBSTER A, GEBHARDT C, et al. The future of the university and the University of Future: evolution of ivory tower to entrepreneurial paradigm [J]. Research Policy, 2000, 29（2）：313-330.

⑤ FACCIO M, LANG L H P. The Ultimate Ownership in Western European Corporations [J]. Journal of Financial Economics, 2002, 65（3）：365-395；LI F, SRINIVASAN S. Corporate governance when founders are directors [J]. Journal of financial economics, 2011, 102（2）：454-469；BENA J, ORTIZ-MOLINA H. Pyramidal ownership and the creation of new firms [J]. Journal of Financial Economics, 2013, 108（3）：798-821.

3. 基于一般管理的视角

在此视角下，国外学界主要将高校校办企业作为普通企业的一员，关注的焦点主要集中财务预算管理和管理体制方面。一是部分学者将高校校办企业视为普通的国有企业（或国有资产），认为财务预算管理是国有资产监管的核心，政府预算会对校办企业创新创造水平产生影响，进而影响校办企业国有资产的保值、增值①。因而，对校办企业国有资产的监管也必须重视校办企业的财务预算管理。二是部分学者从政策和法律等方面关注高校校办企业国有资产的管理体制问题，有学者以日本为例，认为对高校校办企业国有资产的管理应实现部分分离制度，即主要由中央财政部门进行管理，地区财政部门负责具体执行，并通过制度法规进行约束管理②。

二、国内研究现状综述

以"高校腐败"为主题词，在中国知网（China National Knowledge Infrastructure，CNKI）数据库中检索 1994—2021 年发表的相关论文。检索时间为 2022 年 4 月 22 日，共获得文献 675 篇。基于人工筛选和 CiteSpace 的自动清洗功能，排除会议论文、报纸等非典型性研究文献以及与高校腐败内容不相关的文献，最终共有 632 篇文献作为文献计量统计和可视化分析的数据来源。

（一）文献数量统计分析

年度发文量可以直观展现学界在特定时期对该研究领域的关注度，反映了该领域研究的整体学术水平和发展速度，发文量变化趋势有助于增强学者对该研究领域进展的整体把握。按照年度发文量排序统计，我国学者对高校腐败的研究最早始于 1994 年，并于 2007 年开始显著增加，2016 年发文最多，达到 68 篇，占总发文量的 10.76%（见图 1-1）。这说明，高校腐败研究逐渐受到学界的重视，是一个具有研究热度的话题。根据年度发文量趋势，可将高校腐败研究大致划分为三个阶段：第一阶段为 1994—2006 年，文献数量总体较少，年均 4.3 篇，特别是在 1994—2000 年之前，每年仅有 1 篇甚至存在无文献发表的情况；第二阶段为 2007—2016 年，文献发表数量呈现出螺旋式上升趋势，且涨幅明显，于 2016 年达到最多，年均 46.9 篇，是前一阶段年

① PARK D S, CHO K T. What factors contribute to the creation of spin-offs? The case of government-funded research institutes in Korea [J]. Asian Journal of Technology Innovation, 2019, 27（2）: 135-151.

② 这是 Hideaki Tanaka 在 2008 年"外国政府公共资产管理专题论坛"讲座中提到的。

均发文量的 11 倍；第三阶段为 2017—2021 年，文献发表数量在波动中下降，年均 21.4 篇，但仍约为第一阶段年均发文量的 5 倍。从这一发展趋势可以看出，高校腐败研究总体上呈现出一种上升趋势。当前高校腐败研究正处于深化研究阶段，需要在总结前期研究基础上进行创新性研究，这也是学术界积极回应反腐败实践的具体体现。

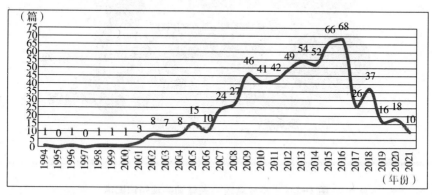

图 1-1　1994—2021 年"高校腐败"相关文献的年度发文量

（二）文献关键词分析与重要文献梳理

1. 关键词共现分析

关键词是对文献的高度凝练及核心内容的精准把握，绘制关键词共现知识图谱可以把握该领域的研究热点。① 基于既有文献，利用 CiteSpace 软件，绘制"高校腐败"关键词共现知识图谱（见图 1-2），并统计出相应的高频关键词（见表 1-3），图中共有网络节点 463 个，连线 1031 条，网络密度为 0.0096。其中，"高校""高校腐败""腐败""反腐倡廉"等关键词节点较大，说明出现频次较高。从高频关键词的中介中心性来看，"高校""高校腐败""腐败""反腐倡廉""反腐败""学术腐败"等 6 个关键词的中介中心度均大于 0.1，这表明它们具有较大的影响力，是当前研究的热点。从具体关键词来看，可将其划分为三类：①高校腐败形式，包括"高校""学术腐败""基建工程"等关键词；②高校腐败成因分析，包括"权力腐败""廉政文化"以及"监督"等关键词；③高校反腐措施，涉及"反腐倡廉""对策""反腐败""廉政建设""内部控制""制度建设""内部审计"等。

---

① 黄贵辉，许正中. 国内行政改革研究热点与发展趋势研究：基于 CiteSpace 知识图谱分析 [J]. 长白学刊，2021（5）：65-74.

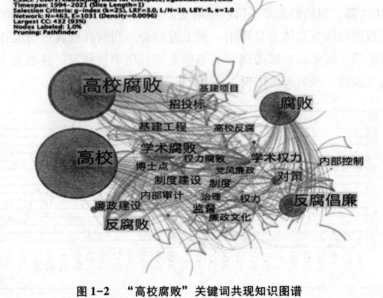

图1-2 "高校腐败"关键词共现知识图谱

表1-3 "高校腐败"研究领域高频关键词

序号	频次/次	中介中心性	初现年份	关键词
1	262	0.55	2002	高校
2	171	0.95	1994	高校腐败
3	83	0.25	2003	腐败
4	73	0.20	2004	反腐倡廉
5	39	0.09	2002	对策
6	24	0.13	1999	反腐败
7	21	0.06	2007	廉政建设
8	17	0.03	2002	成因
9	16	0.04	2007	内部控制
10	14	0.06	2010	制度建设
11	14	0.04	2009	高校反腐
12	13	0.05	2006	制度
13	11	0.05	2009	内部审计

续表

序号	频次/次	中介中心性	初现年份	关键词
14	10	0.12	2002	学术腐败
15	10	0.06	2005	基建工程

2. 关键词聚类及内容分析

关键词聚类知识图谱反映了研究热点的分布态势，可以分析该领域的研究主题。基于既有文献，利用 CiteSpace 软件，绘制"高校腐败"关键词聚类知识图谱（见图 1-3），模块值 $Q=0.6325$（$Q>0.3$），说明聚类结构显著；平均轮廓值 $S=0.8943$（$S>0.7$），说明聚类效果显著，最终共获得 15 个较为突出的话域主题，即"高校""高校腐败""腐败""反腐倡廉""制度建设""学术腐败""反腐败""基建工程""招投标""廉政文化""内部审计""党章党规""惩治腐败""后勤工程""产生原因"。高校腐败研究成果主要围绕这 15 个话题，且其研究重点分布在各个时间节点（如图 1-4）。除"学术腐败"（出现于 2002 年，主要研究时段横跨 2002—2016 年），"反腐倡廉"（出现于 2004 年，主要研究时段横跨 2004—2018 年），"后勤工程"（出现于 2006年，主要研究时段横跨 2006—2016 年），"廉政文化"（出现于 2007 年，主要研究时段横跨 2007—2019 年）等话题近几年研究较少，其他话题仍然是近几年研究的热点，特别是"高校腐败"主题自 1994 年出现，横跨整个研究阶段。与此相对应的是，关于"反腐败"和"惩治腐败"的研究始终是一个经

图 1-3　"高校腐败"关键词聚类图谱

久不衰的话题。结合高校校办企业国有资产监管问题，将 15 个话题整合，可概括为三个方面：腐败表现及特点（#0 高校，#1 高校腐败，#2 腐败，#5 学术腐败，#7 基建工程，#8 招投标，#13 后勤工程），腐败问题成因（#15 产生原因），监管模式与策略研究（#10 内部审计，#3 反腐倡廉，#4 制度建设，#6 反腐败，#9 廉政文化，#11 党章党规，#12 惩治腐败)①。

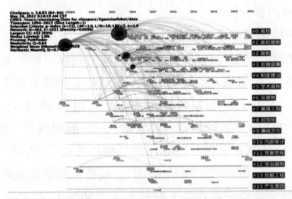

图 1-4　"高校腐败"时间序列图谱

（1）高校校办企业国有资产监管面临的腐败问题及特点

在此问题上，大多数学者立足于当前高校校办企业腐败的案例，认为现阶段高校校办企业腐败问题表现在宏观、微观两个层面上，其中宏观层面表现为经济类（基建、后勤等部门的腐败行为）、学术类（科研、课题等领域的腐败行为）、行业类（招考、教学、学生管理等活动中的腐败行为)②；微观层面表现为决策管理上以权谋私、教学科研上中饱私囊、后勤服务上损公肥私三大类③，具体表现为后勤基建、采购、招生、教学与财务管理、校办产业

---

① CiteSpace 软件在进行聚类时具有自动筛选机制，当相关主题的文章数量在 10 篇以内时，该聚类跳过不显示。由于聚类主题#14 的相关文章数量小于 10 篇，且对其进行分析的必要性较弱，因此在图 1-4 中不显示。

② 董岩. 当前高校党员领导干部经济违纪违法现象浅析［J］. 长春高等金融专科学校学报，2007（4）：52-54；李洁. 提高国有企业纪检监察干部能力建设的途径［J］. 企业研究，2013（18）：117；方晨旭. 高校反腐败的制度分析及对策研究［D］. 昆明：云南大学，2016.

③ 何增科. 高校腐败及其治理状况的调查与研究［J］. 广州大学学报（社会科学版），2013（11）：5-16；李建伟. 现代治理视域下高校腐败防治研究［D］. 西安：西北大学，2015.

等领域的腐败问题①，其腐败的特点呈现出犯罪数量激增、隐蔽性强、犯罪类型多样、"灰色腐败"危险倾向日益显现等特点②。除此之外，还有一部分学者关注了高校隐形国有资产的流失，认为相比有形资产而言，隐形资产的流失是指国有资产得不到充分使用进而造成的流失，其更难以发觉，危害更严重，具体表现为高校资产管理的缺失，以及部分国有资产的贬值等③。

（2）高校校办企业国有资产监管面临腐败问题的成因

在此问题上，学者主要基于高校校办企业（或国有企业）的产权和治理结构的特殊性，将腐败问题的成因归结为以下几个方面：一是权力滥用导致的腐败问题，认为权力缺乏有效的监管会导致腐败问题④；二是管理人员（或官员）的廉洁意识不足易诱发腐败，即一些管理人员缺乏专业素养，加之廉政意识淡薄，进而利用权力追求不正当的收入从而导致腐败⑤；三是现有治理结构不完善和监督失位导致的腐败问题，认为高校校办企业治理结构不完善导致企业治理边界权责不清晰，领导权力高度集中导致企业治理主体能力与权力不匹配，企业治理信息化程度不高导致监督体系不完善，国资委与高校的监管缺位和监管错位造成监管体系真空和监管能力缺失，这些在很大程

---

① 姜国权，王越. 高校廉政建设的深层思考与对策 [J]. 中国行政管理，2011（8）：48-52；罗迪. 高校边缘腐败的成因分析与预防对策研究 [J]. 中国管理信息化，2018（1）：221-223.

② 桑玉成. 政治发展的规划与预期 [J]. 探索与争鸣，2008（10）：4-11；刘鑫，朱启友. 中国特色反腐倡廉建设的现实困境及路径选择 [J]. 政治学研究，2010（2）：109-115.

③ 王江华，郭林峰，周新华. 高校国有资产隐性流失的防止对策及研究 [J]. 三峡大学学报（人文社会科学版），2008（S1）：176-177.

④ 刘鑫，朱启友. 中国特色反腐倡廉建设的现实困境及路径选择 [J]. 政治学研究，2010（2）：109-115；李洁. 提高国有企业纪检监察干部能力建设的途径 [J]. 企业研究，2013（18）：117.

⑤ 何增科. 依靠制度建设遏制商业贿赂 [J]. 经济社会体制比较，2008（1）：118-127；王永珍. 优化高校资产管理　增强反腐倡廉能力 [J]. 大庆社会科学，2013（1）：101-104；刘银善. 适应新常态，全面履行监督执纪问责职能：关于新形势下高校纪委深化"三转"工作的研究与思考 [J]. 吉林师范大学学报（人文社会科学版），2015（4）：70-73；付净，李国平. 高校国有资产管理工作者的党风廉政教育建设 [J]. 中国高新区，2017（12）：65.

度上导致腐败①；四是道德缺失导致的腐败问题，有学者认为社会转型期内，社会价值观念出现了真空和错位导致腐败②。

（3）高校校办企业国有资产监管的模式与策略研究

目前，学界聚焦高校校办企业国有资产监管策略和模式的研究相对较少，而从腐败治理（或反腐败）视角进行研究则更是少之又少，现有研究更多涉及高校校办企业改制和高校国有资产管理的策略研究。具体如下。

①基于制度、机制和体系构建视角论述了高校校办企业治理及经营性国有资产监管的对策。一是相关制度构建方面，一些学者认为深化校办企业国有资产等领域的治理，既需要加强党风廉政主体责任落实，分类推进校办企业改革，完善现代企业管理制度；又需要加强和完善反腐倡廉相关制度的建设，把权力关进"笼子"，确保权力正确行使；还需要加强高校国有资产的制度廉洁性评估，加强对高校产业腐败问题防范与治理的顶层设计和政策引导，编好"制度的笼子"③。二是相关机制构建方面，在"管企业—管资产—管资本"的国有资产监管体制转型过程中，高校校办企业国有资产监管问题削弱了对高校的积极作用，必须探索适合高校校办企业的国有资产监管体制④。一些学者认为，应探索一套切合实际的高校校办企业监督机制以铲除滋生腐败

---

① 汪思明. 新时期高校腐败成因及对策探究［J］. 咸宁学院学报，2009（1）：20-22；李瑛. 高校国有资产管理制度廉洁性评估［J］. 中国高校科技，2015（5）：83-85；李培林. 改善高职院校固定资产管理初探［J］. 现代经济信息，2015（7）：320；方苑，沈弋. 公司治理视角下的高校校办企业内部控制：问题识别与对策分析［J］. 商业会计，2017（20）：60-61+104；王颖. 高校校办企业治理体系改革分析及建议［J］. 中国高等教育，2021（2）：48-50.

② 樊浩. 当前中国伦理道德状况及其精神哲学分析［J］. 中国社会科学，2009（4）：27-42；姜国权，王越. 高校廉政建设的深层思考与对策［J］. 中国行政管理，2011（8）：48-52；何增科. 高校腐败及其治理状况的调查与研究［J］. 广州大学学报（社会科学版），2013（11）：5-16.

③ 左婧. 校办产业反腐倡廉建设思考［J］. 中国高校科技，2014（9）：88-89；高德华，季菲菲，樊非，等. 浅议高校校办企业领域治理存在的问题及对策［J］. 教育教学论坛，2018（41）：60-61；李瑛. 高校国有资产管理制度廉洁性评估［J］. 中国高校科技，2015（5）：83-85.

④ 闫平，彭勃. 校办企业国有资产监管问题研究［J］. 中国高校科技，2019（Z1）：113-114；朱炜，李伟健，綦好东. 中国国有资产监管体制演进的主要历程与基本特征［J］. 经济学家，2022（2）：97-108.

的土壤①，即明确经营性资产管理委员会的核心地位，充分发挥监事会作用，加强外部审计监督、健全激励机制，加强财务控制、加强企业内部审计机制；也需要进一步理顺国有资产管理工作体制并完善运营机制、加强对校办企业国有资产的监管，促进校办企业与高校的双向赋能与协同发展②。三是相关体系构建方面，一些学者认为应规范公司法人治理结构，实施全面预算管理，完善高校经营性国有资产的财务监督体系。还有学者认为应构建全面的国有资产预算管理体系、搭建动态的国有资产信息网络平台、培养高素质的国有资产管理队伍、建立多元化的资产来源渠道、完善国有资产风险管理法律体系，构建多维多主体监管体制，形成"四维一体"的国有资产监管的政策体系等③，促进高校校办企业健康可持续发展，增强高校校办企业国有资产监管效能④。

②基于财务管理视角论述了高校校办企业国有资产监管的对策。有学者认为，现阶段高校校办企业依附高校存在，高校应强化财务监督和管理制度，加强对高校校办企业的实际控制力，加强经营性国有资产的管理评估工作，充分评估企业的有形资产和无形资产，消除国有资产变相流失的问题，从而促进国有资产保值增值⑤。有学者认为，在市场激烈竞争环境下，高校校办企业国有资产的监管应依赖于现代企业制度的建立，应按照现代企业的要求，建立审计制度，优化会计委派制，健全学校作为投资主体参与企业重大财务决策的制度，健全高校作为投资主体和对企业财务预算的审批制度，完善对

---

① 王胜楠，章利华，姚丹燕. 校办科技产业廉政制度建设探讨：基于财务管理视角的 [J]. 中国高校科技，2018（9）：80-81.

② 曹志华，刘淑云，乔名芳. 高校企业国有资产管理存在的问题与对策 [J]. 行政事业资产与财务，2015（28）：12-13；王涛，林丽雪. 高校校办企业监督机制研究 [J]. 教育财会研究，2017（3）：48-55.

③ 李健生. 构建高校所属企业的多维多主体监管体制研究 [J]. 广西社会科学，2019（8）：184-188；高红，管仲军. 公益事业单位国有资产监管：重点、挑战与优化路径 [J]. 中国行政管理，2020（6）：80-84.

④ 吴荣顺. 浅谈高校经营性资产监管 [J]. 江苏高教，2015（2）：60-62；李健生. 构建高校所属企业的多维多主体监管体制研究 [J]. 广西社会科学，2019（8）：184-188；高红，管仲军. 公益事业单位国有资产监管：重点、挑战与优化路径 [J]. 中国行政管理，2020（6）：80-84.

⑤ 朱延辉. 浅议高等学校校办企业的会计委派制 [J]. 现代教育科学，2010（1）：14-16；王胜楠，章利华，姚丹燕. 校办科技产业廉政制度建设探讨：基于财务管理视角的 [J]. 中国高校科技，2018（9）：80-81.

校办企业经营者的激励机制，强化高校作为投资主体对企业财务监督和约束机制①。还有学者认为，高校校办企业监管应该从控制环境、风险评估、控制活动、信息的沟通与交流、对环境的监控五个方面入手，规范内部控制、加强财务管理②。

③基于政策和法律法规视角论述了高校校办企业国有资产监管的对策。面对高校校办企业监管法律缺失、"出资人"缺位、监督机制不健全导致部分高校校办企业违规经营，国有资产流失，甚至影响高校的社会声誉等问题③。大部分学者认为应加强高校校办企业国有资产监管、建立健全有关监管的政策法规、规范校办企业改制行为、建立企业监督机制、严格责任追究，强化国有资产监管④。还有学者认为，校办企业与一般企业有所不同，除了传统的民事诉讼、行政诉讼和刑事诉讼，违宪审查程序和公益诉讼制度理应成为高校校办企业国有资产监管法律责任及救济制度构建的当务之急，且现行公司法内容不健全，不能完全满足高校校办企业反腐倡廉和监督实践的需要，应加快完善高校校办企业监事会教育行政立法⑤。

(4) 基于制度、文化与科技视角的高校反腐研究

针对国有企业及高校反腐倡廉的研究虽与本研究不直接相关，但相关措施可为本研究提供重要的借鉴意义，尤其是在制度、科技和文化三方面的论述更是为反腐败视角下高校校办企业国有资产监管模式，即360°全方位反腐监管模式的构建提供了较强的启示与借鉴意义。与之相关研究具体如下。

①高校反腐倡廉的制度层面研究。在既有制度的惯性作用和长期历史进程中形成的消极非制度因素作用下，高校腐败问题高发且呈现明显的路径依

---

① 严春燕. 高校校办产业财务管理问题探析 ［J］. 北京工商大学学报（社会科学版），2009（5）：64-68；王胜楠，章利华，姚丹燕. 校办科技产业廉政制度建设探讨：基于财务管理视角的 ［J］. 中国高校科技，2018（9）：80-81.

② 徐英，覃渝，张冀南. 规范内部控制　加强校办企业财务管理 ［J］. 中国高校科技，2018（10）：81-83.

③ 王涛，林丽雪. 高校校办企业监督机制研究 ［J］. 教育财会研究，2017（3）：48-55.

④ 张晓红. 规范高校国有资产管理　加强校办企业改制监督 ［J］. 法治与社会，2007（4）：679；高林. 当前高校企业改革面临的困境与对策 ［J］. 领导科学论坛，2018（5）：71-73.

⑤ 银晓丹. 企业国有资产监管法律责任及其救济 ［J］. 河北法学，2011（2）：167-172；吴云，覃渝. 完善校办企业监事会教育行政立法的思考 ［J］. 中国高校科技，2015（8）：88-91.

赖特征，高校反腐倡廉需要通过制度变迁破除路径依赖①，落实党风廉政建设责任制，即党委负主体责任，纪委负监督责任，这是以习近平同志为核心的党中央在科学判断当前反腐败斗争形势下做出的重大决策和重要制度性安排②。面对高校反腐问题，有学者认为，高校反腐，教育是基础，制度是保证，监督是关键，惩治是威慑，缺一不可。对此，有学者认为，应建立健全现代企业制度、企业内部经营制度、惩戒制度、党风廉政制度和内部控制制度以及其他的管理措施③；也有学者从法律角度，认为应完善校办企业监事会教育行政立法，完善国有资产风险管理法律体系④；还有学者认为，应当构建"不想腐、不能腐、不敢腐"的反腐倡廉教育机制、制度机制和惩戒机制建设，强化教育、强化党风廉政建设责任制的落实、强化制度建设、强化监督⑤。

②高校反腐倡廉的科技、文化层面研究。在此问题上，有学者认为，高校要坚持标本兼治、综合治理、惩防并举、注重预防的方针，以强化预防和监督为重点，以规范权力运行为核心，以加强廉政文化建设为支撑，通过"制度+文化+科技"，提高反腐倡廉科学化水平，保持高校的纯洁性⑥；也有学者认为，要以权力运行监控为主线，以反腐倡廉文化教育为基础，以信息

① 吕丽，杨崇祺. 高校腐败治理的路径依赖与困境突破：基于历史制度主义视角的分析 [J]. 中国行政管理，2017（8）：68-72.

② 刘幸菡. 高校党委落实党风廉政建设主体责任问题探析 [J]. 思想教育研究，2017（12）：122-125.

③ 汪思明. 新时期高校腐败成因及对策探究 [J]. 咸宁学院学报，2009（1）：20-22；左婧. 校办产业反腐倡廉建设思考 [J]. 中国高校科技，2014（9）：88-89；王涛，林丽雪. 高校校办企业监督机制研究 [J]. 教育财会研究，2017（3）：48-55；高德华，季斐斐，樊非，等. 浅议高校校办企业领域治理存在的问题及对策 [J]. 教育教学论坛，2018（41）：60-61；马东亮，王美英，等. 高校领域腐败预防与内控制度建设实证研究 [J]. 产业与科技论坛，2016（12）：40-42.

④ 姚永强. 我国高校国有资产监管的法治不足及其治理 [J]. 教育与经济，2011（1）：45-48；吴云，覃渝. 完善校办企业监事会教育行政立法的思考 [J]. 中国高校科技，2015（8）：88-91；戴军，张广玲. 国有资产监管体制市场化改革路径研究：以淡马锡模式的本土化创新为例 [J]. 天津大学学报（社会科学版），2015（3）：199-203.

⑤ 庞玉清. 构建高校"不想腐、不能腐、不敢腐"的反腐败有效机制 [J]. 长春师范大学学报，2016（9）：8-11；张辉. 构建高校"不敢腐、不能腐、不想腐"机制的探索 [J]. 学校党建与思想教育，2021（14）：53-54+58.

⑥ 斯阳，李伟，王华俊. "制度+科技+文化"高校廉政风险防控机制建设新探索 [J]. 上海党史与党建，2012（8）：21-24.

公开为突破口，构建科学有效的高校惩防体系①。具体分为两个层面：一是科技层面，认为应积极借助现代手段，推进反腐倡廉工作方法科学化，即构建反腐倡廉建设科学化技术体系、资源体系和绩效评价体系，增强源头治理合力②；还应建立健全电子政务平台、网络监督举报平台、网络监察平台和网络信息系统平台③。二是文化层面，认为应发挥廉政文化力的作用，即通过文化的导向力、教育力、辐射力、创造力、影响力、感染力等推动高校校办企业廉政建设的深入开展，应加强高校校办企业廉洁文化建设和校办企业职工廉洁教育，扩宽宣传载体，加强宣传教育常态化以奠定拒腐防变基础，并通过道德手段来反腐④。

三、现状述评

从研究现状来看，现有研究对高校校办企业国有资产监管问题的关注主要是从公司治理结构、国有资产管理等角度来讨论，很少涉及反腐败的研究视角。从高校校办企业监管实践来看，在中央对高校的多次巡视中，高校校办企业腐败问题成为突出问题之一，其国有资产监管中腐败问题呈现出逐年增长趋势，监管空缺的校办企业正逐渐成为高校腐败重灾区。因而，从反腐败角度研究高校校办企业国有资产监管问题不仅意义重大，而且将会成为未来研究的一个新趋势。

现有研究对高校校办企业国有资产监管中腐败问题的研究，大多是将其与高校其他类型的腐败问题混在一起进行研究，并没有分类研究；对腐败的预防和治理的研究，以关注道德教育、制度约束等传统领域的居多，而从高校校办企业治理结构的完善、产权制度的改革等顶层设计方面，进行全方位预防与治理腐败研究的成果偏少。因而从"制度、文化和技术"三大宏观层

---

① 尤树林, 邹爱萍. 新常态下高校惩治与预防腐败体系建设思考 [J]. 教育教学论坛, 2016 (7)：186-188.

② 耿礼民. 提高国企反腐倡廉建设科学化水平的思考与实践 [J]. 中国监察, 2010 (22)：48-49.

③ 斯阳, 李伟, 王华俊. "制度+科技+文化"高校廉政风险防控机制建设新探索 [J]. 上海党史与党建, 2012 (8)：21-24.

④ 贾振国. 国有企业反腐倡廉建设有效途径探讨 [J]. 理论前沿, 2008 (19)：40-41；何增科. 依靠制度建设遏制商业贿赂 [J]. 经济社会体制比较, 2008 (1)：118-127；黄燕, 杨连招, 李月发, 等. 广西高校廉洁教育现状调查与对策分析 [J]. 经济与社会发展, 2015 (5)：132-135.

面，区分不同腐败类型，进行全方位监管模式研究将会成为后续研究的新趋势。

第三节 研究思路、内容与方法

一、研究思路

基于反腐败背景，以高校校办企业为研究对象，立足于腐败预防与反腐败治理的发展实践，遵循"发现问题—分析问题—解决问题"的逻辑，综合运用文献研究法、深度访谈法、文献计量法、内容分析法、案例研究法等多种方法，首先基于深度访谈和案例研究的结论，识别高校校办企业国有资产监管中出现的腐败问题，并依据其表现形式归纳出腐败的类型；其次针对不同类型的腐败行为，从治理结构、产权制度、监督体系、思想认识等层面探讨高校校办企业国有资产监管中面临腐败问题的成因；最后依据相关政策计量的结论，从制度、文化和科技三个层面探讨360°全方位高校校办企业国有资产反腐监管模式的构建。研究思路如图1-5所示。

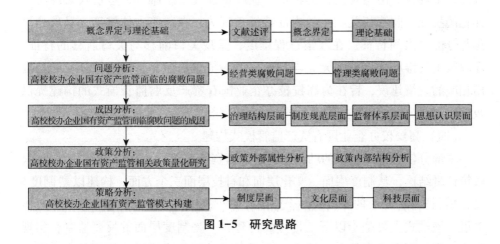

图1-5 研究思路

二、研究内容

（一）高校校办企业国有资产监管面临的腐败问题

本部分主要通过案例研究和深度访谈的方法，以高校校办企业为研究对象，从经营类和管理类两种类型对腐败问题进行识别并剖析每种腐败类型的表现及特征，其中经营类腐败问题主要表现为高校校办企业的经营资金被挪用和侵占、经营过程中直接索贿和受贿、经营过程中滥用职权等方式侵吞高校校办企业国有资产；管理类腐败问题主要表现为资产管理、财务管理、营销管理和采购管理的腐败。

（二）高校校办企业国有资产监管面临腐败问题的成因

本部分主要通过深度访谈和案例研究的方法，针对经营类腐败和管理类腐败等不同腐败类型及特点，深入剖析高校校办企业国有资产监管面临腐败问题的成因。具体来说，主要从治理结构、产权制度、监督体系和思想认识等层面探寻具体的成因，旨在为高校校办企业国有资产反腐监管模式的构建提供实践依据。

（三）高校校办企业国有资产监管相关政策量化研究

本部分主要通过文献计量法和内容分析法，以相关政策为样本，通过建构"政策发文时间—政策文本效力—政策发文单位—政策主体—政策过程—政策工具"的六维分析框架，对高校校办企业国有资产监管相关政策的外部属性与内部结构进行分析。具体来说，监管相关政策的外部属性表现为：在政策发文时间维度，呈现焦点式波动与稳健式发展的特征；在政策文本效力维度，呈现权威性与规范性的特征；在政策发文单位维度，呈现权威性与多元化的特征。监管相关政策的内部特征表现为：在政策主体维度，呈现超聚焦与分散聚焦的特征；在政策过程维度，呈现关口前移与关口后移的特征；在政策工具维度，呈现多元化与均衡化的特征。最后，基于政策计量结论提出相应的政策建议，旨在为高校校办企业国有资产反腐监管模式的构建提供政策依据。

（四）高校校办企业国有资产监管模式构建

本部分依据深度访谈的结论，基于国有资产监管面临的腐败问题及成因、政策计量结论，从制度层面、文化层面和科技层面三个方面，构建以"制度+文化+科技"为核心的高校校办企业国有资产360°全方位反腐监管模式。具体来说，该模式主要基于以下三个方面构建：一是制度层面的反腐监管，实现权力反腐与制度反腐的有机结合，即重点探讨相关法律法规的完善、治理结构的完善、产权制度的优化、监督体系的健全；二是文化层面的反腐监管，实现道德感化与法律惩治的有机结合，即从表层行为文化、中层制度文化、核心层价值文化三个方面探讨文化层面国有资产的反腐监管模式；三是科技层面的反腐监管，实现重点反腐与全面反腐的有机结合，即通过现代信息技术与反腐倡廉工作有机契合，提高反腐监管的科技含量，拓宽反腐监控的范围，实现对重点领域、重点行业、重点人员的重点监管。

技术路线如图1-6所示。

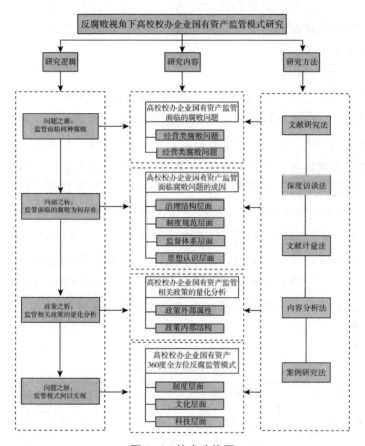

图1-6　技术路线图

三、研究方法

（一）文献研究法

文献研究法是规范研究方法的一种，立足于现有相关研究文献资料，在深入把握文献资料之间联系的基础上，基于自身研究目的，对文献资料相关观点进行整理、分析，并得出新的观点或结论的研究方法。本研究对各种文献进行了分析：一是关于高校校办企业监管的腐败的国内外学术文献，通过分析梳理相关概念内涵与理论基础、高校校办企业国有资产监管的腐败问题识别及成因，为本研究提供相应的理论基础与研究思路；二是关于中央层面出台的与高校校办企业国有资产监管相关的政策文件，用以厘清中央关于高校校办企业国有资产监管中腐败问题的政策意蕴；三是关于高校校办企业腐败与校办企业国有资产监管的典型案例，用以分析高校校办企业国有资产监管中腐败的整体样态和个体样态，为360°全方位高校校办企业反腐监管模式构建提供现实依据。

（二）深度访谈法

深度访谈法是社会科学领域使用较多的资料收集方法，可以帮助研究者尽可能以各种迂回或间接的方法去理解相关行动的意义，尽可能多地了解相关意义建构的实践后果以及行动者自身对之给出的解释。① 基于此，本研究主要针对来自不同地区、不同高校的15名校办企业工作人员（含高校资产工作人员），7名政府机关工作人员（含纪律检查委员会、教育厅、国资委等相关部门），以及8名理论工作者（包括公共管理、高校治理和国有资产的相关理论研究工作者），具体访谈时间与访谈对象见表1-4。通过完整的访谈提纲，进行结构式深度访谈，着重讨论两个问题。一是高校校办企业国有资产监管的现状如何，存在哪些廉洁风险，该如何防范？二是新时期360°全方位高校校办企业国有资产反腐监管模式构建过程中应重点关注的因素、内涵及如何构建等问题。

表1-4 深度访谈对象一览

访谈时间	访谈对象	访谈对象属性
2017 年 8 月 22 日	ZFQ、WXM、ZXC	校办企业工作人员
2017 年 10 月 28 日	CD、ZXH	高校专任教师
	LXL、XM	政府机关工作人员（纪检委）
2017 年 11 月 3 日	ZS、ZYZ、XZF	校办企业工作人员
	LDP、NJ	高校资产处工作人员
2018 年 1 月 11 日	WH、CS、XTH	高校专任教师
2018 年 1 月 27 日	AY、CDL	政府机关工作人员［教育部（厅）］

---

① 郑震. 社会学方法的综合：以问卷法和访谈法为例［J］. 社会科学，2016（11）：93-100.

续表

访谈时间	访谈对象	访谈对象属性
2018 年 3 月 4 日	XF、GF、LC、LYB	高校专任教师
2018 年 3 月 22 日	FTL、YX	校办企业工作人员
2018 年 3 月 23 日	HCL	高校资产处工作人员
2018 年 5 月 30 日	XM（2）、HTH、HS	政府机关工作人员（国资委）
2018 年 11 月 16 日	SYQ、MSF、QJ	校办企业工作人员

（三）文献计量法

文献计量法是以政策文献的各种外部特征作为研究对象，采用数学与统计学方法来描述、评价和预测政策的发展现状与演化趋势，其主要特点是输出结果必是量化的信息内容。[1] 本研究采用该方法对高校校办企业国有资产监管相关政策的政策发文时间、政策文本效力与政策发文单位三个维度进行分析，探寻政策体系的分布特征。

（四）内容分析法

内容分析法是一种基于定性研究的量化分析方法，它以定性的问题假设作为出发点，利用定量的统计分析方法和工具对研究对象进行处理，其最终结果是从统计数据中得出的定性结论。[2] 该方法能够通过对研究对象进行客观的分析得出结论，而不是简单地对表面现象进行观察研究。[3] 本研究采用该方法分析高校校办企业国有资产监管相关政策的文本内容并通过分析单元的确定、数据编码、数据统计与数据分析等步骤，探究政策主体、政策过程与政策工具的特征，并据此提出具体的政策建议。

（五）案例研究法

案例研究法是指对当代某一处于现实环境中的现象进行考察的一种经验性的研究方法，适合回答"怎么回事"和"为什么"的问题[4]，与本研究要

---

[1] 朱亮，孟宪学. 文献计量法与内容分析法比较研究 [J]. 图书馆工作与研究，2013（6）：64-66.

[2] 朱亮，孟宪学. 文献计量法与内容分析法比较研究 [J]. 图书馆工作与研究，2013（6）：64-66.

[3] 杨莲秀，胡孔玉. 基于内容分析法的我国智慧养老政策分析 [J]. 上海大学学报（社会科学版），2021（4）：118-127.

[4] 孙海法，朱莹楚. 案例研究法的理论与应用 [J]. 科学管理研究，2004（1）：116-120；Yin, R . CaseStudy Research Design and Methods [M]. Sage, Publication, 1994.

探讨的问题具有方法适切性。具体来说，案例研究法的应用主要体现在以下两方面：一是本研究是基于当前高校校办企业国有资产监管面临的大量腐败案例，从经营类和管理类两个维度，依据腐败的类型及特征，概括其特点，深入分析其成因；二是本研究对反腐败视角下高校校办企业国有资产监管模式的研究也是基于一些监管成功案例论证而来。

第四节　研究创新与不足

一、创新之处

由于学界对高校校办企业国有资产监管的研究相对较少，更鲜有研究基于反腐败视角探讨高校校办企业国有资产监管问题，本研究尝试做此方面的探索研究。具体来说，本研究有以下创新之处。

（一）创新高校校办企业国有资产反腐监管模式

从理论研究来看，目前学界以高校校办企业为样本，研究国有资产监管的文献较少，而针对高校校办企业国有资产监管面临的腐败问题，对症下药，基于反腐败视角研究高校校办企业国有资产监管模式的文献更少。从实践来看，高校校办企业规模逐步扩大，国有资产也持续增长，加强对长期游离于国资委监管体制之外的高校校办企业国有资产监管具有重要现实意义；而高校校办企业国有资产监管面临的腐败问题不断滋生，腐败治理刻不容缓。因而，在此背景下，将二者有机结合，构建高校校办企业国有资产监管新模式，具有一定的创新性。

（二）拓展高校校办企业国有资产反腐监管研究视角

本研究提出了腐败治理与国有资产监管有机结合的新视角。目前，学界单独研究高校腐败治理、国有资产及其监管的文献相对较多，并形成了较为丰富的研究成果，但将二者相结合，专门针对高校校办企业国有资产监管面临的腐败问题的相关研究较少。从实践来看，对于高校校办企业来说，腐败问题不断滋生和国有资产监管问题频发，致使二者需要有机结合，共同研究，这样才能在同一个框架内对高校校办企业治理起到系统性调整和完善的作用。在此背景下，本研究提出腐败治理与国有资产监管有机结合的新研究视角，即高校校办企业国有资产反腐监管新视角，具有一定的创新性。

（三）创新运用政策计量分析方法

自从高校校办企业大规模扩张以来，党和政府一直高度关注高校校办企业国有资产监管问题，并出台了一系列政策。但不同政策有不同的政策倾向及内容，不同阶段的政策又呈现出一定的时代特征，因而聚焦相关政策进行深入研究对提升高校校办企业国有资产监管效能具有重要意义。而现阶段，相关研究非常少。在此背景下，采用政策计量分析方法，以2000—2022年中央层面出台的73份高校校办企业国有资产监管相关政策文献为样本，从政策发文时间、政策文本效力、政策发文单位、政策主体、政策过程和政策工具六个维度出发，对政策外部属性和内部结构进行分析，结合出台的标志性政策，分析不同政策制度环境下校办企业国有资产监管的主要内容，从而揭示高校校办企业国有资产监管相关政策的演进规律，具有一定的创新性。

二、不足之处

本研究的不足之处主要表现为以下两方面。

（一）深度访谈的质量有待提升

由于本研究的研究内容涉及腐败与反腐败问题，话题比较敏感，在深度访谈的过程中，遭遇了不少问题，深度访谈的质量有待提升。初期通过多方沟通与联系，确定对近50名高校校办企业相关工作人员、政府机关工作人员及相关理论工作者进行深度访谈。但访谈提纲发给对方后，近一半的访谈对象婉拒，尤其是校办企业工作人员，并表示自己所在的企业不存在腐败问题，对国有资产监管也是按照政府和学校有关规定与政策执行。在接受访问的对象中，对有些问题，一些访谈对象进行有针对性的回避，致使深度访谈质量一般，有待提升。

（二）实证研究的深度有待提高

本研究在论证初期，计划对15所高校进行实地调查，形成本研究的案例分析。但由于本研究的研究内容涉及高校校办企业国有资产监管以及腐败问题，对高校来说，属于敏感性话题，故在联系相关高校的有关部门时，对方大多委婉拒绝，并告知其相关成功经验已经发布在互联网上，可以自行查阅。在此背景下，本研究的实证研究大多依赖的是二手资料。虽然采用了多种分析方法，但由于缺乏深入的调研和走访，实证研究的深度有待进一步提高。

第二章

概念界定与理论基础

第一节　概念界定

一、腐败与反腐败

（一）腐败

在汉语里，"腐败"一词原始含义是指粮食、食物等有机体的腐烂与变质。根据《现代汉语词典》，"腐败"有三重含义：一是指动词形式的"腐烂"，二是指形容词形式的（思想）陈旧与（行为）堕落，三是指形容词形式的（制度、组织、机构、措施等）的混乱与黑暗。但是，目前关于腐败仍缺乏统一的定义，各种解释彼此间的混乱与歧义也超乎我们对此概念的一般理解。[①] 西方学界对腐败的概念认知过程经历了从"静止性状态"到"特定性行为"的转变。在中国社会的发展进程中，腐败的概念则经历了从"执政者有悖于德的行为"到"主要作为作风甚至是政治问题"，再到"作为某种特定行为"的转变。[②] 总体来看，有代表性的腐败定义主要有以下几类。

1. 基于政治学视角

大部分学者认为，腐败是公职人员（或国家官员）滥用公职权力牟取私利的行为，大多违反了公认准则或公共规范，伴有政治权力和经济财富的交换，是一种公共权力和公共职位的滥用。简而言之，腐败最低限度理解为利用公共权力牟取私利的行为。不同民族和文化对腐败有着不同的认识和理解。

---

① 克雷克，乔丹. 腐败史：上 [M]. 邱涛，译. 北京：中国方正出版社，2016.
② 杨云成. 中国共产党制度治腐问题研究 [D]. 北京：中共中央党校，2016.

我国学者也对腐败概念进行了界定,以王沪宁为代表的学者在辩证吸收国外学界相关专家界定的基础上,认为腐败可以理解为公共权力的非公共运用,既是一种公共权力的滥用,表现为个人私利的不正当交换和对公共利益的损害,也是一种公共权力向私有权利的转变。腐败概念界定代表性观点如表 2-1 所示。

表 2-1　腐败概念界定代表性观点一览表

学者或机构	主要观点
塞缪尔·亨廷顿	腐败是指国家官员为了牟取个人私利而违反公认准则的行为,基本形式是政治权力与经济财富的交换。①
海登·海默	腐败是运用公共权力来牟取私人利益的行为。②
阿拉塔斯	腐败是基于私人利益而对信任的利用。③
王沪宁	腐败是运用公共权力来实现私人目标。④
黄百炼	腐败是权力与金钱的结合,表现为权力转化为金钱,金钱腐化权力。⑤
世界银行	腐败是以公共权力牟取私人利益。
国际透明组织	腐败是公共部门的官员通过错误使用公众委托给他们的权力,使他们自己或亲近的人不正当地和非法地富裕起来。

2. 基于法学视角

从法律维度来看,腐败是权力行使超出法律规范的行使范围,导致公共利益受损的行为。因此,腐败通常被认为属于违法犯罪行为,各国也相应制定了专门的法律并将其作为打击腐败的重要举措。从各国实践来看,虽然不是所有国家都有专门的反腐败法,但都会在刑法、选举法等法律中列举有关腐败的违法犯罪行为。一些国际组织也制定了一些具有国际法性质的法律、条约,如联合国制定了《联合国反腐败公约》。2018 年,我国颁布并施行了

---

① 亨廷顿. 变化社会中的政治秩序 [M]. 北京:生活·读书·新知三联书店,1989.
② 海登·海默. 腐败的面貌:以比较眼光进行的探索 [J]. 国际社会科学杂志(中文版),1997(3):2-3.
③ 海伍德,何增科. 政治腐败:问题与透视 [J]. 马克思主义与现实,1998(6):26-32.
④ 王沪宁. 论中国产生政治腐败现象的特殊条件 [J]. 上海社会科学院学术季刊,1989(3):72-80.
⑤ 黄百炼. 论反腐败与坚持社会主义 [J]. 科学社会主义,1994(3):52-55+20.

《中华人民共和国监察法》，自此我国有了专门的反腐败法律。作为中国首部专门的反腐败法律，其重要意义不仅在于为中国反腐败工作的深入推进提供了坚实的制度保障，更在于其作为兼具实体法和程序法的法律，扩大了监察范围，缩小了腐败的制度空间。基于中国国情的特殊性，中国共产党党内法规构成了反腐败法律体系的重要组成部分，其扩大了腐败概念的外延，对党员必须遵守的高线和严禁触碰的底线做出了相应规定，为传统法学视角下的腐败定义拓宽了适用场域。①

3. 基于经济学视角

腐败的内涵通常包括两个基本要素：权力和利益，二者存在交换关系。权力与利益相互交换即形成了委托代理关系，权力的所有者和行使者不具有同一性。伴随全球市场化程度的提高，腐败已经从公共领域拓展到私人领域，仅用公共权力来解释腐败已经不能满足现实需要。从公共权力到委托权力，适应了腐败在社会中滋生蔓延的发展趋势。在复杂的组织体系内，通常会存在多重权力的委托代理关系，这形成了腐败滋生的组织基础。从经济学视角界定腐败，腐败是权力代理人违背委托人意志、滥用或弃用委托权力，而导致委托人利益受损的行为。相较于政治学和法学视角对腐败概念的界定，其将权力从公共权力拓展到一般权力，并进一步将腐败主体拓展到一般代理人。

在上述界定基础上，综合相关学者的研究，本研究认为"腐败"是拥有公权的人员利用职位、职权之便，违反相关规章和公共准则，为私人牟取利益的行为统称，表现形式包括贿赂受贿、裙带关系和挪用、侵占公共财产等。该行为一般都会对公共利益造成侵犯，其实质是以权谋私。具体来说，腐败具有以下特征：腐败的主体是公职人员，腐败的客体是公共权力，腐败的目的是牟取私利，腐败的结果是公共利益受到侵犯，腐败的实质是以权谋私。

（二）反腐败

反腐败概念界定是建立在对腐败概念深入理解和解读的基础上。如果腐败行为是指公职人员利用公共权力以牟取私利的行为，那么反腐败概念，就可以理解为反对和约束公职人员利用公共权力以牟取私利的行为。

---

① 赵丹. 高校腐败问题及其治理机制建构研究［D］. 长春：东北师范大学，2021.

由于对腐败的定义存在争议，对于反腐败的概念也存在不同的界定。一些政治学学者认为，反腐败是为了禁止那些"为了私利而滥用权力的行为"的发生；一些经济学学者认为，反腐败是为了遏制官员的寻租行为；法学认为，反腐败是为了有效保护公民的个人权利；一些社会学学者认为，反腐败是为了保护个体或公众的个人利益不受损害的保护行为。① 表2-2 总结了不同学科视角下反腐败界定的代表性观点。在此基础上，可以将反腐败概述为通过对权力主体的约束，进而保护公共利益的一种行为规范，其最终目标则是为了维护好、实现好、发展好广大人民群众的根本利益。②

表 2-2　反腐败概念界定代表性观点一览

研究视角	主要观点
政治学视角	反腐败是为了禁止私自滥用权力的行为。③
经济学视角	反腐败是为了把腐败活动的收益降到最低。④
法学视角	反腐败是为了有效保护公民的个人权利。⑤
社会学视角	反腐败是为了保护个体或公众的个人利益不受损害的保护行为。⑥

虽然不同学科视角下的反腐败定义有所区别，但是上述定义的共性在于都对如下反腐败的错误认知进行了驳斥。一是反腐败无用论，其依据是"凡是有权力的地方就有腐败的存在，自人类进入有阶级社会以来腐败就从未根除过"⑦。这一观点存在偷换概念的逻辑错误，反腐败的目标是最大限度消除

① 王菲. 反腐败影响短期经济增长的实证研究 [D]. 大连：东北财经大学，2017.

② 韩辉. 纪检监察机关推进反腐倡廉制度建设研究 [D]. 桂林：广西师范大学，2018.

③ 刘鑫，朱启友. 中国特色反腐倡廉建设的现实困境及路径选择 [J]. 政治学研究，2010
（2）：109-115；刘德林. 习近平治国理政思想之反腐败 [J]. 中共银川市委党校学报，
2016（5）：12-16.

④ 邹薇. 腐败行为的政治经济学分析 [J]. 武汉大学学报（人文社会科学版），2000（1）：
49-55；陈刚，李树. 官员交流、任期与反腐败 [J]. 世界经济，2012（2）：120-142；
万广华，吴一平. 制度建设与反腐败成效：基于跨期腐败程度变化的研究 [J]. 管理世
界，2012（4）：60-69.

⑤ 蔡陈聪. 腐败定义及其类型 [J]. 中国青年政治学院学报，2001（2）：47-51.

⑥ 岳磊. 腐败行为的概念界定及其对我国的适用：基于社会学视野的探析 [J]. 郑州大学
学报（哲学社会科学版），2013（2）：18-22.

⑦ 管素叶. 反腐败错误认识剖析 [J]. 科学社会主义，2020（3）：84-88.

腐败及其引致的负面影响，维持组织或社会系统的正常运转，而非根除腐败行为本身。二是反腐败阻碍经济发展论，其论点是腐败是经济发展的润滑剂，反腐败斗争与经济社会发展难以齐头并进，反而会影响经济发展。基于逆向思维的概念辨析可以对反腐败的内涵与外延有更准确的把握。

在上述界定基础上，综合相关学者的研究，本研究认为反腐败是指通过制度、科技和文化等手段或技术，对公职人员利用手中掌握的公共权力以牟取私利的行为进行治理，旨在有效遏制权力滥用，保护公民个人权利不受损害。

二、高校校办企业

国外学界通常将高校校办企业称为"高校衍生企业"或"高校所属企业"，认为高校校办企业的核心要素是，企业的创始人和核心技术都应该来自高校，两种因素缺一不可。其中，创始人可以是行政人员、学生或教师，核心技术可以是知识产权或特定技术。这一概念也成为判断某一企业是否为高校衍生企业的重要标准。在高校快速的知识供给和社会普遍的知识需求两种因素的综合作用下，高校校办企业的建立具有必然性，并通常表现为高科技企业，该类企业在推动高校技术转移的同时，借助技术的商业化又为高校的技术发展提供了资金，实现了高校和高校校办企业共同发展的良性循环。① 在此基础上，高校校办企业的定义得到进一步深化，被认为是以高校研发产生的知识产权为基础而建立的新企业，强调判断高校校办企业的标准是新企业依托的知识产权是否产生于高校②，一般由高校研究人员或与其相关的人利用研发成果和相应的商业机会开办的企业③，其实质表现为技术转移，是为推动高校创新知识的应用和科技成果的商业化而创办的企业④。

我国高校校办产业始于20世纪50年代。80年代初，由于当时我国企业

① STEFFENSEN M, ROGERS E M, SPEAKMAN K. Spin-offs from research centers at a research university [J]. Journal of Business Venturing, 2000, 15 (1): 93-111.

② SHANE S. Technology regimes and new firm formation [J]. Management Science, 2001, 47 (9): 1173-1190.

③ BATHELT H, KOGLER D F, MUNRO A K. A knowledge-based typology of university spin-offs in the context of regional economic development [J]. Technovation, 2010 (9): 519-532.

④ 杨德林，邹毅. 中国研究型大学科技企业衍生模式分析 [J]. 科学管理研究，2003 (4): 45-50.

的技术吸收能力普遍较低、高校与企业之间的信息不对称等，高校面向社会企业进行技术转移的成功率较低，交易成本很大。为了降低交易成本，将技术转移的收益尽可能地内部化，各高校纷纷自己创办企业，进行科技成果产业化。高校校办企业这一知识产业化的特殊模式在中国诞生后，经历了初创、扩张、规范整合等阶段①，走出了一条产学研紧密结合发展的高新技术产业的道路。过去很长一段时间，高校校办企业的建立与经营被定性为高校除教学、科研以外的第三功能，高校校办产业的规模、经济效益已经成为衡量一所高校办学水平、综合实力、社会知名度和社会影响力的重要标志之一②。

在上述界定基础上，综合相关学者的研究，本研究认为高校校办企业是指由高校兴办或控股的以营利为目的的企业。它一般由高校出资建设，既隶属于高校，又作为独立经营实体，是一种特殊的国有资产。高校校办企业是将高校前沿科技成果进行市场转化的重要场所，也是孵化科技型产业的重要基地。

三、国有资产及国有资产监管

（一）国有资产

国有资产是指所有权属于国家的一切财产，包括土地、森林、海洋等资源性资产，国家对各企事业单位的投资所得，以及境内由国家认定的无主财产等均属于国有资产的范畴③。《中华人民共和国企业国有资产法》第三条规定：国有资产属于国家所有即全民所有，国务院代表国家行使国有资产所有权。宏观视角下的国有资产包括的范围相对较大，本研究的国有资产范围不包括自然资源。

国有资产是指以国家为出资者，并在法律上得以确认的公有资产，既可以实物的形式存在，也可以权益的形式存在。关于国有资产分类，学术界的认识尚未统一，有的采取两分法，将我国现存的国有资产大致分为经营性和

---

① 王顺添. 新时期校企机制分析 [J]. 湖北经济学院学报（人文社会科学版），2008（11）：68-69.

② 马培泉，李永春等. 高校校办产业与现代企业制度 [J]. 兰州大学学报（社会科学版），2001（5）：153-156.

③ 国家统计局课题组，章国荣，彭志龙等. 国有资产监管指标体系研究 [J]. 统计研究，2006（6）：9-14.

非经营性两类①，有学者在此基础上将国有资产进一步细分为经营性、非经营性和资源性三类②，也有学者将国有资产分为经营性、行政事业单位和资源性三大类③，还有学者将捐赠、无主财产等法律认定的资产认定为第四类④，实际上第四类从性质或用途上总是要归入前三类。国有资产是国民经济赖以运行的物质基础，是实现公共经济政策的物质手段，是维护和增进公共利益的物质条件，甚至是整个国家赖以存在、经济社会赖以持续发展和国民人口赖以世代延续的资源环境。⑤

高校国有资产是国家以各种形式对高校投入形成的资产，由高校占有和使用，但所有权归属国家，包括国家投入和高校办学过程中形成的流动资产、固定资产、经营性资产、非经营性资产等有形资产和知识产权、科研成果、专利技术等无形资产。⑥ 因此，高校校办企业国有资产是指由国家机关或者其他组织拨款作为原始资金筹建的校办企业及其资产，以及其经营带来的收入。

（二）国有资产监管

国有资产监管是以国家为主体，以产权为依据，对国有资产运营进行管理并实现社会公共效益的一种管理方式。国有资产监管也是政府为了弥补市场失灵和政府失灵，对国有资产采取的主动干预和控制活动，是对国有资产的形成、使用和资产产权转移处置的整个过程进行的监管，其中政府监督和法律约束是国有资产监管的重要保障性措施。⑦ 在实践中，国家可以借助其他主体对国有资产进行管理，即国家以外的主体可以参与甚至负责国有企业的经营活动。⑧ 国有资产监管可以由诸多阶段构成，它包括对国有资产的清产核资、产权登记评估、投资、运作、收益处置和分配、监督等方面或环节的管

---

① 韩小明. 关于国有资产管理体制改革的探讨［J］. 教学与研究, 1999（11）: 5-11.

② 李松森, 孙哲, 孙晓峰. 国有资产管理［M］. 大连: 东北财经大学出版社, 2016: 10-13.

③ 郑国洪. 国有资产管理体制问题研究［M］. 北京: 中国检察出版社, 2010: 18-19.

④ 赵林如, 等. 市场经济学大辞典［M］. 北京: 经济科学出版社, 1999: 369.

⑤ 何碧萍. 公共经济视角下的国有资产管理改革研究［D］. 石家庄: 河北师范大学, 2019.

⑥ 李招珠. 高校国有资产流失及防范措施探讨［J］. 科技资讯, 2008（33）: 112-113.

⑦ 张晓文, 李红娟. 国有资产管理体制的变革: 从管理到监管［J］. 经济与管理, 2016（5）: 44-50.

⑧ 应菊亚. 加强行政事业单位国有资产管理研究［J］. 企业研究, 2012（4）: 53-54.

理。其中，清产核资、产权登记是对产权的基本计量和确认；评估是对资产产权的价值考量；投资是执行所有者权能，进行投资选择和决策；运作是资产的经营操作行为，是履行经营权的一种行为；收益处置和分配是对产权收益的处分①。总之，国有资产监管就是对国有资产行使产权的一种具体形式，其侧重于对国有资产整个生命期进行管理。

国有资产监管的基础性工作如下：一是国有资产的产权界定，这是后续工作顺利开展的前提和基础。其中，明确所有权的归属主体及其权责领域是该项工作的关键要点。② 二是国有资产的核实清算，这是监管工作的关键部分。具体内容包括依法评估资产运营现状，核实资产使用收益，并在此基础上为企业提供相应的资产管理方法，减少企业资产管理漏洞。三是国有资产的收益分配，其本质是收益再分配的过程。由于中国的国有资产占据社会经济系统较大体量，如何合理分配资产收益是监管工作的难点。③

本研究认为，国有资产监管是指在商品经济条件下，国家以所有者身份，凭借所有权对国有资产的经营和使用进行的监督与管理活动，以确保国有资产的保值和增值。国有资产监管具有以下特征：一是以国有产权为基础，产权为国家所有；二是以实现国有资产的保值与增值为目标；三是国有资产管理是一种财产所有权管理，即对国有资产的占有、使用、收益和处置进行的一种管理活动。高校校办企业国有资产虽长期游离于国资委管理体制之外，但属于国有资产的一部分。高校校办企业国有资产监管是指监管机构对高校校办企业国有资产进行的监督和管理活动，旨在保障校办企业国有资产的保值增值。

---

① 谢地，刘佳丽. 非经营性国有资产监管机制、体制及制度亟待改革 [J]. 经济学动态，2013（10）：20-28.
② 倪受彬. 中国国有资产管理目标及其实现机制 [J]. 学术月刊，2008（6）：84-89.
③ 王鲁豫. 基于演化博弈的国有资产监管模式研究 [D]. 天津：天津大学，2015.

第二节 理论基础

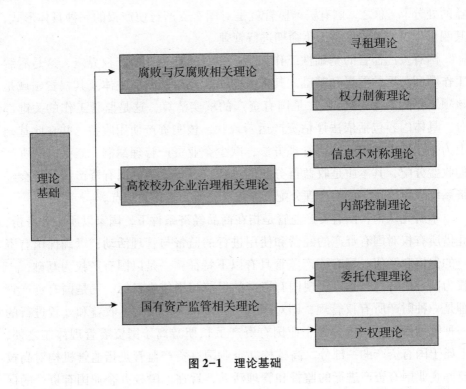

图2-1 理论基础

一、腐败与反腐败相关理论

（一）寻租理论

所谓寻租，是"看得见的手"干预市场经济行为的结果，表现为个人为追求私利进行的活动，如贪污、腐败、贿赂等。从全社会角度来看，这类活动消耗的各种资源从用于社会总体福利的提升转为用于个人福利的满足，即以公共利益为代价满足个人私欲。[①] 寻租理论是西方学者基于政府干预市场经济造成的腐败现象提出的。1967年，戈登·塔洛克开启寻租理论的先河，提出了寻租理论并详细阐述了寻租的成本与收益[②]；随后詹姆斯·布坎南认为寻

---

① 肖世杰，张龙. 国内外主要反腐败理论的述评及其若干启示［J］. 湖南社会科学，2014（5）：37-41.

② 戈登·塔洛克. 寻租［M］. 李政军，译. 成都：西南财经大学出版社，1999.

租是人们凭借政府保护进行的寻求财富转移而造成的资源浪费的一种活动①，私人企业为了追求垄断利润，进行各种寻租行为，如贿赂，而政府官员通过收受贿赂也获得了一定的好处，并通过干预市场经济给私人企业带来垄断利润，进而导致腐败问题。

寻租理论拓宽了现代政治经济学对腐败概念的外延，其从寻租概念出发，指出寻租空间是腐败行为的重要载体，论述了寻租行为与腐败行为之间的相互关系，并进一步指出企业和官员存在主动寻租的意愿和相互配合的行为模式。② 因此，若要限制寻租，就要限制政府。从寻租经济学的角度来说，腐败本质上是一种寻租行为。③

以吴敬琏为首的一批中国经济学家在兼顾西方寻租理论和中国国情的基础上，指出腐败的表现形式多种多样，寻租则是主要表现形式，其产生的根源在于政府干预。治理腐败必须破坏寻租行为的制度环境，将政府干预行为与市场交易活动相互分离，让政府"有形的手"和市场"无形的手"各自发挥作用。④ 总之，寻租者权力越集中，信息越不透明，合谋现象越严重。因此，为有效遏制寻租与腐败行为，就要制约权力，加大信息公开力度，尤其是通过制度的约束来预防寻租行为。

我国高校校办企业大多数都由高校出资成立，而高校的资金大多数来自国家财政拨款，属于国有资产范畴。而高校校办企业是拥有独立经营权的经济实体，拥有对自身资产的处置权，为了壮大高校校办企业资产，难免会形成寻租空间，成为高校腐败的温床。市场上的私人企业通过贿赂进行寻租活动，高校校办企业方则为了自身利益最大化收受贿赂，两种行为相互配合滋生腐败行为，造成国有资产流失。从高校校办企业寻租的角度来看，公权力作用于市场是腐败现象产生的根本原因，控制腐败的根本途径则是制约公权力，约束高校校办企业管理人员寻租行为。通过寻租理论探究高校校办企业腐败的成因，进而为加强高校校办企业国有资产监管提出切实可行的对策，

---

① BUCHANAN J M. Rent seeking, noncompensated transfers, and laws of succession [J]. The Journal of Law and Economics, 1983, 26 (1): 71-85.
② 陈晓辉. 寻租理论与腐败问题研究 [J]. 法制与社会, 2018 (35): 133-134.
③ 过勇, 胡鞍钢. 行政垄断、寻租与腐败: 转型经济的腐败机理分析 [J]. 经济社会体制比较, 2003 (2): 61-69.
④ 肖世杰, 张龙. 国内外主要反腐败理论的述评及其若干启示 [J]. 湖南社会科学, 2014 (5): 37-41.

具有重要意义。

（二）权力制衡理论

权力制衡理论有广义和狭义之分，狭义的权力制衡通常指三权分立，将国家权力分为立法权、执行权和对外权。① 孟德斯鸠在此基础上进一步指出，"一切有权力的人都容易滥用权力，这是万古不易的一条经验。有权力的人们使用权力一直到遇有界限的地方才休止"。② 广义的权力制衡理论认为，公共权力的内外环境中存在制衡主体的力量，通过对公共权力的制衡维持社会的总体平衡，实现社会合理有序发展，并保障社会公共利益的最大化。由于狭义的三权分立缺乏对高度复杂的社会权力运行机制的有效解释，学界通常采用广义的权力制衡理论解释权力运行机制。从世界的政治实践来看，各国大多关注广义上的权力制约理论，本研究也采用广义上的权力制衡理论。

广义的权力制衡理论即对权力加以制衡和约束，防止权力滥用，如法律在赋予一种权力的同时也对其提出了限制条件。通过权力制约，可以防止权力集中的专政行为，从制度层面防止一些腐败行为发生，保障民主。该理论的哲学基础包括以下两点。一是人性本恶的假说。区别于孟子人性本善的假说，该理论认为人性有善恶两面，正如硬币的两面，为了最大限度避免人之恶，一方面需要通过法律实现对人性之恶最低的约束，另一方面需要通过道德实现对人性之善最高的期盼。二是以恶制恶是防止权力运行偏离秩序轨道的重要的方式。由于该理论对现实强大的解释力，世界各国在公共权力运行体系中都不同程度地融入了权力制衡机制。③

总体来说，西方的权力制衡理论对中国反腐败斗争的启示更多地体现为优化了公权组织的权力机制设计。权力的分解与制衡有利于进一步明确各部门之间的职责权限，促进各部门各司其职，进而提高公共组织的运行效率，即通过分工，明确各部门的专业知识和权责边界，实现专业化管理，进而切实有效地提升公共服务的质量④。

权力滋生了腐败的空间，权力滥用是腐败产生的根本原因。面对腐败问题易发的高校，通过权力制衡，加强对高校校办企业管理人员权力的约束，

---

① 洛克. 政府论：下篇 [M]. 叶启芳，瞿菊农，译. 北京：商务印书馆，1982：89.
② 孟德斯鸠. 论法的精神：上册 [M]. 张雁深，译. 北京：商务印书馆，1961：154-156.
③ 张超. 腐败与腐败治理研究 [D]. 大连：东北财经大学，2018.
④ 周义程. 从分权制衡到社会制约：西方权力制约思想的范式转换 [J]. 社会主义研究，2011（4）：82-87.

对其任职、权责加以限制，才能有效遏制腐败现象的产生。同时，高校校办企业干部任职有浓厚的行政色彩，只有加强高校内部的权力制衡，使权力的运行具有规范性，并从制度层面约束管理人员的行为，才能防止权力滥用、杜绝腐败滋生。因此，权力制约理论是高校校办企业加强内部控制制度及完善党风廉政制度的重要理论基础，在本研究中多次使用。

二、高校校办企业治理相关理论

（一）信息不对称理论

20 世纪 70 年代，乔治·阿克尔洛夫率先提出了"信息市场"概念。[①] 随后，迈克尔·斯宾塞和约瑟夫·斯蒂格利茨提出了信息不对称理论。该理论认为，由于社会中普遍存在信息不对称问题，市场交易中的买卖双方对交易信息的掌握程度存在强弱之分，信息优势的一方在交易中常处于相对强势地位，反之则处于相对弱势地位。双方为了实现各自的利益最大化，信息优势方可能会表现出道德风险，信息劣势方可能表现出逆向选择，但是无论哪种方式，都扭曲了市场机制，破坏了正常的市场秩序。因此，实现社会整体的帕累托最优的重要方式之一是努力减少信息不对称问题。该理论也可以用于分析公司治理中的委托代理问题，由于委托人和代理人之间存在利益冲突，且信息获取方式不同，必然会产生信息不对称问题。[②] 在此前提下，委托人和代理人为实现个人利益最大化，都会采取相应的自利行为。具体而言，委托人会采取逆向选择，即事前信息不对称；代理人会采取道德风险，即事后信息不对称。但无论何种行为，都破坏了委托代理链条，并导致腐败等问题。因此，为了提高委托代理的整体效能，需要破除委托人和代理人间的信息不对称问题，实现双方的信息对称和信息完全，并协调双方利益，规范双方行为。

高校校办企业作为具有高校职能与企业职能的双重主体，职能冲突使其往往以接受高校管理为主，缺乏市场竞争的欲望与能力，导致高校校办企业缺乏信息公开的意愿和能力，在市场交易中面临严重的信息不对称困境。与此同时，高校校办企业具有多重目标，存在相当数量的非市场机制及社会性

---

① AKERLOF G A. The market for "lemons": Quality uncertainty and the market mechanism [M] //Uncertainty in economics. Academic Press, 1978: 235-251.

② 独正元. 非国有董事治理积极性与国有企业资产保值增值 [D]. 太原：山西财经大学，2022.

负担，这不仅阻碍了其独立市场主体的形成，也不利于信息传递。① 更重要的是，高校校办企业国有资产监管实践中存在多重委托代理链条，其中存在六大主体，即全体公民、各级政府、各级财政部门、各级教育部门、高等院校、高校国有资产管理部门和管理者②，委托代理层次过多与管理幅度过大，会增加信息成本，恶化信息不对称问题，最终引致公共权力滥用行为，高校校办企业国有资产腐败性流失问题日趋严重，监管面临的腐败问题成为推进反腐败斗争和加强国有资产管理的现实阻碍。本研究在腐败问题成因分析和监管模式构建时，都运用了该理论。

（二）内部控制理论

内部控制理论主要反映互相牵制、职权分离、相互制衡原理，对内部控制理论可从如下视角理解。一是经济学视角。企业本质上是由各利益相关者缔结的"一组契约"，内部控制在企业中通常表现为制度体系，其作为一种补充契约，目标是解决企业中契约的不完备性，实现企业中契约的完备性。③ 二是管理学视角。内部控制本质上是管理控制，通过对企业战略、结构、绩效评价等重要内容的管理控制，促进企业内不同部门和人群的协同发展，并最终实现企业的战略目标。④ 企业为了防止贪污、造假账事件，应分级设岗，设置多个职权分离又相互牵制的岗位与人员，以对彼此的权力进行控制。三是会计学视角。20 世纪 30 年代以来，内部控制理论在会计领域得到了广泛关注。其主张内部控制的要素主要包括控制环境、风险评估、信息沟通、监督等。

内部控制理论在中国也得到了制度化运用，中国政府先后发布了《企业内部控制基本规范》《企业内部控制配套指引》等政策法规，要求在不同企业内强制执行。自此，内部控制理论正式从理论呼唤转变为现实实践，我国的企业内部控制制度不断发展。

目前，国家对事业单位的定义是指由国家机关或者其他组织利用国有资

---

① 戚聿东，张任之. 新时代国有企业改革如何再出发：基于整体设计与路径协调的视角[J]. 管理世界，2019（3）：17-30.

② 高红，管仲军. 我国公益类事业单位国有资产监管政策优化研究［J］. 中国行政管理，2019（3）：42-46.

③ JENSON M C, MECKLING W H. Theory of the firm：Managerial behavior, agency costs and ownership structure ［J］. Journal of financial economics, 1976, 3（4）：305-360.

④ ROTCH W. Management Control Systems：One View of Components and Their Interdependence ［J］. British Journal of Management，1993, 4（3）：191-203.

产创办的，为了社会公益目的，从事社会服务的组织。高等院校属于事业单位。2012 年，财政部颁发的《行政事业单位内部控制规范》指出：内部控制是单位为实现控制目标，通过制定制度、实施措施和执行程序，对经济活动的风险进行防范和管控。高校内部控制旨在通过一系列规章制度及监督体系，确保学校运作流程规范，保障内部经济活动正常运行，从而尽可能减少贪污腐败的现象。高校校办企业国有资产的腐败治理必然通过内部控制理论，通过人事控制、会计制度、财务内部控制约束高校校办企业公职人员行为，有效遏制腐败现象。本研究在分析腐败问题成因和构建国有资产监管模式时，都使用了内部控制理论。

三、国有资产监管相关理论

（一）委托代理理论

1978 年，苏珊·露丝阿卡曼在委托代理框架内把"腐败"正式纳入经济学研究领域，将腐败定义为代理人接受所有未上报委托人的第三方支付的行为，并首次对腐败进行定量研究。① 随后，有学者进一步提出了一个比较完善的"委托人—代理人—顾客"的腐败模型，主张从委托人和代理人的利益区别这一角度解释腐败。② 由于代理人具有"代理人"和"经济人"的双重身份，一方面需要为委托人的利益最大化服务，另一方面追求自身利益最大化。身份冲突往往导致其无法抑制伸出"攫取之手"的强烈动机，最终选择牺牲委托人利益而满足个人利益，腐败行为则是身份冲突下的中间产物。③

经过多年的发展，该理论已经由传统的双边委托代理理论发展出多代理人理论、共同代理理论和多任务代理理论。上述理论遵循的是以"经济人"假设为核心的新古典经济学研究范式，并以两个基本假设为前提，即委托人和代理人之间利益相互冲突、委托人和代理人之间信息不对称④。委托代理理论的主要内容是研究在利益相冲突和信息不对称的环境下，试图回答委托人

① ACKERMAN S R. Corruption：A study in political economy［M］. New York：Academic Press，1978：7.
② KLITGAARD R. Controlling corruption［M］. Univ of California Press，1988.
③ 陈抗，HILLMAN，顾清扬. 财政集权与地方政府行为变化——从援助之手到攫取之手［J］. 经济学（季刊），2002（4）：111-130.
④ WILSON R. The structure of incentives for decentralization under uncertainty［M］. Editions du Centre national de la recherche scientifique，1969：171.

如何设计最优契约激励代理人①，其本质是针对代理问题的一种机制设计，即基于委托者与代理者之间信息不充分或不对称，通过契约形式优化规则以谋求双方期望效用的最大化。该理论倡导所有权和经营权分离，主张将经营权让渡给经营者。企业所有者作为委托人，经营者为代理人，委托人与代理人之间通过契约形式形成一层委托代理关系。由于现实生活中信息不对称和委托人代理人利益冲突的普遍性，代理问题频发、多发，因此该理论不仅具有理论意义，更具有现实意义。

委托代理理论认为，公共权力委托代理问题的成因如下：一是委托人和代理人双方的目标差异，二是信息不对称问题，三是代理人对剩余利益的控制权，四是监管成本居高不下。这一结论同样可以解释我国国内的腐败问题。由于公共利益是私人利益的集合，其构成复杂且难以量化，将公共权力委托，必然会导致公共利益和私人利益的冲突。加之社会普遍存在的信息不对称问题，公众作为委托人，公共部门人员作为代理人，双方获取信息的方式存在较大差异，公众作为信息劣势方，无力对代理人的行为进行监督，导致委托代理过程中部分代理人为了满足个人私欲，以腐败等方式侵犯委托人利益。②

高校国有资产管理就是一种委托代理关系，即高校校办企业国有资产是由各高校占有和使用的，国家是国有资产的所有者，而国有资产是由全体国民委托给国家的。在高校国有资产运行体制下，存在着双重委托代理关系：第一层委托代理关系是全体国民将国有资产委托给政府部门使用和管理，第二层委托代理关系是由政府部门将国有资产委托给相应的国有资产管理部门。委托代理层次越多，链条越长，监督成本就越高。在我国高校校办企业国有资产实际运作过程中，"高校—经营性资产管理委员会—资产经营公司—高校所投资企业"的经营模式，由于代理链条过长，信息传递机制不通畅，出资人与管理者的信息不对称，易引发"内部人"问题。③ 国有资产实际使用部门掌握了大部分国有资产管理权，造成多层级、多主体的委托代理关系中利益与责任的严重不对等。本研究在分析高校校办企业国有资产监管中腐败问题产生的成因时，使用了该理论。

---

① SAPPINGTON D E M. Incentives in principal-agent relationships [J]. Journal of economic Perspectives, 1991, 5 (2): 45-66.

② 倪星. 公共权力委托-代理视角下的官员腐败研究 [J]. 中山大学学报（社会科学版），2009 (6): 148-157.

③ 王涛，林丽雪. 高校校办企业监督机制研究 [J]. 教育财会研究，2017 (3): 48-55.

（二）产权理论

产权理论主要关注产权对经济与社会运行以及资源配置的影响。科斯认为，产权是财产所有者的行为权利，即拥有事物实际是拥有对此事物实施某些行为的权利。① 著名产权经济学家阿曼·阿尔钦认为，产权是一种通过社会强制实现的对某种经济物品的多种用途进行选择的权利，或者说是使用资源的适当规则。② 还有学者认为，产权不是人与物的关系，而是因为物的存在及使用产生的人与人之间互相被认可的行为关系。③ 国内学者魏杰认为，产权是包括所有权、支配权、使用权等在内的财产权利，并会根据经济的发展而动态变化。④ 可见，产权揭示了人们在财产关系上的规律性及内在联系。一般认为，产权是由所有权、使用权、占有权、收益权和转让权等基本权利构成，这些基本权利在一定条件下还会发生转化，其中转让权最能体现产权的完整性与独立性。

产权在经济社会发展中具有非常重要的功能和作用，具体如下：一是减少不确定性。产权和产权制度作为一种制度安排，能避免人类的有限理性，降低社会中的不确定和复杂性。二是资源配置功能。产权可通过将外部性内部化的方式以降低交易成本，优化资源配置。三是激励与约束功能。产权本质是物质利益关系，明晰的产权使得产权主体的行为边界更加清晰，在保障其合法经济行为的同时也约束了其非法行为。四是协调功能。产权的明确和制度化是社会正常运行的基础，通过建立和规范产权主体行为的制度体系来协调人的社会关系，保障社会秩序规范。⑤

高校国有资产产权指高校的财产权利，由高校财产所有权、使用权、收益权、转让权等组成。高校国有资产所有权是高校依法履行国家规定的发展高等教育的义务和责任。产权理论认为，不同的产权制度对经济效率的影响差异巨大，私有产权制度的安排使得产权主体更明确、交易费用更低，对优

① COASE R H. The problem of social cost [J]. The journal of Law and Economics, 2013, 56 (4): 837-877.
② 伊特韦尔，等. 新帕尔格雷夫经济学大辞典 [M]. 北京：经济科学出版社，1996.
③ FURUBOTN E G, PEJOVICH S. Property rights and economic theory: a survey of recent literature [J]. Journal of economic literature, 1972, 10 (4): 1137-1162.
④ 魏杰，徐有轲. 关于财产关系、产权及国有企业改革的几个理论问题 [J]. 天津社会科学，1996 (4): 5-11.
⑤ DEMSETZ H. Towards a Theory of Property Rights [J]. The American Economic Review, 1967, 57 (2): 347-359.

化资源配置、提高经济效率起到了重要作用。高校校办企业作为介于政府与市场之间的经济组织，应在弥补市场与政府失灵的同时，增强组织的灵活性与适应性，建立合理的治理结构，实现高校校办企业国有资产的高效管理。因此，本研究选取产权制度为切入点来探析高校校办企业国有资产监管中存在的政府、高校、校办企业产权关系不清晰的问题，并据此提出厘清产权、建立清晰产权制度的对策和建议。

第三章

高校校办企业国有资产监管面临的腐败问题

始于 20 世纪 50 年代的高校校办企业，经过改革开放和市场经济的洗礼，在逐渐发展壮大的同时也走出了一条产学研紧密结合的高新技术产业化的道路，逐渐形成了具有中国特色的高校科技产业体系。深受当时政治、经济和社会环境的影响，我国高校校办企业一般是由高校投资，其产权由高校拥有，其主要负责人由学校发文任命，具有较高的行政级别，因此高校校办企业具有浓厚的行政色彩，很多人都将其视为事业单位的组成部分①。另外，在长期发展中，我国高校校办企业深受高校保护，远离激烈的市场竞争，发育还不够成熟，一些工作人员面对复杂的市场环境与人际交往，不能妥善应对，且面临着各种诱惑与考验，容易出现权力异化现象。在这种情况下，高校校办企业的腐败问题开始滋生，高校校办企业国有资产监管面临的腐败问题也开始被曝光。在深度访谈中，大部分受访者认为，目前高校校办企业国有资产监管问题较多，存在较大的廉洁风险。从实践来看，高校校办企业国有资产监管面临的腐败问题形式多种多样，发生在物资采购、财务管理、人事管理等多个环节，但归结起来，主要分为经营类和管理类腐败问题。

对于企业来说，经营和管理是组织的两大职能，它们既有区别又有联系。管理学大师亨利·法约尔曾在其代表作《工业管理与一般管理》中指出，经营是指导或引导一个组织趋向一个目标，管理则是实现计划、组织、指挥、协调和控制。② 广义的经营职能包括管理职能，但二者也存在较大的区别：从内容来看，经营是决策过程，是确定目标，是解决"为什么要这么干"的方向问题，而管理是怎样实现目标、是解决"怎么干"的方法问题；从内外功能来看，经营主要解决企业外部的一些问题，以及协调企业内部活动与外部

---

① 江兴. 高校校办企业会计委派制推行的"拦路虎"：人才储备问题 ［J］. 会计师，2017（9）：71-73.

② 法约尔. 工业管理与一般管理 ［M］. 北京：中国社会科学出版社，1982：5.

活动，以实现企业目标的一些综合性问题，而管理主要解决企业内部的一些问题，着重关注企业内部的人、财、物等。① 基于上述背景，本研究对高校校办企业国有资产监管面临的腐败问题主要从经营类和管理类两个方面进行区分，其中，经营类腐败问题主要包括高校校办企业的经营资金挪用和侵占、经营过程中索贿与受贿、经营过程中滥用职权三类；而管理类腐败问题主要是涉及管理各个部门和各个环节的腐败问题，本研究主要从资产管理、财务管理、营销管理、采购管理四个方面来界定管理类腐败问题，具体见图3-1。但在现实中，高校校办企业国有资产监管中的经济类与管理类腐败问题很多时候是交织在一起的。在深度访谈中，有人认为，"高校校办企业国有资产监管面临的腐败问题没有想象的那么严重，毕竟能有北大和清华这么大规模的校办企业的高校还是少数。但肯定会存在腐败问题，而且往往存在于经营与管理两个方面"（20181015 访谈对象 XF）；也有人认为，"经营类和管理类的

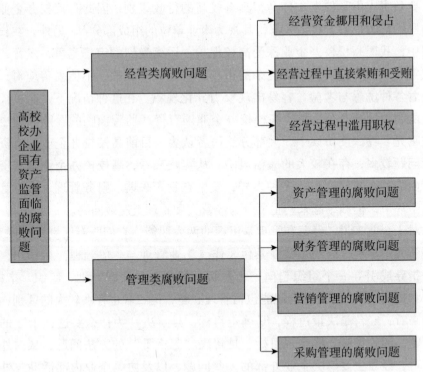

图 3-1 高校校办企业国有资产监管面临的腐败问题

---

① 刘荣. 旅行社经营管理［M］. 北京：北京大学出版社，2006：30.

腐败问题很难区分，往往是混杂在一起，由于校办企业很多业务是直接对接市场的，高校相关机构也不太擅长对市场经营活动的管理，监管更是乏力"（20181015 访谈对象 FQX）。

第一节　经营类腐败问题

我国高校主要任务是教学和科研，并不擅长投资参股、控股，以及兴办各类经济类实体，加上大部分高校没有形成较为完善的投资管理机制，一些决策是依据高校校办企业领导意愿做出的，缺乏深入调研，校办企业经营投资回报率低、投资失败等现象时有发生，造成高校校办企业国有资产大量流失。而国有资产流失过程中，往往伴有腐败问题的发生，高校校办企业国有资产反腐监管面临着严峻的考验。① 经营类腐败问题是指投资、担保等决策行为产生失误，导致高校国有资产流失，主要包括高校校办企业的经营资金被挪用和侵占、经营过程中直接索贿和受贿、经营过程中滥用职权三类。

一、经营资金被挪用和侵占

高校大规模建立校办企业时，正处于我国从计划经济向市场经济转型时期，相关监管法律、制度不完善，且校办企业发展处于摸索阶段，监管经验更是缺乏。在这种背景下，一般高校校办企业并未设立独立的纪检人员或监事会，多由学校监察人员执行监管。而高校监察人员的精力和能力有限，并不能有效发挥作用，使得高校校办企业管理人员的职务权力受到的监督和约束有限，随之而来的就是高校校办企业经营资金被挪用和侵占，造成国有资产流失。

（一）挪用和侵占经营资金进行投资

由于高校大多是校办企业启动资金的提供者，也是校办企业的股东，高校校办企业董事会成员一般由学校高层领导担任，他们对校办企业经营资金的支配权限较大。在这种背景下，一旦个别领导私欲膨胀，就会出现利用手中掌握的权力挪用和侵占校办企业经营资金进行谋利的行为，造成国有资产流失。如天津大学原校长单某为了牟取私利，在 2000—2001 年将 1 亿元资金

---

① 李瑛. 高校国有资产管理制度廉洁性评估 [J]. 中国高校科技，2015（5）：83-85.

委托给时代创业投资发展公司用于炒股，不料 2003 年股市大跌，时代创业投资发展公司负责人携款外逃，下落不明，导致校办企业蒙受巨额损失，造成了国有资产的大量流失。在深度访谈中，有人认为，"这种现象在早期监管中非常普遍，因为在很多时候，一些管理者觉得只要没有明显损害校办企业的利益，利用校办企业这个平台进行适当的投资，赚点小钱也是没什么的"（20180323 访谈对象 HCL）。这也反映出，在早期高校校办企业国有资产监管过程中，面临的这类腐败问题较为突出。

（二）随意挪用校办企业经营资金

早期一些高校校办企业负责人对校办企业、高校的国有资产认识比较模糊，分不清二者界限，认为高校国有资产与校办企业是合一的，可混合使用，因此当学校资金出现缺口时，很自然地挪用校办企业资金去弥补，挪用校办企业款项的事件时有发生。更有甚者以项目名义到高校校办企业支出一笔资金，虽对此立项并入账，但资金真实去向很少有人主动过问，腐败问题就很容易滋生。在深度访谈中，有访谈对象谈道，"其实校办企业和高校的关系，直到现在还没厘清，很多人都认为校办企业只是高校的一个二级组织，类似于学院，校办企业的资金就是学校资产的一部分，因而搭配混合使用是一种很正常的现象，其目的也是用在学校的建设和发展方面，没有中饱私囊，认为这和腐败完全不是一回事，所以更别提监管了"（20180530 访谈对象 HS）；也有人认为，"我们去高校校办企业进行调研时，很多校办企业都觉得自己和高校就是同一学校的不同组成部分，二者资源是共享的，谈不上挪用不挪用，更谈不上腐败"（20180530 访谈对象 HTH）。

二、经营过程中直接索贿和受贿

我国高校校办企业是一种特殊的企业形式，虽拥有独立经营权，但背后有高校这么一个稳妥的"靠山"，且长期游离在国资委监管的范围之外。在这种情况下，高校校办企业中掌握人、财、物权的人员很容易利用职权，直接索贿和受贿，存在较大的廉洁风险。在深度访谈中，有人指出，"高校校办企业在经营过程中出现受贿和索贿的现象较为普遍，校办企业作为高校对接市场的部分，更容易有机会实现权力的寻租和利益的交换。可以说，校办企业为双方腐败提供了一个隐蔽性的平台，更不易被察觉"（20171028 访谈对象 ZXH）；也有人认为，"其实这就是源于高校校办企业的身份特殊，又长期不受国资委的监管，比较自由，腐败问题自然就容易滋生"（20180127 访谈对象 CDL)。

（一）利用职权直接收受贿赂

高校校办企业由于依靠高校，启动和发展资金有很大一部分源于高校，渠道稳定可靠，又不自负盈亏，且在资金使用方面有更大权限，在一定程度上为潜在寻租行为提供了大量租金。另外，高校校办企业工作人员，特别是掌管财务、采购等方面的人员权力较大，且缺乏有效监督，这就给潜在的寻租行为提供了机会。在经营过程中，个人利用职权直接收受贿赂就会不可避免。如江某等人共同利用各自在东华大学科技园公司、上海虹桥东华纺织服饰科技园有限公司（均为东华大学校办企业）的职务便利，为他人承接工程项目提供帮助，共同收受巨额人民币贿赂；浙江大学原副校长吴某在担任校办企业宁波智达房地产公司负责人期间，利用职务之便，多次收受该公司常务副总经理刘某的贿赂，并为其经营提供了大量的便利。

（二）权力和资源交换催生行贿

高校校办企业作为特殊的企业，校办企业领导常由高校领导兼任，一般都有行政级别，其手中会掌握一些权力和特殊资源，职权相对较大。一些人为了得到这些官员手中的垄断权力或者特殊资源，势必向他们行贿。另外，高校校办企业长期游离在国资委的监管之外，加上高校对其监管相对有限，一些校办企业管理人员利用职权直接收受贿赂的腐败成本相对较低，收益相对较高。在这种情况下，腐败问题就容易产生，进而造成国有资产的流失。如成都中医药大学原党委副书记、校长范某和该校负责基建、学校资产管理运行的数位中层干部（其中包括成都中医药大学资产管理有限公司总经理、上市公司成都华神集团股份有限公司副董事长左某）涉嫌利用职务便利，参与高校校办企业经营活动，违规收受巨额财物，其行为严重违纪且涉嫌犯罪。

三、经营过程中滥用职权

高校和校办企业通常采用"两块牌子、一套人马"的管理体制。高校校办企业高层大多由学校按照职务、职级委派或任命，拥有校办企业管理和学校管理双重职权。他们不仅直接分管校办企业的人事和财务，而且通过高校对校办企业相关事项产生较大影响，这些都给他们腐败创造了"机遇"。既有制度、机制和规定在权力高度集中的管理体制下形同虚设，形成了较大的权力寻租空间，导致在校办企业经营过程中职权滥用的问题屡见不鲜，进而诱发了一系列职权滥用的腐败行为，其主要表现为滥用职权寻求交易型利益、影响型利益和旋转型利益。

（一）滥用职权寻求交易型利益

交易型利益是指高校校办企业领导运用职权干扰企业的正当交易以牟取私利的现象，这也是经营过程中权力寻租最主要的形式。改革开放初期，在高校扩建热潮下兴办了许多校办企业，其中一些高校校办企业因经营不善在激烈的市场竞争中逐步被淘汰，面临产权转让或成果转让；另外，由于高校校办企业产权管理不够规范，产权交易市场不够健全，产权交易行为也不够公开，有关法律也不完善。在此背景下，高校校办企业的产权转让和成果转让就存在"暗箱操作"的空间。在深度访谈中，有几位访谈对象都提到这个问题，认为"早期高校校办企业在经营管理中，存在很多管理体制不健全的地方，加上其特殊身份，外部约束也很少，因而很多高校或校办企业打着产学研结合和科技成果转化的幌子，进行暗箱操作，贱卖国有资产，进而从中获得好处。这类行为由于没有直接违反相关法律法规，具有很强的隐蔽性，不易察觉"（20171103 访谈对象 ZS、XZF、LDP，20180304 访谈对象 LC）。这种行为表面上看似没有违反任何相关法律，但相对于直接的资金损失和收受贿赂，这种行为更隐蔽，情节往往更严重，金额更大，造成了国有资产的大量流失。而且，一些高校校办企业工作人员利用自己的职务权力在得到某些好处的情况下，很容易在高校校办企业国有资产产权或成果转让中，以远低于成本的价格转让高校校办企业国有资产，如厂房、设备等，从而造成国有资产的流失。如浙江大学原副校长褚某利用浙江浙大海纳中控自动化有限公司（浙江大学校办企业）董事、总经理等职务便利，涉嫌参与中控科技掏空浙大海纳资产的事件；天津南开允公集团有限公司（南开大学校办企业）原董事长杨某多次私自将集团巨额经营资金用于与该公司经营活动无关的单位和个人，致使国有资产大量流失。

（二）滥用职权寻求影响型利益

影响型利益一般是指领导干部与亲属之间直接或间接的利益链条输送，一般不涉及第三方。① 当高校校办企业领导的亲属从事经营活动时，领导者运用职权为亲属的经营大开方便之门，如通过政策偏向、权力施压等以消除阻碍利益传输的各种因素，强化资源倾斜方向和数量。当亲属从事的领域越接

---

① 王保坤. 领导权力隐性腐败的内核、外显与治理机制：基于"一家两制"情境 [J]. 领导科学，2021（9）：22-25.

近领导干部的管理范围时，这种利益输送越明显，领导干部能够通过多种手段对各方面施加影响，便于亲属立项、贷款或占有国有资产等。如同济大学原常务副校长吴某兼任校办企业——宁波智达房地产开发公司的总经理期间，多次授权私营建筑业主刘某以宁波智达房地产开发公司的名义向银行大量贷款，牺牲校办企业的利益，为他人牟取利益。在深度访谈中，有访谈对象指出，"校办企业中也存在学校领导人通过个人职权为自己的亲朋好友牟取利益的现象，但是一般都比较隐蔽，主要是通过打招呼、做批示、给暗示等方式，下面办事的人也明白领导的意思，一般都会无声无息地把事情办了，其他人也不容易发现。即使有些人发现了，也会因为不涉及个人利益损失或者是为了以后巴结领导选择沉默"（20171028 访谈对象 ZXH）。

（三）滥用职权寻求旋转型利益

旋转型利益是指公职人员扮演公私双重角色，利用公共权力的影响力，在公务过程中以公共角色的身份参与私人事务，从而为自己、亲属或利益相关者牟取私人利益。① 公职人员在公私部门之间交替"穿梭"和"旋转"，既当裁判员又当运动员。这类行为常表现为与亲属合开公司、参与亲属经商活动等形式，而领导干部则运用手中权力为亲属经商办企业提供各种便利，由此滋生腐败问题。这种利益输送之所以说是"旋转"的，是因为公职人员同时身处政府部门与私营部门，公职人员在公私部门之间"进进出出"，不断地变换其公私角色的情形。如南开大学杨某在担任校办企业允公集团总经理期间，多次擅自将公司巨额资金用于与该公司正常经营活动无关的单位和个人，牟取个人私利。在访谈中，有访谈对象指出，"有些领导干部作风强硬，其在职期间就参与亲戚朋友的生意大搞贪污腐败，但是看到了也不敢惹。其实更多的是一些退休的领导干部，一离开岗位，就直接参与配偶、子女等亲属的经商活动，并凭借任职期间获取的信息资源、人脉关系等打造起来的关系网，找老同事、老部下打通关节，要求老同事、老部下等现任官员为其亲属的经商办公司牟利"（20171103 访谈对象 ZS）。

---

① 庄德水. 利益冲突：一个廉政问题的分析框架［J］. 上海行政学院学报，2010（5）：95-102；何旗."一家两制"现象中的隐性权力腐败及其治理：基于利益冲突的分析视角［J］. 甘肃行政学院学报，2019（3）：4-14.

第二节　管理类腐败问题

管理类腐败问题主要是指涉及管理的各个部门和各个环节的腐败问题，本研究主要从资产管理、财务管理、营销管理和采购环节管理四个方面界定管理类腐败问题。在此问题上，一些访谈对象更是一针见血地指出，"高校校办企业国有资产监管面临的腐败问题大多是由管理问题造成的，管理不善和管理体制不健全，给了腐败分子更多的机会，在某种程度，现有管理层面存在的问题成为他们腐败的重要诱因"（20171028 访谈对象 ZXH、XM，20180111 访谈对象 WH、CS）；也有人认为，"这个问题由来已久，有高校自身的原因，但也有国家层面的原因，比如相关资产管理制度不健全等"（20180322 访谈对象 YX）。在这种背景下，高校校办企业国有资产监管中的管理类腐败问题也较为普遍。

一、资产管理的腐败问题

高校校办企业国有资产主要包括无形资产、固定资产和经营性资产三类。无形资产是指拥有或者控制的没有实物形态的可辨认非货币性资产。① 固定资产是指企业使用期限在一年以上，单位价值在规定标准以上，并且能在使用过程中保持原有实物形态的资产。经营性资产是指在生产和流通中能够为社会提供商品或劳务的资产。高校校办企业国有资产规模的快速增长，为我国高等教育事业的蓬勃发展提供了坚实的物质基础，同时对校办企业国有资产管理水平提出了更高的要求。在当前背景下，一些高校对固定资产、无形资产和经营性资产的管理较为混乱，存在一定的腐败问题，导致国有资产流失严重，抑制了高校校办企业国有资产的价值增值与功能发挥。

（一）无形资产管理的腐败问题

高校将大量的人力、物力、财力等投入教学与科研中，创造出众多诸如知识产权、商标权、服务权和物产权等②，这些构成了校办企业主要的无形资

---

① 李煜，王义秋. 高校无形资产管理现状及对策［J］. 东北大学学报（社会科学版），2006（5）：344-346.

② 孙云. 中国高校校办企业产权管理初探［J］. 中国高校科技与产业化，2009（7）：91-92.

产。长期以来，在高校国有资产管理过程中，资产管理和财务核算仅仅重视有形资产的管理与核算，忽视了对无形资产的管理和核算，甚至有些高校根本就没有把无形资产纳入管理和核算范围。由于缺乏对无形资产的管理与保护机制，对无形资产的评估不足或过低，一些工作人员认为在无形资产方面以权谋私很难被发现，即使被发现了，也没多大问题。在深度访谈中，有人认为，"早期高校校办企业在管理中，一直不太重视无形资产的监管，更有甚者认为这些无形资产都是国家所有，只要不太过分，大家都可以进行使用和谋利，不存在腐败的问题，而且这种一般很难察觉到"（20171103 访谈对象XZF）。

（二）固定资产管理的腐败问题

与无形资产管理不同，在高校校办企业固定资产的管理与使用过程中，由于缺乏明确规定以规范固定资产处置手续和处置方式，加之产权的使用者和所有者之间存在权责不明与监督管理低效问题，容易导致对固定资产的管理、清查和盘点不及时，造成固定资产使用的浪费和闲置。在这种背景下，在固定资产使用过程中，由于管理效率低下和闲置的存在，资产管理者对固定资产的使用比较随意，容易诱发资产管理者利用高校校办企业固定资产牟取私人经济利益，如固定资产的私自外借和有偿外租，但固定资产的维修及损耗费用却由高校校办企业承担，致使高校校办企业国有资产流失。[①] 由于面向市场，高校校办企业对接其他组织和个人，其披着市场化的外衣，更容易出现私自出借、出租设备和设施（如办公用房等）等行为，尤其是私自出借一些高精尖设备为私人牟利，从中获取好处，由此带来了固定资产管理腐败问题。在深度访谈中，有人认为，"在早期管理中，高校固定资产管理中腐败问题较为突出，如私自出借、出租高校设备和设施，如教学设备、教室、学术交流中心等；校办企业这个问题则更为明显，因为其披着市场活动经营的外衣，很多时候都宣称是自主经营，对接市场，都以为很多行为是一种有偿的市场交易活动，其收益都交给了国家，实际上有些时候都是无偿的，但相关工作人员一般都能从中收到不少的好处，作为回报。不过现在这些年，监管严了，这种情况减少了许多"（20181116 访谈对象 SYQ）。

---

① 王永珍. 强化高校资产管理　增强反腐倡廉能力［J］. 大庆社会科学，2013（1）：101-104.

(三) 经营性资产管理的腐败问题

高校校办企业管理部门主要职责是根据国家和学校的相关政策，制定校办企业发展规划，对校办企业的生产经营状况和资产的保值增值情况进行日常监管。但实际上，由于高校校办企业都具有较强的独立性，校办企业管理部门只是代表学校对校办企业进行宏观管理，扮演了学校与校办企业之间桥梁的角色，无法真正深入校办企业的经营层面，这也造成学校无法对校办企业实施有效监管，无法真正掌握校办企业经营性资产的实际运作状况，最终导致对经营性资产的监督效能不高。① 高校校办企业内部审计部门对企业日常经济活动的合规性、合法性担负着监督和评价的职责，但长期以来高校都是"重投入、轻管理"的运作模式，受此影响，校办企业内部审计难以充分发挥其职能，导致其对经营性资产从投入到运作的介入程度不够，从而无法真正掌握经营性资产的运作状况和效益状况，造成校办企业的投入和收益不相匹配。更有一些校办企业在综合因素的作用下缺乏市场竞争力，被市场淘汰，面临倒闭；并且许多倒闭校办企业未进行破产清算和办理注销手续，当初投入的资产没有人知道去向，更没有人负责。在深度访谈中，有人认为，"校办企业管理部门和学校管理部门的制度在大体上是一致的，很多高校校办企业是以高校的现行制度为标准制定的。这直接导致制度和实践的冲突，有些工作无法可依，只能灵活处理了。而且，很多管理人员都是从学校调过去的，大家平时都很熟，虽然有些问题严格来说是不允许的，但是考虑到学校审计监管也不严，一般不会查出问题，也就睁一只眼、闭一只眼了"（20171028访谈对象 ZXH）。

二、财务管理的腐败问题

腐败问题的产生大都是因为权力失去监督或者监督乏力。作为高校校办企业一项重要的经济监督手段，财务管理有利于对权力进行监督和制约，进而有效遏制腐败行为。随着我国教育体制改革的不断深化，各高校按照教育部要求积极推进高校校办产业规范化建设，建立了以资产经营公司为核心的经营性资产管理体制，并建立了较为规范完善的财务管理体系以确保国有资产的保值、增值。但也有一些高校校办企业存在预算管理不规范与内部控制不严格等现象，从而产生较为严重的财务腐败问题，抑制了高校校办企业的

---

① 陈忠健. 试论高校经营性资产的监管 [J]. 中国高新技术企业，2007 (13)：37-38.

可持续性发展。

（一）预算管理的腐败问题

在预算管理上，由于预算编制不全面、预算执行不到位，一些高校校办企业成为高校的"取款机"，为腐败滋生提供了温床。① 当高校校级预算不能实现收支平衡时，高校校办企业就成了"取款机"，如利用校办企业进行盈利和购买非必要的高价设备等。甚至有些高校在预算执行过程中还经常发生随意追加、追减事项的现象，并以校级项目立项或业务办理等各种借口从校办企业抽取资金拨入学校，然后从中套取高额回报。

（二）财务支出管理的腐败问题

内部控制制度是高校财务支出管理的重要手段。内部控制制度的建立，可以使资金支付过程中涉及的各个部门、岗位在合理分工的基础上相互制约和监督，从而保证各项业务按照预算目标高效率运行，并防止各种违规操作现象的发生。但高校校办企业内部控制制度的缺失，诱导一些工作人员违反财务管理规定，表现为随意借支、非法挪用、"白条"抵库或以各种方式套取现金，私设"小金库"，借款迟迟不清理、结算等。高校校办企业经营资金长期被非法占有，严重影响了校办企业的经营效益。还有的高校校办企业在不同的银行分别开设各种专用账户和协会账户，倡导所谓的"以人为本"，给各领导和各部门创造了更大的自由度，为一些不法之徒提供了获取非法利益的机会，成为腐败的隐蔽区。在访谈中，有受访人员表示，"财务管理混乱以及由此引发的腐败问题是校办企业的顽疾，很多时候我们想管也管不了，管了也管不好，根本上还是校企不分导致的。现在校办企业改革一条比较好的途径是建立产权明晰、责权明确、校企分开、管理科学的现代企业制度，充分发挥企业内部的控制职能，到那时校办企业财务管理成效会有大幅度的提升"（20180322 访谈对象 YX）。

三、营销管理的腐败问题

客户是企业的立足之本，也是企业最重要的稀缺资源之一。为了吸引客户，企业往往通过花费巨资进行广告宣传、举办活动等行为，构建庞大且稳定的营销网络以提升销售成绩。高校校办企业通常和高校采用"两块牌子、一套人马"的管理体制，这就为高校校办企业营销管理腐败创造了空间。同

---

① 　陈剑. 高校财务管理现状与廉政风险关系研究［J］. 会计之友，2013（11）：114-118.

时，由于缺乏充分的外部竞争和有效的内外部监管机制，高校校办企业的营销管理成为腐败问题高发的领域。营销乱象背后，是"暗箱操作"和销售决策人员以"红包""回扣""佣金"等形式损公肥私的行为。

（一）市场营销调研中的腐败问题

市场营销调研是企业获取市场信息并据此制定企业经营战略的必要途径，高校校办企业也不例外。随着市场竞争的加剧，越来越多的高校校办企业充分认识到市场营销调研的重要性，不断增加相关费用，努力获取更全面、更及时的市场信息。但一些工作人员在市场营销调研中把一部分营销调查费用变通后放入自己腰包，或是在调研中使用高校校办企业经费携带亲朋好友公费旅游，把调研经费窃为私有，这样不仅使高校校办企业所需市场营销信息失真、决策失误，而且会产生市场营销调研过程中的腐败。

（二）价格营销中的腐败问题

价格营销不仅关系到高校校办企业产品的销售及利润目标的实现，而且直接涉及消费者的切身利益。一些高校校办企业从自身利益出发，不按照市场规律从事销售活动，而是采取违背社会道德和法律规范的价格手段牟取暴利①，如销售人员和第三方企业达成利益联盟，以第三方企业支付其回扣或佣金为前提，签订低价协议、实行固定价格等。由于缺乏相应的企业经营素质与经验，一些高校校办企业领导被销售人员欺骗，甚至还有一部分企业领导主动参与"利益联盟"并为其制造有利条件，造成高校校办企业国有资产的大量流失。

（三）客户营销中的腐败问题

高校校办企业客户营销一般会使用业务招待费，而企业的业务招待费开支包含维持正常商业关系和活动的开支、高管私人职务消费的开支、维持同政府关系的开支三类②，由于这些费用难以监管，客户营销经常滋生腐败问题。具体来说，高校校办企业由于缺乏规范的内部控制制度，领导权力缺乏相应监督，一些高校校办企业领导的公款吃喝玩乐被披上了"业务应酬""正常接待"的外衣，他们经常出入高档餐馆及娱乐场所，利用公款消费娱乐，这导致了一些国家机关及管理部门的工作人员被拉拢腐蚀，也异化了高校校

---

① 李金荣. 浅论企业的营销腐败［J］. 当代经济研究，2003（7）：55-57.

② CAI H, FANG H, XU L C. Eat, Drink, Firms, Government: An Investigation of Corruption from The Entertainment and Travel Costs of Chinese Firms［J］. The Journal of Law and Economics, 2011, 54（1）：55-78.

办企业的营销方式与目标。在深度访谈中，有人认为，"高校校办企业的业务招待费对于企业发展弊大于利，其通常就是用来给领导和相应人员公款吃喝。现在监管严厉了，吃喝现象有所遏制，但还未消失殆尽，而且现在的手段和形式更加隐蔽，对后续的反腐败工作提出新的挑战"（20180111 访谈对象 WH）。

四、采购管理的腐败问题

为保证高校校办企业的正常运转和经营规模的扩大，校办企业每年都要进行大型采购，如大型仪器设备采购、办公用品采购、基建维修材料采购等。在采购过程中，采购计划、申请、审批、付款、验收、领用等环节只要存在制度缺失或执行不力，就容易发生采购腐败问题，如有些采购人员出于"占便宜"和"捞好处"的心态，在采购过程中利用职权收受贿赂和拿"回扣"，甚至有些采购人员会在采购过程中通过设置一定的难度和障碍，为自己牟取不正当利益。且某些财务人员会利用专业知识变相执行相关财务政策，调整某些采购行为的允许度，将政策"用足"，贪污、私占国有资产，造成国有资产的流失。① 在深度访谈中，有人认为，"在高压反腐之前，高校校办企业采购职位一直就是肥差，很多人都愿意干这个活，都是抢着上岗，现在好像就不那么热。毕竟国家现在管得严，高校校办企业约束也多，大家也怕出问题。这也从侧面反映，早期高校校办企业由于监管不严，采购管理中的腐败问题还是存在的"（20180127 访谈对象 AY）。

在高校校办企业国有资产监管中，很多管理类腐败问题都涉及管理过程的多个环节和多个部门。管理类腐败典型案例如下。

案例一：天津南开允公集团有限公司（南开大学校办企业）原董事长杨某在担任校办企业负责人期间，在管理尤其是财务管理方面，多次伪造会计凭证，套取资金，用于自身牟取私利，致使天津南开允公集团有限公司账目十分混乱，资产管理严重不规范。在后期审查中，审计出无法对账的资金高达 4 亿元，另外还有 3 亿元债务问题乃杨某担任董事长期间管理失误所致。②

---

① 罗迪. 高校边缘腐败的成因分析与预防对策研究［J］. 中国管理信息化，2018（1）：221-223.

② 观察者网. 南开大学校办企业董事长外逃 11 年被捕　贪污超 1 亿元［EB/OL］. (2017-5-14)［2022-10-23］. https：//www. guancha. cn/politics/2017_ 05_ 14_ 408244. sht-ml.

案例二：浙江大学校办企业——宁波智达房地产开发公司原法定代表人、总经理吴某，在管理过程中，利用管理漏洞，在管理制度不允许的情况下，私自出具委托书，授权私营建筑业主刘某代理行使校办企业代表人职责，而刘某以校办企业名义向金融机构大量贷款用于私人投资，致使国有资产大量流失。①

案例三：北大方正集团（北京大学校办企业）原董事、首席执行官、执委会主席李某等人在经营管理过程中，利用管理漏洞，多次进行内幕交易，并在犯罪事实调查中，隐匿会计凭证、会计账簿、财务会计报告，企图销毁证据隐藏犯罪事实。另外，由于管理不精细、治理结构不完善以及产权制度不清晰，北大方正集团内部管理较为混乱，财务管理也松散混乱。在此背景下，北大方正集团一方面凭借北大校办企业的身份获得了更多融资和项目机会；另一方面却借着改制的目的进行私有化，从而滋生了一些腐败问题。②

表 3-1　高校校办企业国有资产监管中腐败问题案例一览

涉事高校	涉事校办企业	主要事件
北京大学	方正集团	北大方正集团内部管理混乱、难度增大。以李某为首的数名高管利用北大平台，通过财务造假等方式侵吞国有资产。
南开大学	允公集团	杨某在担任天津南开允公集团有限公司董事长期间，利用职务便利、伪造会计凭证、隐瞒资金真实用途，利用集团的大量资金牟取利益，造成国有资产的流失。
浙江大学	中控集团	褚某利用职务之便销毁会计凭证、会计账簿，编造虚假合同、开具假发票报销科研经费，以权谋私，侵吞、骗取国有资产。

---

① 浙江在线新闻网站. 浙大原副校长吴世明被判处有期徒刑 10 年［EB/OL］（2003-4-26）［2022-10-23］. http：//zjnews. zjol. com. cn/system/2003/01/26/001598968. shtml.

② 财视传媒. 方正集团"举报门"尘埃落定　原 CEO 李友数罪并罚［EB/OL］.（2016-11-25）［2022-10-23］. http：//www. sohu. com/a/119936545_ 131976.

涉事高校	涉事校办企业	主要事件
浙江大学	宁波智达房地产开发公司	吴某利用浙江大学副校长和宁波智达房地产开发公司法定代表人、总经理的职务便利,授权私营公司,使其以宁波智达房地产开发公司名义向银行等金融机构大量贷款,收受贿赂共计8万元人民币、2万美元。
东华大学	虹桥东华纺织服饰科技园有限公司	江某等人利用自身职务之便贪污、受贿、挪用公款、故意销毁会计凭证、会计账簿、财务会计报告、隐瞒境外存款。
上海交通大学	交大昂立股份有限公司	交大昂立股份有限公司高管兰某等三人利用职务便利,涉嫌挪用公款、贪污受贿,侵吞国有资产,犯贪污罪、受贿罪,涉案金额1.53亿元。
西安交通大学	西交大资产经营有限公司	张某曾利用职务便利,将数十亩教育和科研用地变相转卖给了开发商搞房地产开发。
清华大学	紫光集团	由于相关部门缺乏对国有资产的监管,凸显中国校办企业产权管理存在巨大漏洞的问题。最终,紫光集团通过以高报价方式与惠普一拍即合,实现惠普"新华三"事件的恶性收购。

第四章

高校校办企业国有资产监管面临腐败问题的成因

对于高校校办企业国有资产监管面临腐败的问题，很多学者进行了论述。有学者指出，从宏观层面来看，腐败成因可以分为三类：主观上有"想腐"动机、客观上有"能腐"的条件或机会、制度上有监管机制不完善。① 但作为长期游离在国资委管理体制之外的特殊企业，加之高校的监管也比较乏力，高校校办企业国有资产监管面临腐败问题产生的原因呈现出一定的特殊性，主要体现在治理结构、产权制度、监督体系和思想认识四个方面（见图4-1）。

---

① 李培林. 基于管理学视角的国企高管腐败治理研究 [J]. 中州学刊, 2015 (7)：27-31.

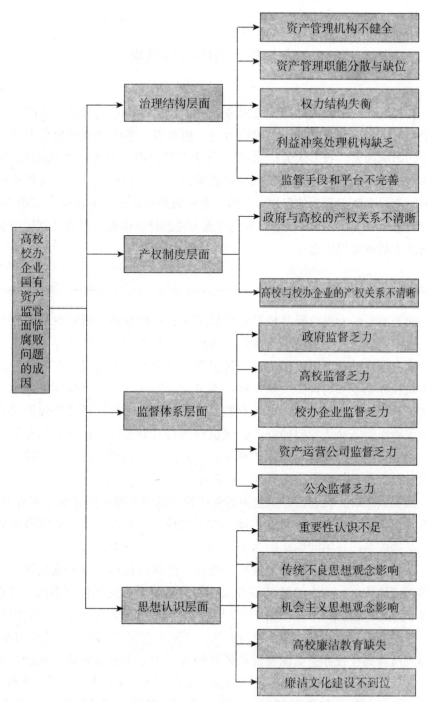

图4-1 高校校办企业国有资产监管面临腐败问题的成因

第一节 治理结构层面

在深度访谈中，大部分调查对象认为，治理结构不完善诱发了高校校办企业国有资产运营及监管中的腐败行为，更有近一半的调查对象认为这是最重要的影响因素。有人认为，"高校校办企业的治理，尤其是内部治理，既不像事业单位的治理，也不像私人企业的治理，有点不伦不类。而这种不伦不类有时就成为腐败行为的保护伞，致使有些腐败问题很难被发觉"（20170822访谈对象ZXC）。因而治理结构不完善成为高校校办企业国有资产监管中腐败问题产生的重要原因之一。

一、资产管理机构不健全

随着高校的发展以及高校科技成果的转化进程加速，国家对高等教育的投入逐年增加，并在高校中形成相当规模的国有资产，高校校办企业则是这庞大国有资产的重要组成部分，如何实现规模巨大的国有资产有效监管就成为实现校办企业和高校高质量发展中不可回避的问题。而组建或设立专门国有资产管理机构则是贯彻国有资产监管政策，提高国有资产监管效能的重要组织保障。倘若缺乏专门的资产管理机构进行有效监管，在巨大的利益诱惑下，相关资产管理者容易出现思想松动，产生腐败思想，进而从腐败动机转向腐败行为，最终造成国有资产严重流失。

从实践来看，高校校办企业国有资产管理机构不健全的表现是多方面的，既有体制方面，也有运行机制方面。对于高校校办企业来说，要实现有效监管，必须配备履行不同职能的多个部门，从职能全覆盖层面健全资产管理机构。从调查结果来看，目前高校校办企业资产管理机构不健全进而导致相关管理制度缺失、财务会计活动不规范、相关从业人员规范化水平低、检查审计流于形式等问题。反之，由于资产管理机构不健全，高校校办企业国有资产监管的制度较为缺乏、流程较为混乱、机制不够完善、专业人员较为缺乏，使得现阶段高校校办企业国有资产监管较为乏力，面临的腐败问题会逐步显现，造成了高校校办企业国有资产流失。在深度访谈中，有人认为，"高校校办企业一些部门，如管理部门、会计部门，很多员工都是领导打招呼进来，都是为了照顾就业，与高校老师有着沾亲带故的关系，一般不具备管理技能和专业素质，更别说具备会计和审计这种职业技能了，所以什么会计核算、审计都是走走形式，看看表面，有就行，根本起不到监管的作用"（20180304访谈对象 LYB）。

二、资产管理职能分散与缺位

当前阶段，高校内部涉及国有资产管理的职能部门有资产管理处、财务处、后勤管理处、设备与实验室管理处、资产经营公司、基建处、后勤服务公司、审计处等。① 在这些机构中，除审计部门外，其他部门都直接参与包括高校校办企业在内的国有资产管理。这些部门的存在，使得现阶段高校校办企业国有资产管理实行的是管理主体多元化体制，主要特点为各类资产分散至相关部门进行分散式管理，导致了资产管理职能分散和缺位的问题。

（一）资产管理职能分散

在高校国有资产的分散式管理过程中，依据国有资产种类由所在高校各部门直接负责，并进行全程管理，因此多头管理、缺少统一领导的特点明显。由于管理过程中存在权责不清的问题，责任无法落实到个人，无法做到管用结合，未能实现国有资产管理的统一领导、对口管理、分级负责、责任到人的管理机制。管理职能的相对分散为一些腐败行为的出现创造了条件，并带来了国有资产流失的风险。在深度访谈中，有人认为，"由于受计划经济的长期影响，高校的管理一直饱受诟病，分散式管理，多头管理，管理职能分散的问题一直存在。校办企业牵制很多利益，加之可以直接对接市场，在市场经营的幌子下，部门间利益争夺就更为明显，而高校又无法有效协调，因而这个问题一直存在。围绕利益，一些腐败问题也就应运而生"（20170822 访谈对象 ZFQ）。

（二）资产管理职能缺位

国有资产管理不仅强调资产的减损，更强调资产的保值与增值。而资产是有时间成本的，利用率过低必然加大时间成本。现行的分散式资产管理模式实质上未将资产统一管理与价值增加联系起来，导致了资产管理职能缺位。该模式仅仅反映了不同部门掌握权力的大小、占有资源的多少，至于资产的整体效益、服务效应、时间价值不在管理职能内，极大地浪费了资产的时间

---

① 姜国权，王越. 高校廉政建设的深层思考与对策 [J]. 中国行政管理，2011（8）：48-52.

价值，浪费了有限的校办企业资源。现行高校校办企业国有资产管理中的预算、审批、控制、监督工作，仅仅是通过预算的执行努力降低成本、控制支出，还没有把土地、房产以及无形资产的保值、增值、时间成本和时间价值纳入管理决策中，而这部分国有资产也是腐败问题的高发领域。

三、权力结构失衡

企业作为分工、协作的契约性经济组织，不同利益主体主要通过企业治理结构实现对企业资源的掌控，其目的是获取企业资源的产权，包括所有权、使用权、收益权、转让权等。治理结构是企业的最高权力分配和监督框架，决定了不同主体的博弈力量与权力分布。内外部环境变化诱发企业不同利益主体相互博弈并导致权力结构发生动态调整，易诱发权力结构失衡，最终导致腐败等治理失灵问题。高校校办企业作为一种特殊的企业，权力结构失衡不仅受内外部环境变化影响，还受复杂的委托代理关系影响。由于高校校办企业属于多层级委托——代理模式，且缺乏完善的权力制约机制，易诱发权力结构失衡，引发权力腐败。高校校办企业管理者通常扮演了委托人与代理人双重角色，且权力较大，控制企业内部较多资源，因此是权力腐败的主要对象。

（一）多层级委托—代理模式易诱发权力结构失衡

委托—代理模式阐明了权力所有者与权力行使者之间存在的权力让渡关系，其描述了权力转移的内容和方向。我国高校校办企业的权力关系表现为多层级委托—代理模式，即公民—各级教育部门—各级财政部门—高等院校—高校国有资产管理部门—管理者。其中，公民是初始委托人、管理者是最终代理人，其余主体兼具委托人与代理人的双重身份。由于该模式存在多层级叠加，信息传导梗阻问题加重，信息不对称问题进一步恶化，代理人可能会违背委托人的意愿，凭借与委托人之间的信息差损害委托人利益，并实现个人利益；而委托人对代理人的监督成本大幅增加，监督效能降低。这些都会诱发权力结构失衡，最终诱发权力腐败行为。[①]

（二）权力制约机制不完善易诱发权力结构失衡

权力制约可分为权力的内部制约和权力的外部制约。权力的内部制约通

---

① 柏维春，李红权. 国有企业腐败的发生机理与治理对策［J］. 河南社会科学，2013（5）：1-5.

常依靠权力架构实现权力的自我监督。高校校办企业内部的权力架构通常呈现为金字塔形结构，权力高度集中于"一把手"，缺乏有效制约该权力的机制，权力过大且集中导致存在异化倾向并诱发权力结构失衡。权力的外部制约通常表现为权力的外部监督。高校作为校办企业的母体，通常与其存在"脐带"关系，加之高校自身监督能力相对不足，其对校办企业的权力运行缺乏监督。同时，校办企业国有资产游离于国资委监管体制外，政府对其监督有限。公众作为初始代理人，应当通过监督高校校办企业的权力运行实现对其国有资产的有效监督，但是因为公众的监督意愿和能力有限，存在"漠不关心"和"有心无力"的现象，对高校校办企业权力的制约与监督效果有限。[①] 另外，因为"腐败的本质是权力的腐败，权力内在地存在着一种异化的机制，它的可交换性和不平等性，以及可能增值的特点，使权力随时可能被滥用，腐败是权力滥用和异化的极端表现形式"[②]。在访谈中，有人认为，"高校校办企业改制已经取得了一定的成效，腐败现象已经得到一定程度的遏制，但是要想完全根绝，还是要理顺高校校办企业的权力制衡结构，限制领导者的权力，实现从'能腐败'向'不能腐'的转变"（20180127 访谈对象AY）。

四、利益冲突处理机构缺乏

目前，高校校办企业利益冲突处理机构的缺乏导致其对国有资产监管困难。从高校校办企业的属性和目的来看，一方面，作为直接对接市场的特殊企业，高校校办企业生产经营的主要目的仍然是追求自身利益最大化，即仍然需要追求利润进而在激烈的市场竞争中脱颖而出；另一方面，高校作为校办企业的资金供给方，追求社会效益的最大化，两者存在明显的实质性区别。两者的利益分化会引发利益冲突，尤其是当高校校办企业缺乏监管时，导致利益冲突加剧并衍生一系列不良问题，而腐败则是其中一个重要问题。因此，高校没有独立处理利益冲突的机构，且利益冲突具有隐蔽性、私人性等特点，在处理过程中会难以有效地掌握引发高校校办企业腐败的重要原因。在此基础上，仅依靠高校校办企业管理人员道德方面的软约束，无法从根本上防止

---

① 柏维春，李红权. 国有企业腐败的发生机理与治理对策 [J]. 河南社会科学，2013（5）：1-5.

② 吉喆. 权力腐败与权力制约 [M]. 济南：山东人民出版社，2009：72.

利益冲突，更无法防止腐败行为的发生。一些高校校办企业管理人员也没有认识到问题的严重性，没有严格遵守相关规定，加之相关组织和管理机构未能及时处理利益冲突问题，导致利益分化严重。在这种情况下，利益冲突双方为了赢得主动权，可能会导致相关腐败行为的发生，造成高校校办企业国有资产的流失。① 在访谈中，有人认为，"现阶段很多高校的内部治理水平相对不高，随着高校逐步对接市场，利益多元化、利益冲突不可避免，但一些管理者认为这是小问题，在处理此类冲突时，主要依靠的是平衡方法，缺少独立的利益处理机构，治标不治本，导致一些组织或个人为了赢得利益协调的主动权而滋生腐败问题"（20180304 访谈对象 GF，XF）。

五、监管手段和平台不完善

较为完善的监管手段和平台作为高校校办企业反腐监管的重要载体与方式，反映了监管的工具理性，提高了监管效能。随着大数据、区块链等现代信息技术的快速发展，多元化的反腐监管手段和平台不断涌现。现阶段，我国一些高校校办企业仍然停留在传统的管理模式阶段，现代信息技术应用不足，造成了反腐监管手段和监管平台的不完善，直接影响反腐监管效率的提升。

（一）监管手段不完善

科技创新是高校校办企业完善监管手段、提高反腐监管效率的重要举措。目前，部分高校校办企业在监管过程中，紧跟时代发展，引入了固定资产管理系统等现代技术工具，但管理思维仍以传统管理理念为主，缺乏对新工具的高效利用，表现为利用计算机对资产数据的简单记录，缺乏对资产全周期的数字化监管。同时，资产管理与财务等不同管理软件之间的数据共享程度不高，存在严重的信息壁垒，从而削弱了国有资产监管效能。② 总体来看，高校校办企业国有资产监管仍停留在传统的以人力为主体、以纸质化材料为媒介的阶段，较少使用信息化监管工具，监管手段不完善导致监管效率不高。

（二）监管平台不完善

先进、多样的监管平台能够起到汇聚多方监管信息、促进部门信息交流、方便多元主体监督的积极作用，打破以往平台缺失导致的各主体间监管信息

---

① 刘蕊. 利益冲突视角下我国高校腐败问题研究［D］. 无锡：江南大学，2017.
② 赵立文. 加强高校国有资产管理的思考［J］. 中国现代教育装备，2018（23）：1-3.

不对称，造成信息碎片化的困境。然而，现阶段高校校办企业监管平台仍存在诸多弊病，多数校办企业网站没有监管信息专栏，导致监管信息的透明度低，不利于多方主体对其进行监督。目前，只有少部分高校校办企业被纳入国资委国企在线监管平台，但仍未实现信息的完全整合，阻碍了高校校办企业反腐监管平台的顺畅运行，不利于保障国有资产安全。

第二节　产权制度层面

科斯在《社会成本问题》一文中指出，在交易费用为零时，权力的初始界定与资源配置的最终结果无关。① 在现实社会中，由于无法完全消除信息不对称等问题，因此交易费用总是存在且始终为正。降低交易费用的重要方式之一是明晰产权，其能提高社会整体的资源配置与利用效能，有利于实现社会整体的帕累托最优。事实上，清晰完善的产权制度作为现代经济制度体系的重要内容，其通过明晰产权创造规则明确的交易环境，抑制短期机会行为，降低负面外部效应，促进市场交易行为。但是，当社会缺乏该制度时，"搭便车""公地悲剧"等问题多发、频发，严重影响市场机制并导致市场失灵，不正当交易行为增多，最终导致腐败等严重危害社会稳定与发展的问题②。校办企业作为高校国有资产腐败治理的重点领域，近年来各高校已经开展多项措施对其进行治理，但是仍然存在校办企业剥离不充分、主体责任与监督责任落实不到位等问题③，产权制度不完善则是该类问题产生的重要原因。由于产权制度不完善，产权界定存在盲区，委托代理关系混乱使其处于政府、企业、学校"三不管"地带，加之监管制度缺位，以致许多校办企业国有资产的管理者做出以权谋私的行为，侵犯了公共利益，进而产生腐败问题，造成高校校办企业国有资产流失。

---

① COASE R H. The problem of social cost ［J］. The journal of Law and Economics, 2013, 56 (4)：837-877.

② 张斌. 多重制度逻辑下的校企合作治理问题研究 ［J］. 教育发展研究, 2014 (19)：44-50.

③ 高德华, 季斐斐, 樊非, 等. 浅议高校校办企业领域治理存在的问题及对策 ［J］. 教育教学论坛, 2018 (41)：60-61.

一、政府与高校的产权关系不清晰

在我国，政府与高校之间存在着多重委托代理关系，委托代理关系不同会产生不同的代理问题，不同代理问题又会导致不同程度的腐败问题。在政府与高校产权关系中，高校委托代理关系复杂、产权所有者弱化、代理人监督乏力，会导致腐败行为发生。这主要表现为国有资产所有权归属国家和政府，高校不承担在生产经营过程中产生的风险，加之信息不对称和政府管理部门缺乏有效的规范与制度，使得高校可以无偿使用国有资产进行各种盈利活动。高校管理者将经营所得收入通过各种渠道转化为私人财产，进而造成国有资产的流失，这是一种具有一定隐蔽性的腐败行为。① 在访谈中，有学者认为，"在政事不分的大背景下，作为事业单位的高校，行政化特色鲜明。而且高校大部分资金源于政府拨款，依附于政府而存在，因而政府与高校的产权不清晰，这个问题一直存在；产权不清晰，加上缺少行之有效的监管，腐败问题不可避免会滋生"（20171028 访谈对象 CD）；也有人认为，"很多高校主观上也不愿意与政府完全分开，因为即使分开，也看不到什么实惠，相反还会带来很多福利的消失"［20180530 访谈对象 XM（1）］。

从产权视角来看，政府是高校和校办企业的出资者和所有者，对高校校办企业国有资产拥有绝对的产权，而高校只享有国有资产相应的使用权和占有权，不享受收益权与处置权，即高校不能使用国有资产用于政府计划外的经营性活动。但对于校办企业，高校享有占有权、使用权、处置权和收益权，其经营性收入不得私自分配，需用于高校的日常运转，用以弥补办学经费不足。这种二元关系的存在，使得政府和高校的产权关系一直不清晰。在这种情况下，高校校办企业作为对接市场的企业主体，一些企业借助市场化改制的幌子，利用政府与高校产权关系不清晰的弊端，进行营利性市场活动，并将所得进行分配，腐败问题就产生了。在访谈中，有人认为，"高校是政府全额拨款的事业单位，在很长一段时间，是以类政府的角色存在，甚至很多人都认为高校和政府是差不多性质的单位，很难分清二者实质性差别，因而对高校与政府的产权关系更是分不清"（20180127 访谈对象 CDL）；也有人认为，"高校依赖政府拨款而存在，财务关系不独立决定二者的依附关系的存在，在不改变现有财务关系的前提下，高校和政府不能实现真正意义上的分

---

① 朱新梅. 教育腐败与学术腐败及其治理［J］. 教育发展研究，2004（10）：23-25.

开"（20180304 访谈对象 LC）。

二、高校与校办企业的产权关系不清晰

由于政府和高校之间的产权关系难以厘清，因此高校及其衍生校办企业之间的产权归属关系更是难以明晰。一方面，高校校办企业作为独立法人单位，自主经营，自负盈亏；另一方面，校办企业由高校出资设立，必须接受学校归口单位的管理，这种体制使得校办企业具有双重身份。随着校办企业的高速发展与资产的快速扩张，双重身份的存在使其产权归属更难划分。

（一）缺乏产权界定的基础

大多数高校在创办校办企业时，出资内容主要包括资金、土地以及无形资产等。部分高校在设立校办企业时，有意利用制度漏洞，如通过财务处出具出资证明以达到注册资金的基本要求，但实际上未完全缴纳出资或采用先缴纳后抽走的形式，资金以不合规的形式流动，易导致腐败问题。同时，部分高校的出资数额巨大、内容复杂，但是高校缺乏完整的产权剥离手续，校办企业也无法进行资产产权登记。这导致高校不仅在后期随意使用校办企业资产，而且要求校办企业上交企业利润，二者经济来往较为复杂且缺乏合法手续，从而为腐败行为创造了空间。另外，高校较为重视对有形资产的监督管理，却忽视了对无形资产的管理。高校对校办企业无形资产的投入缺乏量化评估，必然会引起资产流问题。①

（二）缺乏产权界定的意识

在访谈中，有人认为，"校办企业从产生之日起，就依附高校存在，很多人都不认为高校和校办企业的产权关系是有差别的，大多认为校办企业就是高校的一个组成机构，只不过扮演的是与市场对接的角色，促成高校科技成果转化"（20181116 访谈对象 SYQ）；也有人认为，"校办企业为什么一定要脱离高校呢？难道校办企业脱离高校后，实现产权清晰，就能规避腐败行为的风险吗"（20170822 访谈对象 ZFQ）；还有人认为，"校办企业与高校的产权关系很难厘清，除非实行彻底的改制，完全脱离高校，但脱离高校的校办企业未来在激烈市场竞争中如何存活下来也是一个难题"（20180111 访谈对象 XTH）。在当前实践中，高校与校办企业多为"关系联姻"，双方很少进行

---

① 李健生. 构建高校所属企业的多维多主体监管体制研究 [J]. 广西社会科学，2019
(8)：184-188.

明确的产权界定，二者间产权关系不清成为不争的事实。

此外，高校与校办企业产权关系不清晰还体现在校办企业和高校共享领导人这一方面，如浙江大学中控集团高管就是借助其双重领导的身份无限制拓展权力范围，导致公与私的界限逐渐模糊，最终通过腐败将国有资产转为个人利益，造成了国有资产的流失。① 产权不明晰不仅带来了高校校办企业国有资产责任者不尽职、企业法人财产权不明晰，更重要的是学校还需要承担高校校办企业运营的无限责任，校办企业也常成为腐败的温床。

总之，对于高校校办企业来说，产权制度的不完善导致了制度匹配困难，进而产生制度冲突，最终产生改革滞后现象。同时，其他制度间不匹配也衍生出一系列冲突，在一定程度上加剧了产权关系不清晰。制度配置理论认为，不同制度间的协同度越高越能发挥制度系统的功能，其关键在于保证不同制度变量变化速率相同。② 从我国高校校办企业改革历程来看，改革成效与高等教育制度变量和市场制度变量两者的协同度相关，但是变化相对较慢的高等教育制度变量与变化相对较快的市场制度变量无法同步发展，且导致了制度间的错位与失衡，衍生出制度空白，甚至是制度冲突。③ 制度的冲突导致校办企业内部各要素难以稳定，更是难以与时俱进进行适时革命以顺应市场发展浪潮的要求，从而对其国有资产监管产生威胁。

第三节　监督体系层面

高校治理现代化不仅要求各高校有独立办学的能力促进其可持续发展，还要求高校具备系统的监管体系和协同治理能力，其中监督体系的重要性不言而喻。但现阶段高校监督体系仍存在一些不完善的地方，如监督主体单一、监督内容宽泛、监督程序不规范、监督效果不佳等，这些问题的存在使得一些高校从"关起门来搞学术"走向"关起门来搞腐败"，腐败问题不断滋

---

① 姜国权，王越. 高校廉政建设的深层思考与对策 [J]. 中国行政管理，2011 (8)：48-52.

② 李志强. 制度配置理论：概念的提出 [J]. 山西财经大学学报，2002 (1)：15-18.

③ 章亿发，张兵，王睿. 中国高校校办企业改革：回顾与展望 [J]. 中国高教研究，2021 (8)：86-91.

生①。对于高校校办企业来说，由于其特殊身份，此类问题也较为突出，表现为政府监督乏力、高校监督乏力、校办企业监督乏力、高校资产运营公司监督乏力以及群众监督乏力等问题。

一、政府监督乏力

政府监督乏力主要表现在两个方面。一是未将高校校办企业统一纳入政府国有资产监管体系，这导致高校校办企业无法摆脱乱象丛生的腐败阴霾，最终导致国有资产不断流失。我国公立高校都是由政府出资兴建的，政府对高校的一切资产，包括校办企业国有资产拥有所有权，高校国有资产理应由政府相关部门进行监督和管理。但由于种种原因，高校校办企业，长期游离于政府国有资产监管体系之外。二是政府监管部门的考核评价机制和问责追责机制弱化。高校校办企业国有资产的政府监管部门包括教育部门、财政部门、专门监管部门等，其从不同领域对校办企业形成全面监督。但该类部门缺乏独立第三方对其监管绩效进行考核，目前以部门内部考核为主，对相应工作人员的约束性不强，从而抑制了监管效能提升。另外，为完善权力制约机制，提升监管成效，有必要加强对监管者的监管，并通过建立问责追责机制构建制度保障。但从现有立法来看，缺乏针对校办企业国有资产监管者的问责追责制度设计，如现有法律中，针对国资委等监管部门的权力制约制度不完善，对其监管责任的规定较为模糊，缺乏针对性和明确性，在监管实践中难以适用，导致对监管责任履行不到位的个人和组织的问责追责弱化。②

二、高校监督乏力

在访谈中，有学者认为，"高校校办企业现在处于监管的真空地带，一方面未被纳入国资委的管理体系；另一方面学校对其监管向来不是重点，监管难度也较大。在这种情况下，高校校办企业长期自由自在，腐败的成本相对较低"（20180111 访谈对象 CS，WH）。高校与校办企业的产权关系不清，且校办企业由于直接对接市场、独立经营，具有一定的独立性，致使高校对校办企业监督乏力，主要表现在三个方面：一是高校监督体系单一。高校与社会、市场的交往频率在逐步增加，但高校并没有根据自身的发展改变现有的

---

① 方晨旭. 高校反腐败的制度分析及对策研究［D］. 昆明：云南大学，2016.

② 陈婉莹. 高校校办企业国有资产监管法律问题研究［D］. 福州：福建师范大学，2019.

单一监督体系。从现实来看，虽然高校都有专门监督机构，但长期以来，由于监督体系不完善，这些机构的一些工作流于形式，监督也得不到有关部门重视，因此我国一些高校监督机构发挥的作用较为有限。在这种情况下，高校校办企业存在财务信息失真、财务收支混乱、资金使用效率低下、资金挪用和以权谋私等问题，这也会导致腐败问题产生。二是高校监督机构监管乏力。在当前背景下，高校内部的一些监管部门，如纪检、监察、审计等监督部门由于对校办企业相关市场经营活动也不太熟悉，一些监管更多地停留在表面，制约缺位，责任主体不到位，起不到应有的作用，腐败问题不能被及时发现，更不能做到对腐败问题的有效查处。① 三是专门内部监督无法有效发挥作用。在现有监管体系内，高校校办企业的领导往往也是高校的主要领导，因而在其管理领域内，领导一般拥有较大的话语权和决定权，专门的内部监督无法对此形成有效的监督，在访谈中，有人认为，"高校对校办企业的监管向来不是其监管的重点，因为校办企业监管的难度大且缺乏动力。在此背景下，高校校办企业内部监督机制起到的作用很有限，再说，有些领导是高校的主要领导，有些时候也是'敢怒不敢言'"（20171103 访谈对象 NJ）。

三、校办企业监督乏力

高校校办企业国有资产监督制度体系是必不可少的一部分，也是推动其建立现代企业制度的重要内容，但现行校办企业对自身的监督也较为乏力，表现为以下几方面。

（1）管理活动的监督不够规范

一是采购、销售环节的监管力量薄弱，监管效能不高。物资采购包括制订采购计划、上级审批、付款与验收等环节，各个环节都具有潜在的腐败空间和腐败风险。当高校校办企业管理人员对供销渠道梗阻、对产品市场价格波动缺乏精准把握、对企业生产与库存现状缺乏动态调整能力时，易导致国有资产面临流失风险。二是技术研发与产品开发的控制能力不足。高校具有强大的技术研发能力和充足的研发人力资源，但由于技术创新本身存在一定的不确定性且需要充足的资金支持，但校办企业易忽视对研发预算的有效控制，从而降低了国有资产的使用效率。同时，技术开发周期较长，技术保密

---

① 姜国权，王越. 高校廉政建设的深层思考与对策 [J]. 中国行政管理，2011（8）：48-52.

管理不严等问题易造成企业损失，拓展了腐败空间。①

（2）财务管控成效不足。一些高校校办企业不仅缺乏完善的财务管理制度，也缺乏"三重一大"决策制度，对于校办企业财务资金管理，尤其是大额度资金的使用缺乏科学论证和严格审批，引发国有资产流失。同时，高校校办企业的金字塔式权力结构，使得高层领导，尤其是"一把手"，对校办企业制度建设和资源使用具有较大决定权。当领导不重视财务管理，高校校办企业缺乏权责明确的财务监督制度时，易导致财务管控成效不足。②

（3）风险评估与内部监督不到位

高校校办企业普遍存在风险评估与内部监督不到位的问题，主要体现在经营和管理两个层面。从经营层面来看，高校校办企业发展目标缺少合理规划，对校办企业的运行状况与发展目标的关联度缺乏研判，对校办企业运行风险的日常评估责任未落实到具体部门等，缺乏有效风险评估机制。从管理层面来看，针对高校校办企业的治理制度、人力资源与财务资金管理等方面未能形成有效的综合监管体系，监管方式与手段相对单一，监管模式亟待优化。③

（4）监督主体监管水平较低

一是监督意愿和能力较为不足。自高校校办企业改革以来，许多高校基于"防火墙"等成功模式，相继建立了国有资产运营公司，负责校办企业的运营管理。但由于高校与校办企业间的"脐带"关系，校办企业管理层大多仍由高校领导兼任，其对校办企业监管的意愿相对较低，也缺乏应有的监督能力。二是监督方式较为粗糙。一些高校校办企业在决策中个人作用过强，缺乏科学民主决策机制，决策随意性较大。在面对监督过程的腐败问题时，可能存在操纵监督结果的行为。在访谈中，有人认为，"高校校办企业的管理体制受高校体制的影响非常大，在很多方面都非常相似。但是高校和校办企业的角色定位本身存在巨大差异，高校具有公益性，校办企业具有私利性，因此盲目套用高校的管理体制一定会存在比较明显的监管漏洞。从现状来看，

---

① 陈其中. 高职院校校办企业内控体系建设的思考 [J]. 职业技术教育, 2019, 40 (2): 20-23.

② 王红, 郭志丹, 刘烨. 高校校办企业财务管理问题及对策 [J]. 广东农业科学, 2009 (5): 230-231.

③ 陈其中. 高职院校校办企业内控体系建设的思考 [J]. 职业技术教育, 2019 (2): 20-23.

高校校办企业内部监督缺失严重，并且没有引起足够的重视"（20180111 访谈对象 CS）。

四、资产运营公司监督乏力

由于高校资产运营公司的法律地位不明确、法人治理结构不完善，且监管手段和程序缺乏合理性，高校资产运营公司监督乏力。

（1）法律地位不明确，缺乏监督基础

高校资产运营公司的成立主要是代替高校履行出资人职责，但在实践过程中，其法律地位的确立主要依靠上级主管部门和地方政府的规章制度，但这类规章制度相较于法律法规等制度，权威性较弱，且对资产经营公司法律地位缺乏明确表述。另外，资产经营公司与一般企业的差别在于其本身不具有营利性，其主要被用于高校校办企业的"大口袋"或"大箩筐"。即使其最初制度安排以企业为模板，但行为特征是以独立法人之"身"、行高校内部管理之"职"、办国资监管与科技成果转化之"事"①。高校资产运营公司带有一半"事业单位"色彩，是特殊企业法人，但在现行法律中难以找到依据。虽然现有文件对其职责任务和行为规范进行了原则性界定，但仍缺乏明确和可操作性的权责清单对其予以规范。

（2）监管模式单一，监管效能低下

高校资产运营公司主要依靠财务预算和结算报表对高校校办企业进行监管，分别属于事前监管和事后监管。这一方面导致对校办企业的事中监督处于缺失地位，全过程监管模式尚未建立，监管效能降低。另一方面高校资产运营公司法律地位不明确使其在对高校校办企业监管时缺乏监管的合理性，监管工具与手段的选择相对有限，其作为第三方对企业的监管效能相对不足。②

（3）法人治理结构功能异化，引发监督失能

高校资产运营公司的法人治理结构通常由三方面构成：董事会、监事会、经理班子。董事会对资产管理委员会负责，保证高校和利益相关方的合法权利；监事会对资产管理委员会负责；经理班子对董事会负责。但由于资产运

---

① 李仁刚. 论高校资产经营公司的功能定位与职能配置 [J]. 中国高校科技与产业化，2010（5）：10-11.

② 陈婉莹. 高校校办企业国有资产监管法律问题研究 [D]. 福州：福建师范大学，2019.

营公司作为独立法人机构和高校内部职能部门的复合体，董事会、监事会、经理班子各主体的权责分配存在内在冲突，职能边界较为模糊，可能存在董事会"一言堂"，导致监事会失位，引发监督失能。

五、公众监督乏力

由于高校校办企业相对较为封闭，公众对其了解相对较少，更谈不上监督，公众监督呈现出乏力的特征，主要表现为群众监督意愿、监督信息和监督渠道的缺乏。

（1）公众缺乏监督意愿

公众监督是公众对国家行政机关及其工作人员的工作进行的监督，是一种最广泛的监督方式。但是，长期以来，受我国古代官与民地位的影响，形成了"官贵民轻"的传统思想影响，公众在监督过程中力不从心，公众监督并没有发挥其真正的作用。对公众个体而言，进行监督承担的监督成本通常大于获得的监督收益，放弃监督转而与被监督对象合谋觊觎和侵吞国有资产获得的收益会大于监督收益，因此思想层面的积极性不足与现实层面的激励不足会导致公众监督的相对乏力。

（2）公众缺乏监督信息

部分高校相关信息不透明，信息公开流于形式，且校办企业表现得更为神秘，公众对其了解程度更低，对国有资产运营及监管等细节更是知之甚少，因而公众监督可依赖信息不足，存在较严重的信息不对称，使得公众监督处于被动地位，难以真正实现有效监督。①

（3）公众缺乏监督渠道

一些公众由于缺乏相应的参与渠道，缺乏对管理层的监督，一些监督制约机制也形同虚设，难以真正发挥作用，使得监督渠道大多流于形式，公众监督乏力，这些也在不同程度上为"边缘腐败"提供了社会基础。② 在访谈中，有人认为，"高校作为事业单位，行政化特色明显，'官本位'思想仍然在组织内部存在。在这种思想的影响下，一些高校管理者并不会让群众主动参与到校办企业国有资产监管中来，甚至是很排斥群众的参与，更别说构建有效的

---

① 李仁刚. 论高校资产经营公司的功能定位与职能配置 [J]. 中国高校科技与产业化，2010（5）：10-11.

② 罗迪. 高校边缘腐败的成因分析与预防对策研究 [J]. 中国管理信息化，2018（1）：221-223.

参与渠道"（20171028 访谈对象 LXL）；也有人认为，"按照现有公众的能力和素质，他们也不能有效参与到高校校办企业国有资产的监管中来，很多公众都认为这些事和自己没有什么关系，完全没必要在这方面花费时间和精力，自身的认识也没有到位，更谈不上参与"〔20171028 访谈对象 XM（1）〕。

第四节　思想认识层面

现阶段，思想认识不到位，也是诱发高校校办企业国有资产监管中腐败问题的重要因素。对监管重要性认识不足，受传统不良思想和机会主义观念的影响，加之高校廉洁教育缺失以及廉洁文化建设不到位，都制约了思想认识在高校校办企业国有资产监管中"软约束"作用的发挥。

一、重要性认识不足

长期以来，受传统观念影响，我国高校将主要精力集中在科研、教学等活动上，并没有对高校国有资产管理给予足够重视，对高校校办企业国有资产监管的重要性认识也不够，主要表现如下。

（1）重要性认识不足导致专业化人员培养不够

对高校校办企业监管重要性认识不够直接导致对资产管理专业化工作人员的培养不够，使得相关工作人员缺乏专业素养，并不具备资产管理的专业知识，也缺乏相应的管理经验，业务能力相对较弱，难以承担校办企业监管重任，给腐败行为的滋生提供了机会和空间。

（2）重要性认识不足导致专门管理部门和人员缺乏

对高校校办企业监管重要性认识不够直接导致一些高校并未专门设置相关资产管理部门，导致其对国有资产的管理也相对业余。一方面导致资产管理人员的主要精力用于行政事务的应付方面，与包括财务部门在内的其他部门沟通交流难度较大，人为增加部门间工作协调难度，同时也增加了管理成本①；另一方面导致校办企业资产账目缺乏专人管理，造成账账不符、账实不符的现象，校办企业资产存在流失的可能。

---

① 李福生，邱冠文. 高校反腐倡廉创新思考［J］. 人民论坛，2011（29）：244-245.

（3）重要性认识不足导致相关制度不完善

对高校校办企业监管重要性认识不够直接导致资产管理相关制度不完善，部分校办企业对资产的地位、作用认识不足，缺乏产权意识，"重投入、轻管理，重规模、轻产出"问题普遍存在，资产管理现有制度也只局限于对有形资产的管理，而对价值较高、难以预估的无形资产管理重要性认识不足，并没有制定完善的关于无形资产管理方面的规章制度，这就使得腐败行为多发、易发且难以监管，造成国有资产的大量流失。在访谈中，有人认为，"很长一段时间内，高校一直认为校办企业是自己创收的优质渠道之一，也属于自身的重要组成部分，因而在奉行'家丑不可外扬'的理念下，很少对校办企业进行监管，即使出现了腐败问题，也是以教育和内部处理为主，起到的威慑作用较小。究其原因就在于对校办企业监管重要性的认识还不到位"（20180323 访谈对象 HCL）。

二、传统不良思想观念影响

传统不良思想观念的影响主要表现在两个方面：财富的狂热追逐和占有的逐利性，以及"人情关系"和"官本位"思想。

（1）财富的狂热追逐和占有的逐利性的不良思想观念的影响

自古以来，人们对财富的追逐和占有是永无止境的。西方学者马斯洛基于"经济人"的假设，认为人的行为具有利己的本质，进而提出需要层次理论。他认为，人的需求是永无止境且得不到满足的，因为人们总会在满足一定的要求以后出现更高层次的需求，进而追求高层次的需求。在高校校办企业国有资产监管中，出现腐败问题的一个原因是校办企业工作人员的自身逐利性，即追求个人利益的最大化。当权力出现并且得不到有效的监督时，当权者就会运用手中掌握的公共权力为个人私欲服务，伴随着权力异化行为的累积，其最终会演化为腐败。因此，腐败现象都是源于管理人员自身对利益的追逐，逐利欲望导致其利用手中的权力为个人牟取私利。

（2）"人情关系"和"官本位"不良思想观念的影响

长期以来，我国是一个讲求"人情"的社会，人情关系的不当使用也是腐败产生的重要原因之一。这表现为：受中国传统文化观念的影响，一些高校校办企业工作人员对公私界限模糊不清，廉政观念思想意识淡薄，进而对腐败边界的认知模糊，最终诱发了腐败行为。另外，"官本位"的思想不仅在政府工作人员中存在，在高校校办企业管理人员中也较为明显。正是因为这种思想的存在，一些高校校办企业管理人员脑海中的官僚主义、家长制和各种特权思想根深蒂固，进而为权力滥用提供了思想诱因。[①] 在访谈中，有人认为，"高校作为行政化特色明显的事业单位，受'官本位'等传统思想观念的影响较大，使得高校管理者，尤其是中高层管理者官僚主义色彩鲜明，而这些又为他们堕落腐化提供了不良思想基础"（20171103 访谈对象 ZYZ）。

三、机会主义思想观念影响

腐败行为发生基于两个前提：一是权力制衡结构失衡为腐败创造了制度空间，即"能腐败"；二是权力代理人具有腐败的主观意愿，即"想腐败"。当其意欲实施腐败行为时，其作为"理性人"，会对腐败行为的成本收益进行博弈分析。在高校校办企业中，腐败的成本收益分析是指工作人员在现有企业的制度框架内，对思考从事腐败活动需付出的精神层面与物质层面的收益成本差，即当腐败行为的预期收益大于成本时，其具有实施的主观意愿。因此，主观意愿是实施腐败的必要基础和前提条件。当高校校办企业人员缺乏实施意愿且具有较强的廉洁自律能力时，即使权力体制和管理制度存在漏洞，腐败行为也不会发生。校办企业内的腐败行为主要集中在权力集中、资金密集和资源富集等领域，腐败行为主体则主要集中在企业的关键岗位和关键环节上的人员，面对现实环境中的多种诱惑，加之监管体系的空缺，其心理素质面临严峻挑战。[②] 一般来说，当高校校办企业的领导者拥有较大的权力时，金钱美色等种种诱惑便会纷至沓来，然而一些领导并不具有天然的免疫力，同时又放松了对自身廉洁自律意识与能力的培养，最终陷入腐败深渊。这暴露出一些管理者存在理想信念缺失，机会主义思想浓厚、缺乏舍己奉公为民服务的精神等诸多问题。在深度访谈中，有受访人员认为，"高校校办企业领导面对的诱惑种类多、力度大，需要坚定的信仰和牢固的廉洁自律意识。当领导缺失信仰的指引而开始衡量个人利益得失时，就已经落入了腐败的陷阱，最后也将落入腐败的深渊。因此，要想提升反腐败行动的效果，必须从源头做起，紧抓反腐教育"（20180323 访谈对象 HCL）。

---

① 李建伟. 现代治理视域下高校腐败防治研究［D］. 西安：西北大学，2015.
② 柏维春，李红权. 国有企业腐败的发生机理与治理对策［J］. 河南社会科学，2013（5）：1-5.

四、高校廉洁教育缺失

在很长一段时间内，高校廉洁教育缺失，在一定程度上制约了高校廉洁文化的软约束作用的发挥。

（1）高校廉洁思想教育缺失

长期以来，高校被视为高素质人员的集中地，谈及高校工作人员，首先想到的是高学历、高智商，也误以为高校面临的腐败风险相对较小，使得高校放松了廉洁思想教育。从现实来看，由于缺少廉洁思想教育，加上高校校办企业国有资产管理者所受的监管相对较弱，使得一些高校校办企业工作人员的法治观念逐渐懈怠。在很多情况下，由于缺少廉洁思想的软约束，一些人对监管中以权谋私的行为不以为意，对法律的是非观念和界限模糊，贪污腐败现象时有发生，致使高校国有资产流失。

（2）高校廉洁文化建设缺失

在过去很长一段时间，高校廉洁文化建设缺少制度约束，更多体现的是一种随机式、运动式的教育宣传。在这种情况下，一些领导干部和高校教职工出于种种原因无法坚持人民公仆与人民教师的职业理念及思想信念，滋生了一切行为都应该为了最大限度满足自己利益的错误思想，并通过各种手段最大限度满足自身利益。一些高校工作人员利用手中的权力和监管的漏洞，在权力监管的"灰色地带"，利用权力为自己牟取利益，这构成了"边缘腐败"泛滥的行为动机①。而且，在现实中，由于高校廉洁文化建设往往滞后于经济建设，长此以往，高校廉洁教育不扎实等思想层面建设的缺失，使得在当今社会多元价值观的冲击下，高校一些领导干部对"边缘腐败"现象的认识会更加模糊。② 在访谈中，有人认为，"在很长一段时间内，大家都觉得高校是教书育人的地方，是一块净土，加上高校也不是什么政府机关，腐败现象较少，因而不太注重高校廉政文化建设，在高校校办企业内部就更不注重了，文化的软约束作用很难发挥出来，甚至还遭受到腐败文化的侵蚀"（20180323 访谈对象 IICL）。

---

① 罗迪. 高校边缘腐败的成因分析与预防对策研究［J］. 中国管理信息化，2018（1）：221-223.

② 罗迪. 高校边缘腐败的成因分析与预防对策研究［J］. 中国管理信息化，2018（1）：221-223.

（3）高校廉洁教育载体缺乏创新

一些高校的廉洁教育忽视了对物质载体的建设，物质载体普遍存在陈旧、落后、简单、呆板等问题。现实中，一些高校对廉洁教育政策的执行过于僵化，将其视为上级的任务而非自身的职责，未将廉洁理念渗入日常管理，高校的主观能动性未得到充分发挥。这表现为部分高校经常采用办讲座、做报告等传统廉洁教育方式，廉洁教育载体缺乏创新，对师生的廉洁素养培育不够全面，部分拒腐防变意志薄弱的师生无法抵御腐败文化与思想的侵蚀，最终走上贪污腐败的道路。① 这些问题都不同程度制约了高校廉洁教育的水平。

五、廉洁文化建设不到位

良好的文化氛围能够为高校校办企业的廉洁发展提供崇廉尚廉的文化氛围。通过廉洁文化建设和党建宣传工作培育廉洁的校办企业文化氛围，提高工作人员的道德和职业素养，从而唤醒多元主体的监管意识，培育校办企业廉洁运转的内生动力，从根源上保障校办企业国有资产的安全。目前，高校校办企业廉洁文化建设不到位主要体现在廉洁文化建设不到位和党建宣传不到位两个方面。

（1）廉洁文化建设不到位，难以培养高校校办企业及其员工正确的价值观

组织价值观是影响组织行为的关键因素。由于高校校办企业特殊的双重身份，其组织价值观与一般企业有所不同。从现实来看，高校校办企业缺乏廉洁文化的组织价值观。② 廉洁文化建设是引导、树立企业及其员工价值观，规范企业及其员工行为的可靠途径。然而，目前校办企业廉洁文化建设内容不够充实、形式不尽多样，存在走形式、浮于表面、敷衍了事的情况，没能真正起到应有的作用，导致高校校办企业内部缺乏反腐文化氛围。

（2）廉洁文化建设不到位，难以培养高校校办企业及其员工的政治敏锐性

在当前政治环境下，党建工作日渐成为高校校办企业廉洁文化构建的基础要素。党建工作也是保障高校校办企业及其员工政治素养与公共精神培育

① 吴易安. 高校廉政文化建设路径探析 ［J］. 广西民族大学学报（哲学社会科学版），2016（4）：143-146.

② 章亿发，张兵，王睿. 中国高校校办企业改革：回顾与展望 ［J］. 中国高教研究，2021（8）：86-91.

的必要途径，能够为高校校办企业国有资产监管提供必要的政治文化氛围。而现今很多校办企业没能深刻意识到党建工作对校办企业反腐监管的重要作用，存在应付、敷衍了事的现实情况，致使党建精神难以真正深刻注入校办企业内部，企业及其员工没能充分接受党史思想教育的熏陶，难以保障其政治敏锐性和廉洁意识，容易诱发腐败风险，国有资产安全存在风险隐患。

第五章

反腐败视角下高校校办企业国有资产监管
相关政策量化研究

内容分析法是一种半定量的研究方法，需要在一定的分析框架下对政策文本开展内容分析与编码，以挖掘政策文本的内部特征①；文献计量法则通常用来总结政策文本的外在特征，如对政策变迁、政策差异等问题进行研究。基于内容分析法和文献计量法对高校校办企业国有资产监管相关政策文本的外部属性与内部结构开展研究，通过不同维度剖析政策体系呈现出来的基本知识、信息和经验，揭示校办企业国有资产监管相关政策的演进规律，为深化高校校办企业国有资产反腐监管提供政策依据。采用内容分析法和文献计量法，以2000—2022年中央政府出台的73份高校校办企业国有资产监管相关政策为样本，从政策发文时间、政策文本效力、政策发文单位三个方面对政策外部属性进行分析，从政策主体、政策过程和政策工具三个方面对政策内部结构进行分析。同时，结合标志性政策，分析不同政策制度环境下高校校办企业国有资产监管相关政策的主要内容与演进规律，为政策体系优化提供实证支撑，从而提升高校校办企业国有资产监管效率，促进反腐败斗争向纵深发展。

第一节 分析框架

高校校办企业国有资产监管相关政策体系较为复杂，对其开展系统分析的前提是建立一个相对合理的分析框架，以此保证分析结果的有效性，并实现对整体内涵及变迁的有效解读。本研究兼顾政策体系外部属性与内部结构

---

① 黄萃，任弢，张剑. 政策文献量化研究：公共政策研究的新方向［J］. 公共管理学报，2015（2）：129-137+158-159.

的综合目标，构建高校校办企业国有资产监管相关政策的六维分析框架。

（一）外部属性指标

在已有研究基础上，选取政策发文时间、政策文本效力和政策发文单位三个维度，对高校校办企业国有资产监管相关政策的阶段分布、政策主体的重视程度和政策发文单位的合作趋势进行分析。

（1）政策发文时间

时间是投射客观存在的一个普遍维度，政策在时间的长河中表现出了一些变迁规律。① 对政策发文时间维度的分析，可以考察高校校办企业国有资产监管相关政策的整体演进与变迁过程，从时间维度探究影响政策变迁的外部因素。

（2）政策文本效力

政策文本效力指的是政策文本内容有效性以及其附加的影响力②，是政策权威的重要体现，反映了不同国家机关部门制定的规范性文件在政策体系中的效力和等级，对政策文本效力进行分析可以审视相关部门对校办企业国有资产监管的关注强度及其在政府议事日程中的位置。

（3）政策发文单位

不同的政策发文主体蕴含不同的政策势能③，对其分析可以系统展示不同政策主体间的合作网络，窥探高校校办企业国有资产监管的主导部门、协同推进部门，以及各部门之间的协同与合作情况。

（二）内部结构指标

在已有基础上，选取政策主体、政策过程以及政策工具三个相互支撑和补充的基本维度，对政策文本进行内容分析和编码，并确定各维度的具体内容。④

① 李江，刘源浩，黄萃，等. 用文献计量研究重塑政策文本数据分析：政策文献计量的起源、迁移与方法创新［J］. 公共管理学报，2015（2）：138-144+159.

② 王帮俊，喻攀. 光伏产业政策效力和效果评估：基于中国 2010—2020 年政策文本的量化分析［J］. 软科学，2022（8）：9-16.

③ 贺东航，孔繁斌. 中国公共政策执行中的政治势能：基于近 20 年农村林改政策的分析［J］. 中国社会科学，2019（4）：4-25.

④ 黄萃，苏竣，等，程啸天. 政策工具视角的中国风能政策文本量化研究［J］. 科学学研究，2011（6）：876-882+889；刘国佳，韩玮，陈安. 基于三维分析框架的突发公共卫生事件应对政策量化研究：以新冠肺炎疫情为例［J］. 现代情报，2021（7）：13-26+48.

（1）政策主体

政策主体指高校校办企业国有资产监管相关政策的执行主体，这是政策系统中决定政策成功或失败最关键的因素。[①] 政策主体的界定首先必须保证主体范围的全面性，即合力构建"大监督"格局；其次要保证主体界定的准确性，从而清楚地判断问题的性质，增加政策的针对性和客观性。高校校办企业国有资产监管实践中存在六大主体，即全体公民、各级政府、各级财政部门、各级教育部门、高校、高校国有资产管理部门、管理者。[②] 从官方角度来看，财政部门主要从出资人的角度实施监督，高校侧重于从委托出资人的角度进行监管，以政府部门及其下属机构为代表的行政力量构成政府主体。[③] 从非官方角度来看，市场从出资人的角度进行监督管理，以高校校办企业为代表的市场力量构成市场主体。社会主体从第三方的角度进行监督管理，以公民、社会组织为核心的社会力量构成社会主体。本研究将政策文本中涉及的政策主体归纳为政府、市场和社会三类。

（2）政策过程

政策过程即监管过程，是政府制定和实施高校校办企业国有资产监管相关政策时必须考虑的关键要素，不同的监管阶段对政策需求的重点、方式以及力度等都会有所差异，即政策过程会呈现出阶段性差异。2018 年 12 月 26 日，财政部发布《关于进一步加强和改进行政事业单位国有资产管理工作的通知》，要求加强资产全生命周期管理，强化资产配置与资产使用、处置的统筹管理。学界将资产监管过程概括为资产购入、使用、报废三个阶段。[④] 本研究将监管过程归纳为资产购置、资产使用和资产处置三个阶段。

（3）政策工具

政策工具是"人们为解决某一社会问题或达成一定的政府目标而采取的具体手段和方式"。[⑤] 高校校办企业国有资产监管相关政策效能的保障，一方面需要政府发现监管面临的腐败问题，探求问题产生的根源，并提供反腐监

① 俞海山，周亚越. 公共政策何以失败：一个基于政策主体角度的解释模型 [J]. 浙江社会科学，2022（3）：34-40+88+157.

② 高红，曾仲军. 我国公益类事业单位国有资产监管政策优化研究 [J]. 中国行政管理，2019（3）：42-46.

③ 李健生. 构建高校所属企业的多维多主体监管体制研究 [J]. 广西社会科学，2019（8）：184-188.

④ 帅毅. 基于生命周期的高校固定资产管理研究 [J]. 会计之友，2013（5）：111-113.

⑤ 陈振明. 政策科学：公共政策分析导论 [M]. 北京：中国人民大学出版社，2004：170.

管工作推进所需的各类资源；另一方面需要政府构建反腐监管环境，把不敢腐的强大震慑效能、不能腐的刚性制度约束、不想腐的思想教育优势融于一体，推进监管反腐工作。本研究采取 Rothwell 和 Zegveld 的政策工具分类标准①，将供给型工具、需求型工具和环境型工具纳入政策工具维度进行考察。

综上所述，本研究构建了"政策发文时间—政策文本效力—政策发文单位—政策主体—政策过程—政策工具"的高校校办企业国有资产监管相关政策的六维分析框架（见图 5-1）。这有利于从综合、多维度视角展示政策体系的全貌和深层结构，全面系统地剖析政策外部属性与内部结构的变迁逻辑。②

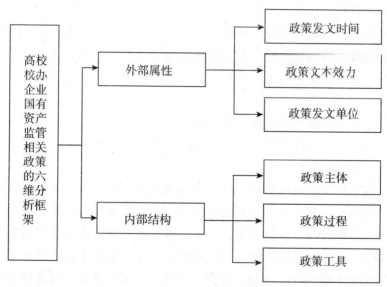

图 5-1　高校校办企业国有资产监管相关政策的六维分析框架

① ROTHWELL R O Y, ZEGVELD W. An assessment of government innovation policies ［J］. Review of policy research, 1984, 3 (3-4)：436-444.

② 朱桂龙，杨小婉，江志鹏. 层面—目标—工具三维框架下我国协同创新政策变迁研究 ［J］. 科技进步与对策，2018 (13)：110-117；杨波. 论基本公共服务均等化的演进特征与变迁逻辑：基于 2006—2018 年政策文本分析 ［J］. 西南民族大学学报（人文社科版），2019 (5)：196-202.

第二节 研究设计

一、数据收集与筛选

（一）数据收集

首先，基于对高校校办企业国有资产监管相关文献的阅读确定检索方向与检索词条。即从与高校校办企业改制密切相关的部门网站，包括教育部等官方网站进行检索；从国务院相关网站查找与国有资产监管有关的政策文献，包括从教育部科技发展中心查找促进科技成果转化的政策文本，从国务院国资委网站检索高校国有资产管理的政策文本。其次，为保证样本选取的全面性，在预检索基础上，确定检索词包括"高校国有资产""校办企业改制""高校监管""国有资产监督与管理""科技成果转化"等。最后，在北大法宝、法律之星等政策法规数据库进行检索，并在国务院及各部委网站的政策文件库进行二次检索以查缺补漏，最终共检索出 98 份政策文本。

（二）数据筛选

为确保政策文本的准确性、代表性与规范性，对引用的政策文本提出了如下筛选标准：一是仅采用中央层级的文本，即发文机关为全国人大、国务院、教育部、财政部、科技部等；二是政策标题与内容须与高校国有资产监管密切相关，保证政策的连续性和权威性；三是政策文本必须是相关部门颁布的具有约束力的法律、法规、规定、意见、办法、通知等规范性文件，能直接体现高校校办企业国有资产监管措施，剔除了部门间转发、批准许可、政策失效通知、领导人讲话、工作总结等；四是选取的政策发文时间为 2000年 1 月 1 日至 2022 年 8 月 31 日。最终梳理出有效政策样本 73 份（见表 5-1），其中包含了失效、部分有效和已修改的政策。

表 5-1 2000 年 1 月 1 日至 2022 年 8 月 31 日高校校办企业国有资产监管相关政策一览

编号	发文部门	发布时间	文件名称
1	教育部、财政部	2000 年 6 月 12 日	《教育部、财政部关于高等学校建立经济责任制加强财务管理的几点意见》

编号	发文部门	发布时间	文件名称
2	教育部	2000年12月29日	《中共教育部党组关于在高校管理体制改革中加强纪检监察工作的通知》
3	教育部	2001年2月13日	《教育部办公厅关于印发〈2001年教育审计工作要点〉的通知》
4	科学技术部、教育部	2001年6月6日	《科技部、教育部关于印发〈国家大学科技园"十五"发展规划纲要〉的通知》
5	国务院办公厅	2001年11月1日	《国务院办公厅关于北京大学、清华大学规范校办企业管理体制试点问题的通知》
6	教育部、财政部	2002年2月21日	《教育部、财政部关于清理检查直属高校资金往来情况，加强资金管理确保资金安全的通知》
7	国务院	2003年5月27日	《企业国有资产监督管理暂行条例》
8	教育部	2004年9月22日	《教育部关于严禁直属高校在经济往来中违规收受回扣的通知》
9	教育部	2004年9月30日	《教育部党组关于部直属高校党员领导干部廉洁自律的"六不准"规定的通知》
10	教育部、财政部	2004年10月18日	《教育部、财政部关于进一步加强直属高校资金安全管理的若干意见》
11	教育部、国家知识产权局	2004年11月8日	《教育部、国家知识产权局关于进一步加强高等学校知识产权工作的若干意见》
12	教育部	2005年10月22日	《教育部关于积极发展、规范管理高校科技产业的指导意见》
13	科学技术部	2005年11月16日	《科学技术部关于严肃财经纪律，规范国家科技计划课题经费使用和加强监管的通知》
14	教育部	2005年12月12日	《教育部办公厅关于贯彻落实全国高校科技产业工作会议精神有关事项的通知》
15	国务院	2005年12月26日	《国务院关于印发〈国家中长期科学和技术发展规划纲要（2006—2020年）〉的通知》
16	财政部、国家发展和改革委员会	2006年5月12日	《教育部、国家发展和改革委员会、财政部关于进一步规范高校教育收费管理若干问题的通知》

续表

编号	发文部门	发布时间	文件名称
17	财政部	2006 年 5 月 30 日	《行政单位国有资产管理暂行办法》
18	财政部	2006 年 5 月 30 日	《事业单位国有资产管理暂行办法》
19	中共中央纪律检查委员会、教育部、监察部	2008 年 9 月 3 日	《中共中央纪委、教育部、监察部关于加强高等学校反腐倡廉建设的意见》
20	财政部、教育部	2008 年 10 月 14 日	《财政部、教育部关于中央高校基本科研业务费管理的意见》
21	全国人大常委会	2008 年 10 月 28 日	《中华人民共和国企业国有资产法》
22	国务院国有资产监督管理委员会	2009 年 2 月 5 日	《国务院国有资产监督管理委员会关于印发〈国务院国有资产监督管理委员会国有资产监督管理信息公开实施办法〉的通知》
23	教育部	2009 年 2 月 18 日	《教育部关于做好 2009 年度直属高校产业工作的意见》
24	财政部、教育部	2009 年 8 月 5 日	《财政部、教育部关于印发〈中央高校基本科研业务费专项资金管理暂行办法〉的通知》
25	教育部	2010 年 4 月 6 日	《高等学校信息公开办法》
26	国务院	2011 年 1 月 8 日	《企业国有资产监督管理暂行条例（2011 修订）》
27	国务院国有资产监督管理委员会	2011 年 3 月 31 日	《地方国有资产监管工作指导监督办法》
28	财政部、教育部	2011 年 6 月 2 日	《财政部、教育部关于加强中央高校基本科研业务费管理工作的通知》
29	教育部	2012 年 2 月 29 日	《教育部关于印发〈教育部直属高校基本建设管理办法〉的通知》
30	财政部	2012 年 8 月 5 日	《财政部关于印发〈事业单位及事业单位所办企业国有资产产权登记管理办法〉的通知》
31	教育部	2012 年 11 月 16 日	《教育部关于做好高等学校财务信息公开工作的通知》
32	教育部	2012 年 11 月 21 日	《教育部关于印发〈教育部直属高等学校国有资产管理暂行办法〉的通知》

续表

编号	发文部门	发布时间	文件名称
33	财政部	2012 年 11 月 29 日	《财政部关于印发《行政事业单位内部控制规范（试行）》的通知》
34	财政部、教育部	2012 年 12 月 19 日	《财政部、教育部关于印发《高等学校财务制度》的通知（2012 修订）》
35	教育部	2013 年 6 月 7 日	《教育部关于印发《教育部直属高等学校、直属单位国有资产管理工作规程（暂行）》的通知》
36	财政部	2013 年 12 月 30 日	《财政部关于印发〈高等学校会计制度〉的通知（2013 修订）》
37	国务院	2014 年 3 月 3 日	《国务院关于改进加强中央财政科研项目和资金管理的若干意见》
38	教育部	2014 年 7 月 16 日	《普通高等学校理事会规程（试行）》
39	教育部	2014 年 7 月 25 日	《教育部关于公布〈高等学校信息公开事项清单〉的通知》
40	教育部	2014 年 10 月 17 日	《中共教育部党组关于深入推进高等学校惩治和预防腐败体系建设的意见》
41	教育部	2015 年 2 月 15 日	《教育部关于加强直属高等学校内部审计工作的意见》
42	教育部	2015 年 5 月 22 日	《教育部关于直属高校落实财务管理领导责任严肃财经纪律的若干意见》
43	教育部	2015 年 6 月 19 日	《教育部关于进一步规范和加强直属高等学校所属企业国有资产管理的若干意见》
44	国务院办公厅	2015 年 10 月 31 日	《国务院办公厅关于加强和改进企业国有资产监督防止国有资产流失的意见》
45	财政部 教育部	2015 年 11 月 17 日	《财政部、教育部关于改革完善中央高校预算拨款制度的通知》
46	财政部	2015 年 12 月 23 日	《财政部关于进一步规范和加强行政事业单位国有资产管理的指导意见》
47	国务院	2016 年 2 月 26 日	《国务院关于印发实施〈中华人民共和国促进科技成果转化法〉若干规定的通知》
48	教育部、科学技术部	2016 年 8 月 3 日	《教育部、科技部关于加强高等学校科技成果转移转化工作的若干意见》

编号	发文部门	发布时间	文件名称
49	财政部、教育部	2016 年 9 月 22 日	《财政部、教育部关于印发〈中央高校基本科研业务费管理办法〉的通知》
50	教育部	2016 年 10 月 13 日	《教育部办公厅关于印发〈促进高等学校科技成果转移转化行动计划〉的通知》
51	教育部	2017 年 3 月 31 日	《教育部等五部门关于深化高等教育领域简政放权放管结合优化服务改革的若干意见》
52	教育部	2017 年 12 月 15 日	《教育部关于规范和加强直属高校国有资产管理的若干意见》
53	教育部	2018 年 4 月 13 日	《教育部关于印发〈教育信息化 2.0 行动计划〉的通知》
54	教育部	2018 年 5 月 18 日	《教育部关于印发〈高等学校科技成果转化和技术转移基地认定暂行办法〉的通知》
55	国务院办公厅	2018 年 6 月 20 日	《国务院办公厅关于高等学校所属企业体制改革的指导意见》
56	国务院	2018 年 7 月 18 日	《国务院关于优化科研管理提升科研绩效若干措施的通知》
57	教育部、财政部、国家发展和改革委员会	2018 年 8 月 8 日	《教育部、财政部、国家发展改革委印发〈关于高等学校加快"双一流"建设的指导意见〉的通知》
58	国务院办公厅	2018 年 8 月 17 日	《国务院办公厅关于进一步调整优化结构提高教育经费使用效益的意见》
59	国务院	2018 年 10 月 24 日	《国务院关于 2017 年度国有资产管理情况的综合报告》
60	国务院办公厅	2018 年 12 月 26 日	《国务院办公厅关于抓好赋予科研机构和人员更大自主权有关文件贯彻落实工作的通知》
61	国务院	2019 年 3 月 2 日	《企业国有资产监督管理暂行条例（2019 修订）》

续表

编号	发文部门	发布时间	文件名称
62	科学技术部、教育部、国家发展和改革委员会、财政部、人力资源和社会保障部、中国科学院	2019 年 7 月 30 日	《科技部、教育部、发展改革委等印发〈关于扩大高校和科研院所科研相关自主权的若干意见〉的通知》
63	国务院国有资产监督管理委员会	2019 年 11 月 7 日	《国务院国资委关于印发〈国务院国资委关于以管资本为主加快国有资产监管职能转变的实施意见〉的通知》
64	教育部、国家知识产权局、科学技术部	2020 年 2 月 3 日	《教育部、国家知识产权局、科技部关于提升高等学校专利质量促进转化运用的若干意见》
65	科学技术部、教育部	2020 年 5 月 13 日	《科技部、教育部印发〈关于进一步推进高等学校专业化技术转移机构建设发展的实施意见〉的通知》
66	教育部	2020 年 7 月 29 日	《教育部办公厅关于进一步加强国有资产出租出借管理的通知》
67	国务院	2020 年 11 月 29 日	《国有资产评估管理办法（2020 修订）》
68	国务院办公厅	2020 年 12 月 7 日	《国务院办公厅关于印发〈公共企事业单位信息公开规定制定办法〉的通知》
69	国务院	2021 年 2 月 1 日	《行政事业性国有资产管理条例》
70	财政部、教育部	2021 年 11 月 30 日	《财政部、教育部关于印发〈中央高校基本科研业务费管理办法〉的通知（2021 修订）》
71	财政部、教育部	2021 年 12 月 31 日	《财政部、教育部关于印发〈支持地方高校改革发展资金管理办法〉的通知（2021 修订）》
72	国务院国有资产监督管理委员会	2022 年 5 月 16 日	《国务院国有资产监督管理委员会关于企业国有资产交易流转有关事项的通知》
73	财政部、教育部	2022 年 6 月 30 日	《财政部、教育部关于印发〈高等学校财务制度〉的通知（2022 修订）》

二、数据编码

(一) 确定编码规则

政策文本编码通常将具有完整语义的最小段落确定为一个分析单元，单元编号方式采用"政策编号—章节编号—序列号"。编码员筛选与政策主体、政策过程和政策工具三个维度直接相关的分析单元并进行编码。其中，政策主体维度将政府、市场和社会分别编码为 11、12、13，政策过程维度将资产购置、资产使用和资产处置分别编码为 21、22、23，政策工具维度将供给型工具、需求型工具和环境型工具分别编码为 31、32、33。由于一些分析单元的表述具有综合性，为保证编码的全面性与客观性，在进行判断时采取多项选择的方式，即按其实际反映的维度独立判断并进行重复计数。

(二) 人工编码

一是编码准备。一方面，将三名编码员分别编码为编码员 1、编码员 2、编码员 3，其中，编码员 1 和编码员 2 负责政策文本的内容分析与编码，编码员 3 负责审核编码员 1、编码员 2 编码结果的一致性。另一方面，对三名编码员进行培训，使其对高校校办企业国有资产监管相关政策的政策主体、政策过程与政策工具三维分析框架及编码规则的理解具有内在一致性。二是预编码。首先，给编码员 1、编码员 2 分配相同的 20 份政策文本，分别独立进行预编码。其次，预编码完成后，编码员 3 负责核对两组编码结果的一致性。对有争议的分析单元进行讨论，直至结果一致。三是正式编码。编码员 1、编码员 2 对 73 份政策样本独立编码，编码员 3 负责审核，对有争议的分析单元进行讨论，直至结果一致。编码过程及条文示例见表 5-2。

表 5-2 高校校办企业国有资产监管相关政策编码过程及条文示例

序号	政策名称	政策内容单元	编码号	政策主体编码	监管过程编码	政策工具编码
5	《关于北京大学、清华大学规范校办企业管理体制试点问题的通知》	对学校占有和使用的国有资产，经清产核资并经有关部门确认后，按照资产属性，实行经营性资产与非经营性资产分别建账、分开管理的制度。	5-2-1	11	21/22	331

序号	政策名称	政策内容单元	编码号	政策主体编码	监管过程编码	政策工具编码
23	《关于做好2009年度直属高校产业工作的意见》	学校企业改制，必须遵循国家关于国有资产处置和产权交易的有关规定及程序，由学校或由学校资产公司代表学校实施对下属企业的审计和评估，并履行相应的审批手续，防止国有资产流失。	23-2-6	11	23	333
66	《关于进一步加强国有资产出租出借管理的通知》	资产出下属企业、挂靠的行业协会等社会组织使用的，应按照资产出租管理。根据国家有关规定向其他单位开放共享科研基础设施和大型科研仪器的，PPP（政府和社会资本合作）模式下新建或存量资产交由项目公司使用、经营的，暂不按照资产出租管理。	66-5	11/13	22	331

注：由于篇幅限制，仅展示了部分条文的编码过程与编码结果。

第三节　实证分析

一、政策外部属性分析

（一）政策发文时间

如图5-2所示，高校校办企业国有资产监管相关政策数量呈点状激增，政策数量不断增加，政策议题不断扩大，表明高校校办企业国有资产监管中的腐败问题逐渐受到政府关注，强化监管、消除腐败成为不可阻挡的趋势。从时间段分布来看，政策文献主要集中在2012年以后，占发文总数的

61.64%。这主要是因为党的十八大以来，反腐倡廉工作提上了新的日程。一方面，党的十八大对党风廉政建设与反腐败工作提出了新任务，要求中央巡视组加强对高校科研经费管理的专项巡视与经费排查；另一方面，一些高校校办企业办学行为不规范、改制重组不全面、产权交易不明晰等问题突出。加强高校廉政风险防控体系与强化对高校校办企业国有资产管理的工作亟待加强。

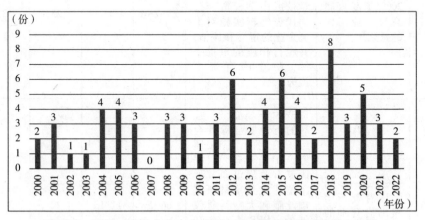

图 5-2　2000—2022 年校办企业国有资产监管相关政策发文数量

（二）政策文本发展

通过对政策文本的梳理，以关键性政策文件的出台作为划分标志，分析不同反腐政策背景下高校校办企业国有资产监管体制改革的阶段性特征，从而揭示其演变规律。总体而言，高校校办企业国有资产监管相关政策变迁经历了探索阶段（2000—2007 年）、规范阶段（2008—2014 年）和深化阶段（2015 年至今），不同阶段的特征如下。

1. 探索阶段（2000—2007 年）

2000—2007 年为高校校办企业国有资产监管体制改革的探索阶段。这一阶段以教育部出台的《关于北京大学、清华大学规范校办企业管理体制试点指导意见》为标志，首次明确提出对北京大学和清华大学的校办企业进行改制，其目标主要是推进现代企业制度建设，实现校企分开，明确产权、培育校办企业成为自主经营、自负盈亏的市场主体，并鼓励建立和完善高校创办高科技校办企业的投入与退出机制。在总结北京大学、清华大学两校校办企业改制试点成功经验的基础上，教育部于 2005 年 10 月出台了《关于积极发展、规范管理高校科技产业的指导意见》，明确提出高校要依法组建国有独资性质的资产经营有限公司,将校办企业改制纳入制度化建设和管理的轨道。2006年,教育部相继出台了《关于高校产业规范化建设中组建高校资产经营有限公司的若干意见》和《事业单位国有资产管理暂行办法》,进一步指出要持续推进高校产业改革改制工作,不仅要组建独立的高校资产公司,还需将学校的所有经营性资产划归到该公司,实现真正意义上的校企分开。自此,各高校陆续启动了以建立独立资产经营公司为主要标志的高校产业规范化建设工作,校办企业改制拉开大幕。

2. 规范阶段(2008—2014年)

2008—2014年为高校校办企业国有资产监管体制改革的规范阶段。2008年10月,《中华人民共和国企业国有资产法》颁布,强调要加强国有资产的保护,并对国有资产的评估、转让、预算和监督提出了具体要求。在此背景下,2009年,教育部也出台了《关于做好2009年度直属高校产业工作的意见》,明确提出要进一步强化校办企业风险管控,加强对学校产业和国有资产的监管。2012—2013年,教育部又出台了《直属高等学校国有资产管理暂行办法》《行政事业单位内部控制规范(试行)》《教育部直属高等学校、直属单位国有资产管理工作规程(暂行)》等一系列政策文件,校办企业国有资产监管体制改革的广度和内容有所拓展,其主要内容包括高校国有资产管理机构、资产处置、资产使用、产权登记、资产评估与监督管理,并进一步强调要加强和规范高校国有资产管理、合理配置资源,防止国有资产流失,提出了国有资产实行"国家统一所有,财政部综合管理,教育部监督管理,高校具体管理"的管理体制。监管政策体系与管理体制的完善扎紧了防治腐败的制度牢笼,为处理监管腐败问题提供了坚实的制度基础和法治保证,并通过集中反腐败资源形成政策合力,有效遏制了高校校办企业国有资产监管过程中腐败趋势的蔓延。

3. 深化阶段(2015年至今)

2015年至今为高校校办企业国有资产体制改革的深化阶段。经过上阶段一系列政策文件的规范,高校校办企业国有资产管理与改革方向已经确定,大规模的体制改革、规范重组和清理规范得以进一步明确。这一阶段以2015年6月教育部印发的《关于进一步规范和加强直属高等学校所属企业国有资产管理的若干意见》为标志,该意见明确提出,以管资本为主加强所属企业国有资产监管、对所属企业全面进行清理规范、规范领导干部在所属企业的兼职任职要求等,要求加强对高校所属企业国有资产的监管。2017年,教育部制定了《关于规范和加强直属高校国有资产管理的若干意见》，明确了高校国有资产管理主体责任到人、扩大高校资产处置权限、推进资产管理信息建设等要求，强化国有资产的监督与管理。2018年通过的《高等学校所属企业体制改革的指导意见》指出，要加快清理规范高校所属企业，要坚持国有资产体制改革方向，尊重教育规律和市场经济规律，厘清产权和责任关系，分类实施改革工作。这一阶段开启了高校校办企业以管资本为主的国有资产监管体制改革进程，并确立以构建现代企业制度为校办企业改革的首要目标。

总体来看，随着高等教育体制改革的方向和背景转化以及国有资产监管政策的持续发布，高校校办企业国有资产监管改革的步伐不曾停下，政策内容不断细化与完善，政策主题具有一定的连续性与稳定性，并针对产权界定、资产评估、干部任职、绩效考核评价等容易出现监管腐败的环节提出了健全审计监督制度、完善监事会制度、建立统一的国有资产监管体系等政策要求，促进了反腐败斗争向纵深推进。

（三）政策文本效力

政策文本效力的大小主要由政策类型和政策发文主体等级决定，政策发文主体行政等级越高，政策效力越强。不同的政策类型其效力也各不相同，由高到低分别为中共中央发布的法制文件、国务院颁布的规范性文件、国家部门出台的指导性文件。①

从政策类型来看，高校校办企业国有资产监管相关政策文本类型包含法律、条例、意见、建议、规划、方案等。如图5-3所示，通知、意见和办法为主要发文形式，约占政策总数量的83.56%，而法律的占比为1.37%。这表明现有政策类型相似度较高，多是对重要问题提出具体解决办法，但缺少法律效力的政策形式，这导致政策的权威性与约束性不强。总体来看，我国高校校办企业国有资产相关政策文件类型中法律法规和建章立制等政策数量不足，政策的顶层设计有待进一步完善。

---

① 赵雪芹，蔡铨，王英. 我国个人信息保护政策的文本分析：基于政策工具、社会系统论、政策效力的三维分析框架 [J]. 现代情报，2021（4）：17-25.

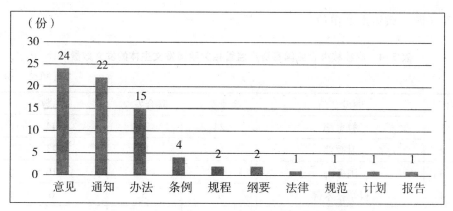

图 5-3　校办企业国有资产监管相关政策文件类型统计

从政策发文主体等级来看，本研究将相关政策发文主体的行政效力层级分为二类：第一类指全国人大及其常委会，主要颁布法律法规，具有最高权威性；第二类指中共中央和国务院，主要颁布行政法规，具有较高权威性；第三类指党中央部门机构、国务院各部委、直属机构，主要颁布行政法规、规章、条例等，与前两者相比权威性最弱。如表 5-3 所示，从发文量看，党中央部门机构、国务院各部门、直属机构数量为最多，约占 72.60%；中共中央和国务院发文量约占总数的 26.03%；全国人大及其常委会发文量最低，占比为 1.37%，这表明在高校校办企业国有资产监管相关政策体系建设中，立法层面的工作较为缓慢，高校校办企业国有资产监管法制化依然任重道远。

表 5-3　高校校办企业国有资产监管相关政策行政效力级别统计（单位：份）

政策颁布机构	政策效力级别	发文数量
全国人大及常委会	法律	1
中共中央国务院	党内法规	4
	行政法规	4
	国务院规范性文件	11
党中央部门机构、 国务院各部委、 直属机构	部门规章	5
	部门规范性文件	41
	部门工作文件	7

（四）政策发文单位

表5-4 高校校办企业国有资产监管相关政策发文主体的发文数量统计

（单位：份）

序号	颁发部门	单独发文	联合发文	总数
1	教育部	24	20	44
2	财政部	11	12	23
3	国务院	16	0	16
4	科学技术部	1	5	6
5	国家发展改革委	0	3	3
6	全国人大常委会	1	0	0
7	国家知识产权局	0	2	2
8	国有资产监督管理委员会	4	0	4
9	中共中央纪律委员会	0	1	1
10	监察部	0	1	1
11	人力资源和社会保障部	1	0	1

由表5-4可知，发文单位主体共有11个。从单部门发文数量来看，教育部发文数量最多，达到24次；其次是国务院，达到16次；最后是财政部，达到11次。这说明我国政府非常重视高校校办企业国有资产的利用与管理，从国家战略层面制定教育发展规划及目标，并给予财政支持，规范科研经费使用情况，努力从源头做好监管中的反腐败工作，铲除监管中滋生腐败的土壤。从多部门发文数量看，参与联合行文次数较多的部门为教育部、国务院和财政部，这表明高校校办企业国有资产监管中腐败治理属于教育部的职能范畴，但是仍然需要国务院和财政部协同合作，为其提供政策和资金支持，推动监管反腐败从政策要求转化为实际行动。同时，彰显了高校校办企业国有资产监管过程的多元主体共同参与反腐败斗争的理念与行为已基本形成。科学技术部与国有资产监督管理委员会等部门联合发文也愈见增多，协作愈加频繁，这会推动政策发文主体在政策议程中考量政策间的协同性和整体性，将相关的政策内容有机整合，相异的政策内容有机协调，实现政策间的功能互补，强化政策合力，形成系统完善的高校校办企业国有资产监管政策体系。事实上，只有通过多部门的协同合作，反腐败监管斗争才能在资源调配、政

策扶持、人才培养、资金投入和体制机制创新等方面破除梗阻，构建多元共治的大监管格局，充分释放校办企业国有资产监管政策效能，一体化推进不敢腐、不能腐、不想腐，巩固反腐败斗争压倒性态势。

此外，在国务院历次机构改革过程中，以中央纪委、监察部和反贪污贿赂总局为核心的反腐败机构也经历了多次改革，对其所属职能进行了相应调整。从新中国监察机构的历史沿革来看，1949 年 10 月，中央人民政府政务院人民监察委员会成立，负责检查政府机关和公务人员是否履行其职责；1954 年 9 月，政务院人民监察委员会改组为国务院监察部，在原定职责的基础上增加了维护国家纪律、贯彻政策法令、保护国家财产，对国营企业、公私合营企业和合作社实施监督；1959 年 4 月和 1986 年 12 月监察部先后经历了撤销与恢复，并在 1993 年 1 月与中央纪委合署办公，机构职能也相应调整；2018 年 3 月，党的十九届三中全会通过《深化党和国家机构改革方案》，决定组建国家监察委员会，同中央纪律检查委员会合署办公，其职责重心倾向于对党员领导干部行使权力进行监督。机构与职责的完善为校办企业国有资产监管提供了坚实的机构保障、人才保障与制度保障，有效消除了监管过程中的腐败问题，推动了反腐败斗争的纵深发展①。

二、政策内部结构分析

本部分主要通过对政策主体与政策过程进行分析，实现政策内容结构分析。其中，对政策主体进行分析，可以厘清高校校办企业国有资产监管政策主体间的相互关系，并构建多元共治的监管格局；对政策过程进行分析，可以发现高校校办企业国有资产监管过程中存在的问题并对症下药，精准施策；对政策工具进行分析，可以寻求政策工具最佳的组合情况，最大化发挥政策工具效能。

（一）政策主体分析

结合政策文本内容可知，现有监管政策对不同政策主体提出了相应的政策要求与政策支持，但在政策方向和强度上有所不同。如表 5-5 所示，政府、市场与社会三类政策主体的占比并不平衡，政府是高校校办企业国资监管的核心主体，市场与社会占比之和不到 20%。这表明现有政策普遍认为政府是

---

① 中国纪检监察杂志. 新中国监察机构的历史沿革［J/OL］. （2010-03-27）［2022-10-23］. https：//zgjjjc. ccdi. gov. cn/bqml/bqxx/201803/t20180327_ 167419. html.

影响高校校办企业国有资产监管政策成效最重要的主体因素，市场和社会仍然扮演辅助角色。进一步研究发现，国有资产监管机构主要承担国有资产出资人职责。教育部则主要负责推进教育事业的发展，缺乏资产监管的能力。教育部和国资委的职能缺位，导致高校校办企业国有资产监管成为"三不管"地带，资产监管中腐败问题较为严重，出现了同济大学原常务副校长吴某等重大贪腐案件。

表5-5　高校校办企业国有资产监管相关政策的政策主体频数统计

主体	编码数	百分比/%
政府	887	83.52
市场	125	11.77
社会	50	4.71

此外，虽然政府是监管腐败的政策主体，但是市场和社会具有不可替代的优势，尤其是在反腐新时代背景下，以资产管理公司为代表的市场主体和以非政府组织与公民为代表的社会主体已经具有相应的监管意识与能力，但仍存在较大的可提升空间。

（二）政策过程分析

如表5-6所示，目前发布的政策提及资产使用过程的内容占比最少，为28.17%，资产购置与处置阶段的内容占比相差不多。由此可见，我国高校校办企业国有资产监管相关政策更加侧重于对资产购置与处置阶段的监管，而对资产使用阶段的监管重视程度不够，这表明监管政策对资产全生命周期监管的关注存在重心错位问题，降低了全周期监管的效能。对此，需要加强国有资产配置、使用、处置等事项的审核和监督管理，构建从"入口"到"出口"的全生命周期资产管理体系。

表5-6　高校校办企业国有资产监管相关政策的政策过程频数统计

监管过程	编码数	百分比/%
资产购置	300	36.90
资产使用	229	28.17
资产处置	284	34.93

高校校办企业作为高校的衍生物，其拥有的国有资产具有非生产性、非经营性、非增值性与非营利性等特征，这导致探索阶段的监管政策更加侧重于对国有资产的"购置和保有"环节的监管，而资产的保值、安全等缺乏明确的监管责任人，缺少对资产使用与资产处置的考核与监督。[①] 这不仅给资产购置带来监管漏洞，削弱了资产的流动性，还导致了"非转经"等资产处置过程中存在的资产浪费与流失等问题。如西安交通大学资产经营有限公司总裁和党委书记张某利用职务之便，将数十亩教育和科研用地变相转卖给了开发商进行房地产开发，侵害了教师基本权益，侵吞国有资产。

2003 年，国务院出台《企业国有资产监督管理暂行条例》，强调提高资产的使用效率。一些地方政府成立公共资源共享平台，希冀提高国有资产的使用效益，并打破国有资产的区域和组织壁垒。但是由于缺乏明确的产权制度，国有资产所有权缺位，资产的使用部门成为资产的实际控制人，其为了巩固组织地位，强化组织权力，会不断占用更多资产。这一方面削弱了公共服务资源共享平台的作用，另一方面阻碍了国有资产共用机制的建立。直至2020 年，教育部出台《关于进一步加强国有资产出租出借管理的通知》，要求严格控制资产出租行为，这有效抑制了资产使用阶段的腐败倾向，提高了资产的使用效益。

（三）政策工具分析

政策工具分为供给型政策工具、需求型政策工具、环境型政策工具三大类 12 个子工具，政策子工具类型及其内涵见表 5-7。供给型政策工具是指政府通过发布政策为监管机构的创建和国有资产的监督提供人才、资金、场地、技术等资源支持；需求型政策工具是指政府通过设立示范区或强化交流合作等措施对社会主体进行鼓励与引导，从而刺激多元主体产生高校校办企业国有资产监管需求的政策工具；环境型政策工具是指政府通过增强法规管制、目标规划或组织管理的效能，为高校校办企业国有资产监管提供有利环境。在我国校办企业国资监管政策体系中，供给型工具提供了监管资源，起到了推动作用；需求型工具激发了潜在的监管需求，起到拉动作用，环境型工具为监管资源的供需稳定搭建了制度与组织基础，间接发挥作用。当监管政策体系无法维持监管资源的供需稳定，出现供给大于需求或小于需求时，都会

[①] 高红，管仲军. 我国公益类事业单位国有资产监管政策优化研究［J］. 中国行政管理，2019（3）：42-46.

降低监管政策效能，诱发腐败问题。

表5-7 高校校办企业国有资产监管政策工具类型及内涵

政策工具类型	政策子工具	政策子工具内涵	编码方式
供给型政策	信息技术	政府为了提升国有资产监管成效，将互联网等高新技术融入监管全周期，实现监管的高质量与全覆盖。	31-1
	资金投入	政府为了更好地推进监管工作，通过专项资金或社会捐赠等多元资金供给方式，用于监管人员劳务、设备购买等支出。	31-2
	教育培训	政府为了建设政治坚定、业务扎实、作风过硬、清正廉洁的优秀监管队伍，进一步充实监督力量，通过培训等方式提升监管队伍的综合素质和专业素养。	31-3
需求型政策	鼓励引导	政府通过颁布专项奖励制度等手段，鼓励和提倡市场与社会力量参与校办企业国有资产监管反腐败工作。	32-1
	应用示范	政府通过设定示范区、评选优秀监管反腐败案例等一系列示范活动，带动各类监管力量参与监管工作。	32-2
	交流合作	政府与国内外的相关企业和社会组织通过智库联盟、论坛等形式开展合作与交流。	32-3
	管理机构	政府或企业通过设立专业的监督管理机构或部门，为监督工作赋权增能，并提供坚实的组织保障，促进监督的专业化和常态化。	32-4

政策工具类型	政策子工具	政策子工具内涵	编码方式
环境型政策	法规管制	政府为稳步推进校办企业国有资产监管过程中出现的腐败问题而出台的一系列法律、法规和管理制度等。	33-1
	目标规划	政府主体运用制度与管理手段，以国家意志强化宏观指导和调控，加大扶持力度，对校办企业国有资产监管腐败问题制定总体目标与规划。	33-2
	考核监督	政府或企业等组织依据内外部监督机制，充分调动国有资产监督机构、监事会、媒体与公众等各类主体对企业监督管理工作进行全方位、全周期的监督，发挥监督工作合力，形成内外衔接、上下贯通的国有资产监督格局。	33-3
	组织管理	政府或企业等主体通过信息沟通渠道、构建综合的监督部门等方式打破组织管理壁垒，充分发挥"自上而下"的组织监督，"自下而上"的民主监督，以及同级相互监督的作用。	33-4
	策略举措	策略举措是指一些具体的、能起到实际作用效果的工作流程、原则和方法等，即一些未成文的方法、举措、手段和过程的描述。	33-5

根据文本编码和统计政策工具的使用情况，详见图5-4。三类政策工具为高校校办企业国有资产监管提供了种类多样的监管手段，但是二者之间的频数存在明显的差异，环境型政策工具（84.23%）过溢，需求型政策工具（8.10%）和供给型政策（7.67%）不足，表现出"一核两辅"的特征，总体上存在明显的结构性失衡。数据结果显示，政策工具还存在内部结构的失衡：一是环境型政策工具倾向于法规管制、考核监督和组织管理的使用，而目标规划与策略选择的使用数量相对较少，说明政策子工具的结构比例失衡；二

是供给型政策工具与需求型政策工具及其子工具的使用数量处于低水平均衡，政策制定部门未能充分挖掘监管腐败中的痛点与难点，也未能有针对性地提供监管所需的技术、资金与人力支持，对于监管反腐效能的提升作用有限。

政策数量/条

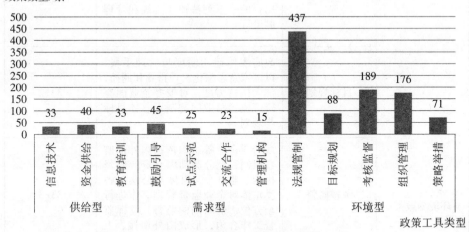

图5-4 校办企业国有资产监管政策工具频数统计

环境型工具在高校校办企业国有资产监管相关政策体系中占据核心地位，对不断提高监管过程中不敢腐、不能腐、不想腐的综合功效起着至关重要的作用。具体来看，不同类型的政策子工具占比不同，法规管制占比31.62%，目标规划占比5.93%，考核监督占比28.36%，组织管理占比12.74%，策略举措占比5.14%，其相应地发挥了不同作用。首先，法规管制占比最大，这表明制度建设是消除高校校办企业国有资产经营管理腐败、防止国有资产流失的关键。国有资产监管体制的变革过程会撕裂原有的严密制度体系，形成制度"盲点"，权力恶性膨胀，腐败问题频发、多发，这也直接导致组织间管理的"接缝点"缺乏控制与监管，资产处置过程中资产去向不明等监管腐败问题。同时，伴随着社会发展，国资监管还会出现许多新情况、新问题和新任务，这就要求对旧有制度进行更新、补充与完善，这也是法律管制工具使用频率较高的原因之一。其次，考核监督的占比次之，这是因为推动形成国资监管大格局、形成国资监管"一盘棋"是国资监管的目标与手段。党的十六大提出，建立管资产和管人管事相结合的国有资产管理体制。党的十九届四中全会明确要求，形成以管资本为主的国有资产监管体制，其对监管理念、监管重点、监管方式和监管导向等方面提出新的要求，同时对监督考核政策工具的频数与质量也提出更高要求。最后，组织管理的占比最低，削弱了监管工作的可持续性，这表明监管中腐败问题的解决需要强力的组织支持。即组织通过调整内设机构及其职能，畅通组织内部权力运行机制，强化组织间的沟通效能，避免监管工作的交叉和空白，并通过建设高素质的国资监管干部队伍来提高监管效能，以此来铲除监管腐败问题生存的土壤。

供给型政策工具和需求型政策工具在政策体系中发挥辅助作用，其中前者倾向于借助资金投入，后者多借助鼓励引导。这说明高校校办企业国有资产监管在政策选择方面，倾向于选择以资金供给等形式的供给型政策工具，以此为监管反腐建设提供直接动力，并间接推动监管队伍、监管技术与监管设备的更新与发展。同时，以鼓励引导为主要形式的需求型政策工具，在激发政府、高校、企业与社会组织等多元主体坚守监管底线的同时，突出反腐败斗争的教育引导和惩治威慑作用，推动形成主体功能明显、优势互补的新发展格局，实现人民群众广泛支持并参与监管反腐败的新时代格局。

总体来看，高校校办企业监管政策工具的频数与类型的搭配与"管企业—管资产—管资本"的国有资产监管职能转变相契合，这种转变要求调整并运用相应的国有资产监管方式手段，即综合运用供给型政策工具、需求型政策工具和环境型政策工具，推动国有资产监管质量变革、效率变革和动力变革，消除监管过程中存在的"塌方式"腐败等腐败问题，实现国有资产安全与反腐败斗争的推进。

（四）交叉分析

对高校校办企业国有资产监管相关政策的政策主体、政策过程和政策工具的三维交叉分析如图5-5所示。图5-5清晰反映了高校校办企业国有资产监管相关政策体系的空白与重点。

从政策主体维度来看，政府在不同政策过程中运用的政策工具类型与数量的比例相对均衡，这是由于政府承担着监督国有资产保值、增值的责任，需要通过全面使用政策工具保证职责履行。市场主体比社会主体使用的政策工具数量要多，且两者差距较大，这是因为市场是国有资产的使用者，政府会综合使用法规管制、鼓励引导和教育培训等政策工具，要求企业建立系统完善的内部控制制度，优化监管模式与流程，提高内部监管效能。社会主体主要包括社会公众、社会组织与大众媒体三个部分，其监管效能由于各自主体的局限性，未能充分发挥其监管优势，也相应地削弱了舆论宣传、鼓励引导、资金投入等政策子工具的政策引导效用。但是，公众由于信息不对称问

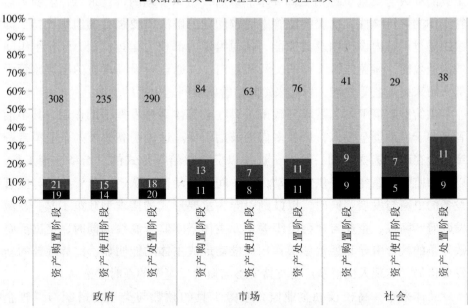

图5-5 政策主体对政策工具的运用情况

题，相较于政府和市场拥有的监管信息较少，缺乏监管的能力。国有资产监管腐败问题通常并不直接侵犯公众的个人利益，公众相应会缺乏监管意愿。因此，公众监管意愿与能力的缺乏导致公众通常游离于监管实践外，对此需要进一步调整政策工具，为公众参与监督搭建"自下而上"的沟通渠道，促进公众进一步融入国有资产监管大格局。社会组织在从"双重管理体制"向"综合监管"的体制转轨过程中①，政府通过社会组织管理领域的"放管服"改革，提升了社会组织承接政府职能的能力，强化了其连接政府与公众的桥梁作用。但由于社会组织在监管领域的组织合法性问题，鼓励引导、目标规划等政策工具对社会组织的赋权增能效果有限，梗阻了社会组织的参与渠道，进而削弱了监管合力的发挥。公众媒体作为社会的第四种权力，在现实中与政府表现为竞争合作关系，即政府对媒体的规制与媒体对政府的监督②，如何构建媒体与政府双赢的互动关系是未来发展的重点。在技术进步推动和市场需求拉动的双重作用下，新媒体迅速崛起，并进一步强化了民意表达、社会意见汇总、社会事件处理的综合作用，为舆论宣传政策工具的作用发挥提供

---

① 敬乂嘉. 控制与赋权：中国政府的社会组织发展策略［J］. 学海，2016（1）：22-33.
② 邵燕斐，童国华. 新媒体与政府关系的解构与重构［J］. 电子政务，2014（11）：61-66.

了强力的主体基础，有效地凝聚了监管反腐的工作合力。但相关立法滞后、媒体公共服务功能和企业化管理矛盾突出等问题都影响了媒体在国资监管反腐领域作用的发挥。

从监管过程维度来看，资产购置与资产处置阶段涉及的政策工具数量基本一致，资产使用阶段涉及的政策工具数量偏少，这表明现有政策体系倾向于通过监管关口前移，保障国有资产安全；通过监管关口后移，强化主体责任。但是资产使用阶段作为资产全周期监管链条中的重要环节，在该阶段政策类型以环境型工具为主，以供给型政策工具和需求型政策工具为辅，这导致监管需求模糊和监管资源缺乏，在监管实践中则表现为多头监督、重复监督和监督不到位等问题。一些高校校办企业也逐渐暴露出管理不规范、企业领导权力缺乏制约等监督问题，资产的违规出租、出借等现象日益突出，腐败案件时有发生，这削弱了监管的连续性和有效性，易造成国有资产损失或流失。

从政策工具维度来看，政策工具结构不均衡，易导致过溢风险。兼具政策工具的制定主体和作用对象，政府面对校办企业监管腐败过程中出现的"窝案""串案"等新型腐败问题，需要及时调整政策工具，调整政策工具箱的内容与结构，充分利用多元主体的综合优势进行协同监管与治理。各政策主体在不同的政策过程中主要使用环境型政策，这种过度集中的现象与监管政策本身的复杂性与敏感性相关，也与反腐败斗争形势的严峻性有关，这相应要求构建完善的法规管制、清晰的目标规划、严密的考核监督、规范的组织管理、灵活的策略举措为"五位一体"的监管环境模式，协调使用政策工具以形成政策合力，为监管工作的持续深入推进奠定制度、组织与功能基础，并在"一核两翼"的主体模式下，以强化政府主导作用为关键，以深化企业自我监管作用为重点，以全面动员社会组织、公众和媒体协同参与为支撑，充分发挥监管队伍的主观能动性，充分调用社会各类资源以打击监管腐败行为。

第四节　结论与建议

本部分将对研究结论进行具体分析，并从完善政策主体、强化政策过程、优化政策工具三个方面提出相应的对策建议，以期从反腐败视角对我国校办企业国有资产监管工作的推进与完善有所助益。

一、研究结论

（一）政策外部特征分析

1. 政策发文时间特征：焦点式波动与稳健式发展

随着时间脉络的演进，政策总体呈现间断均衡的增长趋势，这表明我国政府一直在持续稳定地推进高校校办企业国有资产监管政策体系建设，并初步形成了全面腐败、分工明确、协同配合、制约有力的国有资产监督体系，这与国有资产安全与保值增值的现实需求越来越受到政府的重视直接相关，也表明我国政府不断加快高校校办企业国有资产监管相关政策体系建设步伐。尤其是在历经校办企业监管腐败的重大焦点事件的扰动后，政府内部开始实施渐进性变革，并出台重要的监管政策，对国有资产监管相关政策进行相应调整与修正。由此可见，每次监管政策的焦点事件都将监管中的腐败问题推向政府政策议程，推进政策体系不断规范化、科学化。

2. 政策文本效力特征：权威性与规范性

高校校办企业国有资产监管相关政策主要由国务院及各部委制定的意见、通知和办法等政策文本构成，由全国人大及常务委员会制定的法律较少。因此，监管政策的权威性相对较弱。高校校办企业国有资产监管中的腐败治理是国有资产监管和反腐败斗争的交叉领域，具有专业性、复杂性与艰巨性的特征，需要准确定位政策发力点以发挥政策效能。由于反腐败政策发力点在于法制层面，而监管腐败的政策发力点也需要集中在法制层面，政府通过出台最具权威性的法律和具有普遍规范性的部门规范性文件，并由国家强制力提供硬支撑和硬约束，将国有资产监管各个方面的工作纳入统一的监督管理，并要求高校校办企业履行相关职责，切实提高监管效能，杜绝监管中的腐败问题。

3. 政策发文单位特征：权威性与多元化

高校校办企业国有资产监管相关政策发文主体涵盖 11 个发文单位，包括国务院及其部委机构，体现了政策发文主体的权威性与多元化。纵观高校校办企业国有资产监管相关政策发展史，国有资产监管的内涵经历了从狭义到广义、从局部到整体的转变，政策主体联合行文的趋势不断凸显。这表明，多部门联合应对高校校办企业国有资产监管腐败，构建监管治理共同体已经达成共识。这是因为高校校办企业国有资产监管的主要负责部门是教育部和国资委，其依靠自身的人力、物力、财力资源无法统筹国有资产监管诸多事项，削弱了监管的有效性。因此，两部门就人力资源、资金供给等多个方面与多个部门建立了完善的合作机制，提高了监管政策执行效能。

（二）政策内部特征分析

1. 政策主体特征：超聚焦与分散聚焦

总体来看，高校校办企业国有资产监管的政策主体协作先后经历了超聚焦模式和分散聚焦模式，并最终形成了以政府为主导，市场和社会广泛参与的"一核两翼"的多元共治格局。分阶段来看，在探索阶段以超聚焦模式为主，即监督主体完全集中于单一主体。该阶段由于高校校办企业国有资产监管相关政策处于萌芽时期，监管中的腐败问题主要依靠政府和高校，政府主体需要实施"一肩挑"来快速建立政策体系。如教育部先后出台规范校办企业规范化建设的多项政策，并在政策中指出高校作为实施主体要建立独立资产经营公司，将所有经营性资产划归到该公司，同时加强内部控制以避免监管中的腐败问题。市场和社会由于监管意愿和能力不强，在该阶段的实质性参与相对较少。在规范阶段和深化阶段以分散聚焦模式为主，即政策主体分散聚焦于多元主体中。2008 年是社会组织发展元年，各类社会组织开始承接政府职能，利用其专业优势和桥梁作用参与监管中的反腐败治理，为监管工作的顺利推进提供了优质的教育培训服务和人才队伍。以校办企业为核心的市场主体基于上一阶段的发展，在"无形的手"的调控下采用二级市场减持、非定向产权交易或增资稀释等方式推动校办企业产权制度改革，避免了产权不明可能引发的监管中的腐败问题，借助市场化方式理顺了政府与市场间的关系，加快实现从"管企业"向"管资本"的转变。

2. 政策过程特征：关口前移与关口后移

高校校办企业国有资产监管中的腐败问题常暴露在资产购置与资产处置阶段。这要求政策注重监管关口前移和关口后移，提高监管成效，抑制腐败蔓延趋势。在资产购置阶段，高校校办企业的多数国有资产是由高校资产或技术成果转化而来，但由于产权制度与内部控制制度缺失等问题，监管腐败问题时常发生。关口前移要求建立完善的产权制度，采用合理适度的融入式跟进监管，延伸日常监管触角，压实监管主体责任，真正发挥"探头""前哨尖兵"作用。监管关口后移要求管理部门及企业对资产账务开展定期盘查，并对清查出问题的账目做出及时处理，做到"物物相符，账账对应"，真正掌握资产情况，从而铲除腐败滋生的土壤，做到监管的全过程，实现反腐败的"零容忍、无死角、全覆盖"。

3. 政策工具特征：多元化与均衡化

总体来说，政策工具不断丰富，表现出多元化与均衡化特征。由于国有资产监管中腐败问题涉及多元主体，反腐败工作具有长期性、艰巨性和复杂性，因而环境型政策工具使用频率最高。供给型工具使用频率次之，这是政策制定者基于现实状况，不断吸取经验，提高反腐败意识，健全高校校办企业国有资产监管相关政策体系的结果。需求型工具次之，主要是在引导各个部门提高政治站位、树立反腐意识、挖掘监管过程中可能存在的腐败空间。总体来看，各类政策工具形成了较好的互补作用，发挥了政策工具的协同效力，逐渐趋于多元化与均衡化。可见，在"管企业—管资产—管资本"的国有资产监管体制转型过程中，对政府、高校、校办企业、公众等多元主体的要求进行转变，而随着政府角色定位的转变以及放权让利，监管政策工具的内容与结构也出现了相应的调整。

二、对策建议

（一）完善政策主体，构建协同监管格局

一是强化政府监管。政府监管是国有资产监管的重中之重，强化政府监管的主导作用需要打造包括权力监督、国家监察在内的综合监管，以及司法监督和其他各项专门监督在内的多维度监管体系，提高监管的有效性。二是强化市场和社会监管。以内部控制为主的市场监管在"无形的手"的作用下会自发提升监管效能，以民主监督、群众监督和舆论监督为主的社会监督作为一双"无处不在的眼睛"会加强监管合力。① 两类主体通过更灵活多变的形式和渠道，对党内监督、国家监督予以补充，对高校校办企业领导及其工作人员形成一种"软约束"。综上所述，政府可以通过设立诸如智慧监管平台的方式构建横向集成化和纵向扁平化监管协同结构，向市场和社会赋权增能，织密政府、市场和社会主体行动网络，构建多元政策主体协同监管格局。

（二）强化政策过程，形成监管链条闭环

一是以专项监管强化各政策过程的监管效能。政府和高校需要综合分析往年资产购置、资产使用与资产处置各阶段经常出现的监管中的腐败问题类型，梳理问题处置情况，将所有问题进行综合研判，从共性问题中凝练出专项治理目标，有计划、有针对性地开展专项治理。同时，紧盯"关键少数"

---

① 赵园园，张明军. 协同监督的现实困境及拓展路径 [J]. 行政论坛，2020（4）：13-18.

"关键岗位"，加强日常监管，坚持在重要节点开展专项督察。二是以"回头看"推动全周期监管行动落实。以问题整改为突破口，通过工作提醒函将监督检查中发现的问题反馈给相关组织并要求逐条制定整改措施，明确整改目标、整改时限、整改责任人。同时，要求相关组织针对存在问题，开展自查自纠、举一反三，并将问题整改列入下一年度组织工作计划，督促形成个性化条款，既"当下改"又"长久立"，不断健全完善问题整改的长效机制。

（三）优化政策工具，提高监管效能

一是要丰富政策工具，加强政策工具的全面性。适当提高需求型政策和供给型政策工具的数量，进一步调动多元主体参与高校校办企业国有资产监管的积极性。例如，对技术专家、监管队伍等群体，可以采用物质奖励与精神奖励并重的方式提升其积极监管的意愿，同时还可建立监管考核机制，通过竞争激励或绩效激励等机制，以点带面，健全监管体系，从而提高公众的监管与反腐败意识。二是科学配置政策工具，强化政策工具使用的合理性。高校校办企业国有资产监管是一项系统性工程，需要全局发力，并遵循实际情况，因时因地，相机决策，发挥政策工具的最大效益。三是政策工具的使用应着眼于动态性和导向性，随着监管面临的腐败形势动态变化，适量增加供给型政策工具和需求型政策工具的总量，或者通过调整环境型政策工具内部子工具的搭配比例，最大化发挥政策工具箱的政策合力。

第六章

反腐败视角下高校校办企业国有资产监管模式构建

第一节　必要性和可行性

2001 年以来，以北京大学、清华大学两所高校进行校办企业改革试点为先导，全国拉开了推进高校校办企业改制工作的序幕，改制过程中仍旧问题不断。由于高校校办企业身份地位的特殊性，一直处于监管的真空地带，在其大规模扩张以后，腐败问题不断滋生、腐败案件层出不穷、腐败金额触目惊心，高校校办企业成了腐败问题的"重灾区"，高校校办企业国有资产监管的腐败治理刻不容缓。党和政府对高校校办企业国有资产的监管一直处于积极探索中，2018 年 5 月，中央提出对高校校办企业进行全面清理规范任务，其核心目标是明确产权，通过将高校校办企业国有资产整合到统一的国有资产监管体系中，推进校办企业的独立运营，实现高校与校办企业的分离，在 2022 年底前完成高校校办企业体制改革。因而加强高校校办企业国有资产监管，构建"制度+科技+文化"360°全方位反腐监管模式，从制度、科技、文化三个层面入手进行高校校办企业国有资产反腐败监管不失为一种理想的选择，这也有效回应了深化校办企业改革、促进校办企业健康发展、确保国有资产安全的迫切需要。

一、必要性分析

（一）监管空缺诱发腐败风险

在监管方面，一般企业在内部有董事会、监事会行使监督职能，在外部还有国资、审计等部门的日常监管以及严格的财务管理制度约束。高校校办企业既不像国有企业那样受到国资委监管，也不像私营企业由董事会、监事会等组织监管，而是由校方下设的产业管理办公室作为监管机构。因为是学校下设机构，相当于自己监察自己，监管常常形同虚设，由于对高校校办企业国有资产的监管空缺，高校校办企业容易成为高校贪腐的监管盲区。2014年，复旦大学被查出对校办企业监管不力、贪污腐败、挪用经费等问题。2015年，北京大学校办企业——方正集团数名高管被举报涉嫌利用北大平台侵吞国资、财务造假，包括董事长在内的多位高管被带走调查。① 2017 年的巡视中，同济大学、浙江大学、北京师范大学、西安交通大学等多所大学，被指出校办企业廉洁风险大，这些都显示出高校校办企业贪腐问题较为严重。

（二）多重领导诱发经营管理风险

在经营管理方面，高校校办企业由于属于高校，其管理层常常由学校的领导兼任，而校办企业的运作、经营通常由学校里的领导层说了算，高校主要领导或分管领导可能就是企业的董事长或者总经理，形成了高校校办企业多重领导的格局。而且学校领导可随意插手企业的人事任免，导致了企业人事管理上的混乱，校办企业的负责人员多有校级领导层的身影。甚至有大学的企业上市时，董事会成员和高管人员，几乎涵盖了其重点学院所有的院长和书记，任人唯亲的现象十分严重。但会办学不一定会办企业，一个好的教育家不一定能够成为好的企业家，派去管理企业的人员多为学校的行政人员，缺乏现代企业管理经验。于是高校校办企业的经营管理很容易出现问题，在学校领导下的企业，校方管理人员更多依赖以行政手段管理而不是按照市场手段管理。另外，学校和企业资产掺杂到一起，导致产权混乱，且阻碍科技成果的转化，使得高校校办企业的发展背离其初衷。

此外，高校校办企业的经营状况也成为一大问题，由于行政干预过多，校办企业常常不能够适应市场的竞争，盈利有时都成了难题，一些高校旗下的上市公司甚至面临退市的风险，在 2017 年中央第四轮巡视中，29 所高校中23 家被点出存在校办企业问题。同年 6 月 16 日，中纪委网站公布了第十二轮巡视中 14 所高校发现的问题，校办企业、科研经费、基建工程等领域成为问题"重灾区"。当种种问题暴露出来之后，改革也势在必行。

---

① 郭旭. 中国校办企业的发展与展望［J］. 中国科技产业，2021（12）：31-33.

二、可行性分析

（一）成功经验提供可靠范本

党的反腐倡廉工作和高校校办企业监管的成功先例均为高校校办企业国有资产监管的廉洁运行提供了可靠范本。从反腐倡廉工作来看，中国共产党自成立以来，就十分重视自身反腐倡廉工作，这一优良传统在新中国成立之后得到充分发扬。在 70 多年反腐倡廉长期实践中，党和政府不断在摸索中前进，经历了四个典型阶段。第一阶段为运动反腐阶段，始于 1952 年的"三反""五反"运动，查处了一批大案、要案，惩处了一些腐败分子，取得了一些成绩。第二阶段为权力反腐阶段，始于改革开放之后，这阶段制定了大量的相关法律、法规和制度，起到了一定的反腐作用。第三阶段为制度反腐阶段，始于党的十六大，以《中国共产党党内监督条例》及其实施纲要的实施为标志，开始进入制度反腐阶段；尤其是党的十八大以后，制度反腐进入更深层次，取得更大的成绩。第四阶段为文化反腐阶段，党的十九大明确指出："强化不敢腐的震慑，扎牢不能腐的笼子，增强不想腐的自觉。""三不"一体推进作为反腐败斗争的战略目标，强调思想教育和制度防范并举，走出了一条标本兼治、综合施治的反腐新路。由此可见，反腐倡廉工作由来已久，并在长期实践中积累了很多成功经验，尤其是在制度和文化反腐等方面，这都为 360°全方位监管模式的探索提供了可行性。

从校办企业反腐监管的成功案例看，高校校办企业经过改革后，积极探索"高校—经营性资产管理委员会—资产经营公司—校办企业"的"防火墙"模式，并取得了相应的成绩。如江中制药集团有限责任公司通过划分江西国资委管理，纳入国资委统一监管体系，通过国资委的统一监管，实现信息的规范与整合，保障了校办企业国有资产的安全，并借助国资委这一平台通过注册增资等一系列举措实现了产学研的互助与深度融合。这些成功探索无一不对高校校办企业反腐监管提供了可靠范本。

（二）政策出台营造有利环境

近年来，国家愈来愈重视高校校办企业的反腐监管问题，并连续出台了一系列政策文件规范指引高校校办企业反腐建设的方向，为其提供制度支撑，营造了有利环境。2001 年，国务院办公厅出台的《关于北京大学、清华大学规范校办企业管理体制试点指导意见》标志着校办企业改制的开始，文件对校办企业改制提出目标：一是实现校办企业的自主经营，成为自负盈亏的市场主体；二是不断完善学校在校办企业中的投入与退出机制。2006 年，教育部出台了《关于高校产业规范化建设中组建高校资产经营有限公司的若干意见》，文件提出规范校办企业国有资产的两条路径：一是依法组建国有独资的资产经营公司；二是选择一个现有校办企业中管理规范的独资企业，由它管理校办企业的经营性资产。2015 年，教育部出台了《关于进一步规范和加强直属高等学校所属企业国有资产管理的若干意见》，指出要以管资本为主为指导思想，要求直属高校建立责权明晰、事企分开的国有资产监管体制。2018 年，中央全面深化改革委员会审议通过了《高等学校所属企业体制改革的指导意见》（以下简称《指导意见》），指出校办企业改革要遵循国有资产体制改革的方向，并要求进一步厘清校办企业的产权与责任关系。由此可见，以高校校办企业国有资产监管为主题的政策逐渐增多，且议题范围不断扩大，关于高校校办企业国有资产监管的政策内容不断完善与细化体现出国家对高校校办企业国有资产监管的重视程度越来越高，这为高校校办企业的反腐监管提供了有利的制度环境。在此背景下，各高校也加快了高校校办企业制度建设，如武汉理工大学通过出台《校办企业工作目标责任制考核暂行办法》《2014—2016 年校办企业目标责任制考核实施方案》等文件对校办企业国有资产的管理机构、资产处置、绩效管理和监督管理做出了一系列规定，为落实校办企业国有资产反腐监管政策提供了制度支撑。

（三）信息技术赋能提高监管效能

现阶段，信息技术能够为高校校办企业国有资产监管赋能。近些年来，我国信息技术产业蓬勃发展，信息技术在推动国民经济发展、提高人民生活质量等方面发挥了基础性、先导性作用。并且因为其自身数字化、网络化、智能化的特点有利于促进信息的共享和管理效率的提高，以及其富有工具理性而衍生去中心化的特点，适用于反腐治理领域。

一是信息技术在反腐领域的运用为高校校办企业国有资产反腐监管提供技术支撑。互联网信息技术的迅猛发展使得运用科学技术制约权力从理论关照转变为实践。现代信息技术赋能公共治理始于 20 世纪 90 年代，英国、德国和加拿大等资本主义国家，为了改善政府公共服务职能，提高工作效率，降低工作成本，创建了电子政务，并将其用于廉政建设。比较有代表性的电子政府有美国的"信息高速公路"计划、德国的"联邦在线 2005"和加拿大的"政府在线"等。实践证明，虽然这些项目并不是专门为了廉政建设推出的，但它们的运行使公共权力运行更加透明化，公众对政府及其行为的监督更加方便和可行，能较大程度防止腐败行为的滋生；且相关研究成果表明，电子政务越成熟，该地区的反腐效果和政府官员的廉洁程度就越高。① 在互联网信息技术高速发展的背景下，利用电子政务建设的成功经验，基于科技角度进行反腐成为一种新型的可依赖的方式，也是全面预防腐败和治理腐败必不可少的重要途径。

二是信息技术的发展拓展了高校校办企业反腐监督的方式途径，有利于提升监管水平。信息技术的发展，使得网络成为各类主体参与社会治理的重要平台，电子政务的不断进步促进了高校校办企业的线上监管平台不断涌现。网络既是权力监督主体发表舆论的新阵地，也是其获取监督信息的新场域。尤其对于公民而言，网络增强了公民参与监督高校校办企业的能力，也拓展了公民等多元监督主体获取高校校办企业相关监督信息的渠道。如安徽纪检监察网专门开设网页公布高校校办企业的监察情况，并开设举报专栏，内含《举报指南》《我要举报》和《举报查询》栏目，并将举报邮寄地址、到访地址、举报电话和网上举报网址清晰明了地公示在网站首页上，为多元主体提供了举报平台，整合了举报途径，拓宽了监管信息的搜寻范围，有利于多方位收集举报信息，提高监督成效。如华东企业资产公司通过建立数学计算机信息系统，将纸质档案扫描录入，一方面实现监管信息的电子化管理；另一方面提高了高校校办企业国有资产反腐监管的效率与质量，提高了高校校办企业监管的规范化水平，利用数字赋能消弭腐败风险。

---

① 杜治洲. 科技反腐的理论模型与风险防范［J］. 安徽师范大学学报（人文社会科学版），2011（6）：630-634

第二节 总体设计

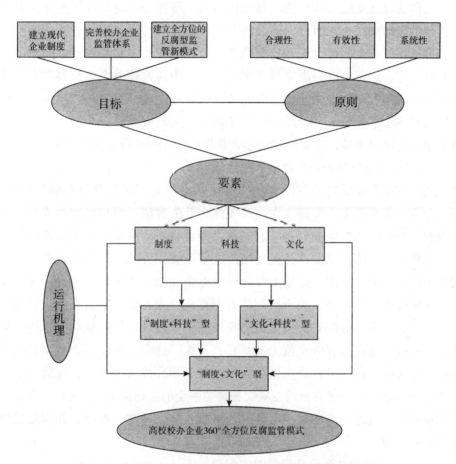

图 6-1 高校校办企业 360°全方位反腐监管模式的总体设计

一、构建目标

（一）建立现代企业制度

从实践来看，目前规模较大的高校校办企业都已建立了以股东会、董事会、监事会"三会"为代表的法人治理结构，基本形成各司其职、相互制衡的管理体系，但仍然存在一些问题。360°全方位反腐监管模式的首要目标是通过建立现代企业制度，减少或杜绝高校校办企业国有资产监管中腐败问题的滋生，从而实现高校校办企业国有资产的有效监管。具体来说，主要有以下三个方面。

1. 完善高校校办企业反腐监管的法律法规

法律法规是规范主体行为、制约权力的最终保障，完善高校校办企业反腐监督的法律法规一方面可以明确各方主体的权利与义务，为各主体的行为提供准绳；另一方面可以规范监督流程，不断规范、完善高校校办企业的反腐监督程序。这要求进一步完善反腐败立法，为高校校办企业反腐败监管提供完善的法律大环境。同时，还应完善高校校办企业反腐败的专项法案，通过丰富具体法案进一步完善反腐败法律体系，为高校校办企业反腐败监管提供精细化的法律支持，许多高校校办企业都在这方面进行了有益尝试。

2. 完善高校校办企业反腐监管的专项制度

高校校办企业反腐监管的专项制度包括内部监管制度和外部监管制度，通过全方位完善专项监管制度为高校校办企业的廉洁运行提供制度支撑，并且有利于营造廉洁的企业氛围，起到警惕规范作用。关于外部监管制度，主要包括外部审计监管制度；其次是指改进审计委托方式，将高校校办企业负责人全部纳入审计范围，并加大对高校校办企业负责人的任中审计，充分发挥审计免疫系统的功能。关于内部监管制度，首先，发挥经营性资产管理委员会的核心作用，将该委员会作为高校校办企业监督的核心机构，承担保障出资人权益，防止国有资产流失的责任；其次，健全高校校办企业审计监管制度，完善高校资产经营公司监事会制度，利用高校人才优势，在监事会中增加会计、审计、管理方面的专家，提高监事会的工作能力①；最后，完善财产申报制度，应进一步完善、明确财产申报主体、种类、程序，并对处罚机制进行具体规定。

3. 完善高校校办企业反腐监管的配套制度

高校校办企业反腐监管的制度建设不只将视域局限在反腐监管制度本身，还强调通过完善其配套制度实现360°全方位反腐监管模式。一是完善产权制度，通过明晰产权破除校企不分、权责不清的困境，借用制度化手段消除高校校办企业领导者以权谋私的腐败风险。二是完善举报制度，通过完善举报制度明晰举报信息、流程，加大对高校校办企业国有资产监督反腐的规范力度。三是完善舆论监督制度，可借助信息技术，通过运用大数据信息技术完

---

① 王涛，林丽雪. 高校校办企业监督机制研究［J］. 教育财会研究，2017（3）：48-55.

善监督平台、丰富监督渠道，实时监督与分析相关舆论，实现全方位科学反腐。四是完善信息公开制度，只有完善信息公开制度，才能使多元主体监管有数据可依，提升多元主体监管的积极性和可行性。

（二）完善高校校办企业监管体系

全方位的反腐型监管模式强调通过全面的体系设计实现高校校办企业国有资产的安全和高效运转，因此健全的高校校办企业监管体系至关重要，通过完善高校校办企业监管体系实现其有序高效运营，从而保障国有资产的安全。

1. 建立统一国有资产监管体系

由于种种历史原因，现有高校校办企业国有资产监管处于真空地带，即"两不管"地带，缺乏统一的国有资产监管体系，主要表现为：一方面高校校办企业国有资产长期游离在国资委监管体制之外；另一方面由于高校校办企业涉及自主经营，直接对接市场，高校对其监管往往力不从心。而从必要性来看，只有将高校校办企业国有资产逐步纳入统一的国有资产监管体系，才能实现有效监管，进而杜绝或减少资产监管中的腐败问题，从而实现国有资产的保值增值。因此，360°全方位反腐监管模式的重要目标之一就是建立统一的国有资产监管体系。

2. 完善高校校办企业领导管理体系

领导在企业发展过程中往往发挥着主导和示范作用，各高校校办企业领导的政治素质水平、工作能力、生活作风都代表校企的形象，影响校企的风气。因而高校作为校办企业的出资人，应强化对高校校办企业领导的管理。具体可从以下两个方面入手：一是完善校办企业领导的选拔和考察制度，通过完善领导干部的选拔、考察制度，进一步规范领导干部的任用与升迁；二是推行领导干部学习制度，要求领导定期参与进修班学习活动，不断提升其工作管理能力。①

（三）建立全方位的反腐型监管新模式

高校校办企业国有资产监管中腐败问题不断凸显，反腐成为高校校办企业国有资产监管的重要任务和目标。但现阶段，由于高校校办企业国有资产监管长期游离于国资委的监管之外，而且高校对其治理能力有限，高校校办

---

① 蒋美荣. 如何加强对校办企业监管问题的探讨 [J]. 中国乡镇企业会计, 2018（4）: 249-250.

企业国有资产监管中腐败问题的治理，单靠某种手段是很难取得较好效果的，必须多管齐下，建立全方位的反腐型监管模式。而本研究的模式构建主要基于制度、文化、科技三个层面，充分发挥制度手段、文化手段和科技手段的优势，将三者有机结合，相互渗透，共同构成高校校办企业 360° 全方位反腐败的监管新模式，从而持续不断提高高校校办企业防治腐败的能力。制度层面，旨在通过完善高校校办企业反腐监管相关的法律法规、专门制度和配套制度来建立现代化的企业制度，从而保障校办企业的高效、规范运转。文化层面，旨在通过加强社会道德教育、建设廉洁文化、营造廉洁企业文化，净化高校校办企业文化环境，加强廉洁教育、提升校办企业内部人员的廉洁素养。科技层面，旨在通过开展网络廉洁教育提高廉洁意识、培育监督能力；开发电子政务反腐功能整合监管信息、简化监管流程，提高监管效率；完善网络监督机制以拓展监督方式与平台，提高多元主体的监督积极性；建立反腐败信息网络以整合、存储腐败信息数据，提高综合分析效率；培育科技反腐人才以增强高校校办企业国有资产反腐监管的软实力。

二、构建原则

（一）有效性

任何模式的构建，有效性是考虑的首要原则。新模式构建一旦缺乏有效性，就意味着该模式不能很好地解决实际问题，或者在解决问题的同时会带来更多的新问题，治标不治本。从反腐败视角构建高校校办企业国有资产监管模式，其有效性主要体现在以下几方面：一方面，该模式是基于当前高校校办企业国有资产监管中的腐败问题及其成因，对症下药，提出的具有针对性的监管模式，能切实解决真实存在的问题；另一方面，该模式既要能对当前阶段高校校办企业国有资产监管中的腐败问题进行预防和治理，又要能对当前阶段校办企业国有资产的有效监管起到推动作用。

（二）合理性

模式构建的合理性，既是所有模式构建必须遵循的原则，也是解决反腐败和国有资产监管等现实问题必须兼顾的原则。具体来说，该模式构建的合理性原则主要体现以下几个方面。一是该模式必须反映腐败预防与治理的规律和特征，在反腐败问题解决方面具有合理性。二是该模式必须反映高校治理，尤其是高校校办企业治理的一般规律和特征；同时，应更加突出高校治理，尤其是校办企业治理的特殊性。三是该模式既要遵循国有资产监管的一般规律，又要遵循高校校办企业国有资产监管的特殊规律，并将二者有机结合。

（三）系统性

在当前阶段，长期游离在国资委监管体制之外的高校校办企业国有资产监管是一项系统性工程，而反腐倡廉也是一项长期系统性工程。在此背景下，反腐败视角下的高校校办企业国有资产监管更是一项长期系统性工程，因而，系统性是该模式构建的一个重要原则。模式构建的系统性原则主要体现在以下几个方面：一是在模式构建过程中，要考虑子系统的特性，追求治理目标的双重性，即该模式不仅要能解决高校国有资产监管的问题，还要能解决高校，尤其是高校校办企业治理中的腐败问题；二是在模式构建过程中，还要考虑整体系统的特性，追求治理目标的整体性，即该模式不仅要单独解决高校校办企业国有资产监管和反腐败问题，还能组合在一起，形成合力，保证治理目标的一致性。

三、主体及对象

（一）高校校办企业国有资产监管的主体

将高校校办企业纳入经营性国有资产统一监管体系是原则性的改革方向，但具体的监管主体是谁，目前尚无文件明确监管主体，因此应对高校校办企业国有资产监管的主体进行明确的界定。

1. 政治主体

将高校校办企业纳入经营性国有资产统一监管体系是原则性的改革方向，目前高校校办企业国有资产监管的政治主体主要集中在财政部门和高校。以广西为例，《广西壮族自治区行政事业单位国有资产管理办法》（自治区人民政府令第 68 号）第四十四条规定，机关、参照公务员制度管理的事业单位和社会团体所属独立核算的企业、实行企业化管理并执行企业财务会计制度的事业单位，以及事业单位创办的具有法人资格的企业，由财政部门按照国有资产监督管理的有关规定实施监督管理。此项规定表明，自治区财政厅无疑是广西高校校办企业国有资产的核心监管主体。财政厅主要是从出资人的角度对高校校办企业的国有资产实施监督管理，高校侧重于从委托出资人的角度进行监管。

2. 经济主体

高校校办企业国有资产监管的经济主体包括两类。一是股东、董事会和监事会。股东在高校校办企业中行使所有者权利，参与重大事项决策和主要管理者的人事任免权；董事会是学校资产公司经营管理的决策机构，主要负责公司事务的管理和涉外事务的经营决策；监事会是内部监督机构，主要负责对董事会和总经理行政管理系统的监督与检查。二是党委会、职工代表大会与工会。党委会是充分发挥党组织的核心作用，推动现代校办企业制度中国化的关键组织，在深化高校校办企业改革过程中承担着重要领导责任；职工的民主监督是完善高校校办企业内部监管必不可少的环节，职工代表因其身份的普遍性而更具监管优势，职工代表大会起到重要监管作用；工会有其特殊的身份地位和组织使命，成为制衡高校校办企业权力的重要力量。①

3. 社会主体

高校校办企业国有资产反腐监管强调多元治理主体的参与。高校校办企业国有资产监管的社会主体是高校校办企业反腐监管的重要补充力量。可以充分发挥社会主体的力量，如借助会计师事务所、审计师事务所、资产评估事务所、税务师事务所、律师事务所等社会力量的独立性与专业性，为高校校办企业国有资产监管提供重要的支撑，提高监管的公正性与科学性。②

（二）高校校办企业国有资产监管的对象

1. 经营者

高校校办企业经营者主要包括董事长、副董事长、监事会主席、总经理、副总经理和财务总监等。对高校校办企业经营者的监管主要通过以下三种机制实现：一是高校校办企业经营者的选拔任用机制，以此防止出现"塌方式"腐败等问题；二是高校校办企业经营者的激励与约束机制，以此防止出现"被动式"腐败等问题；三是高校校办企业经营者的权力运行机制，以此防止出现"蚁穴式"腐败等问题。

2. 重大事项

高校校办企业经营管理的重大事项主要包括重大决策、重要人事任免、重大项目安排和大额度资金运作等事项。"三重一大"决策有利于对高校校办企业国有资产管理者进行适时、适度的监管，这一方面可以防止和减少校办企业经营者的重大决策失误或因逃避责任而不作为；另一方面能够有效减少

---

① 李健生. 构建高校所属企业的多维多主体监管体制研究［J］. 广西社会科学，2019（8）：184-188.

② 李健生. 构建高校所属企业的多维多主体监管体制研究［J］. 广西社会科学，2019（8）：184-188.

校办企业委托代理中由于信息不对称所导致的道德风险，并对校办企业经营者起到一定的激励和约束作用。因此，对高校校办企业重大事项监管的核心在于重大事项是否执行"三重一大"决策制度。

3. 国有资产

高校校办企业国有资产是指高校对校办企业各种形式的出资形成的权益。对高校所属国有资产进行监管的主要目的是维护所有者（高校）的权益，确保学校投入的国有资产保值增值。对高校校办企业国有资产的监管应当采用分层管理，即三级授权经营体制。第一级是代行国有资产所有者职责的国有资产管理委员会，它通过对高校校办企业实施所有者管理来实现对国有资产的管理。第二级是国有资产运营公司，它受国有资产管理委员会的委托，专司国有资产的经营和产权运作，它的设立有利于实现国有资产所有权与经营权的分离。第三级是高校校办企业，它的主要目标为实现国有资产保值和增值任务。三级授权经营体制符合社会主义市场经济和现代企业制度的需要，有利于进一步促进政资分开、政企分开，提高高校校办企业国有资产运行效率，确保高校校办企业国有资产保值增值目标的实现，同时消弭高校校办企业国有资产监管中的腐败诱因。①

四、要素构成

高校校办企业国有资产360°全方位反腐监管模式是一种专门针对高校校办企业国有资产监管面临的腐败问题产生的，融合制度、文化和科技三要素的全方位国有资产监管新模式，具体如图6-2所示。在访谈中，有学者认为，"对于高校校办企业国有资产监管面临的腐败问题，要进行有效监管，制度、科技和文化都是不可缺少的，因为它们三者发挥的作用不同，且可以实现有效互补"（20180304访谈对象LYB）。具体来说，该模式主要包括以下三个要素。

---

① 李健生. 构建高校所属企业的多维多主体监管体制研究［J］. 广西社会科学，2019（8）：184-188.

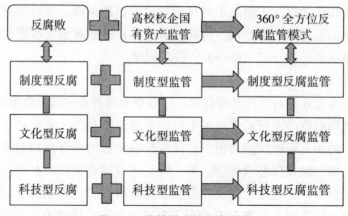

图 6-2　监管模式的要素构成

（一）制度型反腐要素

在访谈中，所有访谈对象都认为反腐高度依赖制度，有人认为，"制度因素在高校校办企业国有资产监管中的作用十分重要，制度是第一影响因素；没有制度作为保证，反腐最终都只能沦为运动战，效果会大打折扣"（20171028 访谈对象 LXL）。在 360°全方位反腐监管模式中，制度反腐是一个重要因素，其目的是针对高校校办企业国有资产监管面临的腐败问题，依靠制度进行反腐，旨在实现国有资产的有效监管。制度是一种特定的规则体系，这些规则涉及经济、社会和政治各种行为，是对公众有约束力的规范，其首要功能是约束人的行为。所谓制度型反腐就是通过制定和实施一系列的法律、法规、规章、政策和具体管理条例来控制腐败。在高校校办企业国有资产监管中，制度反腐主要有以下功能。一是依靠相关制度预防腐败，重在事前控制，即通过制定和完善相关法律法规，并建立有效的实施机制，形成腐败预防的完善体系。二是依靠相关制度惩治腐败，重在事后控制，即依靠现有制度的强制性效力对腐败行为进行相应惩罚，形成腐败惩治的完善体系。总的来说，在高校校办企业国有资产监管中，由于高校校办企业的特殊性，制度型反腐的内容是以制度反腐，但并不是仅仅以反腐制度来反腐，其依赖的不仅仅是以预防和惩治腐败行为为直接目的的制度，还包括组织制度、产权制度、高校治理制度等并非以反腐为目的的制度。①

---

①　朱光磊，盛林. 过程防腐：制度反腐向更深层次推进的重要途径 [J]. 南开学报（哲学社会科学版），2006（4）：13-20.

（二）文化型反腐要素

在访谈中，大部分访谈对象认可文化在反腐中的积极作用，有人提道，"文化因素在高校校办企业国有资产监管中的作用也十分重要，起到软约束的作用"［20171028 访谈对象 XM（1）］。在 360°全方位反腐监管模式中，文化反腐是一个不可或缺的要素，其目的是针对高校校办企业国有资产监管中的腐败问题，依靠文化进行反腐，旨在实现国有资产的有效监管。所谓文化型反腐就是指通过各种形式和途径把一定的价值观念与基本原则体现在法律制度中，并渗透到公众思想中，从根本上抑制校办企业腐败的萌芽。① 在高校校办企业国有资产监管过程中，文化型反腐主要有以下功能：一是弥补制度反腐的缺陷，文化型反腐能形成普遍且持久的社会共同认知和价值取向，从而防止和杜绝腐败行为，"但文化反腐若不能很好与制度反腐相结合，那么文化反腐的作用就很难持久发挥"［20171028 访谈对象 XM（1）］；二是能培育廉洁健康的社会心理，为制度型反腐提供更多道德上的手段。

（三）科技型反腐要素

在访谈中，大部分访谈对象认为科技是提高反腐质量的重要工具和载体。有人认为，"以高科技和现代信息技术为代表的科技因素在高校校办企业国有资产监管中的作用十分重要，不论是制度因素，还是文化因素，一旦和技术因素相结合用于反腐实践工作中，必然能事半功倍"［20171028 访谈对象 XM（1）］。在 360°全方位反腐监管模式中，科技型反腐也是一个重要的要素，其目的是针对高校校办企业国有资产监管中的腐败问题，依靠科技进行反腐，旨在实现国有资产的有效监管。所谓科技型反腐就是综合运用现代信息技术、通信技术和网络技术等现代科学技术手段，以提高腐败治理的科学化和精准化水平。② 实践证明，信息技术等现代科学技术手段具有"程序规范"的特性，能够有效保证业务操作和制度执行的刚性。③ 在高校校办企业国有资产监管过程中，科技型反腐主要有以下功能：一是现代信息科学技术、互联网技术在反腐工作中的运用，使得反腐的边际成本递减，比如利用大数据手段查处和惩治腐败行为；二是借助信息科学和互联网技术，逐步消除信息鸿沟，

① 黄少平. 论文化反腐［J］. 攀登，2011（1）：118-121.

② 杜治洲. 科技反腐的理论模型与风险防范［J］. 安徽师范大学学报（人文社会科学版），2011（6）：630-634.

③ 张宇同. 论制度与科技反腐对党政建设的重要性［J］. 中国高新技术企业，2014（13）：163-164.

摆脱校企管理者与监督者间信息不对称的监管困境，有利于提升反腐成效。

五、运行机理

高校校办企业国有资产360°全方位反腐监管模式不是制度、文化与科技三种模式的简单相加，而是一种系统性、全方位的反腐监管模式，该模式的运行机理如图6-3所示。其中，制度型反腐监管是根本性保障措施，体现了监管"硬约束"特性；文化型反腐监管是持久性保障措施，体现了监管的"软约束"特性；而科技型反腐监管则是辅助性保障措施，通过深入融合到制度反腐和文化反腐中，更好地发挥反腐监管的科学性和精准性。在访谈中，受访者就三种因素有机结合提升反腐的效能达成基本共识。有人认为，"三种因素在高校校办企业国有资产监管中的作用十分重要，但要想在很长一段时间发挥作用，就必须依赖于三者的配合，尤其是制度因素不可或缺"（20180530访谈对象HTH）。该监管模式的运行机理主要体现在以下三个层面。

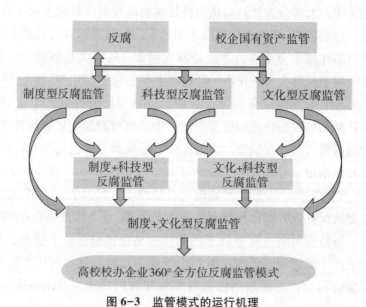

图6-3　监管模式的运行机理

（一）第一层面："制度+文化"反腐型监管模式

从世界各国反腐败实践的成功经验来看，制度型反腐是治理腐败最有效的方法,具有根本性、稳定性和科学性的特点。① 虽然制度型反腐是治本之策,但制度反腐不是万能的,更不是一劳永逸的。只有在制度的基础上加以文化渗透和技术利器,才能取得更好的反腐成效。"制度+文化"反腐型监管模式指在高校校办企业国有资产监管中,在充分发挥制度反腐的根本性作用前提下,将其与文化反腐深度结合,促使其更好发挥"硬约束"和"软约束"双管齐下的作用。从深层次来说,文化型反腐能为制度反腐提供重要的基础,能有效弥补制度反腐的先天缺陷;而制度型反腐又能为文化反腐提供制度上的保障,从而实现二者的有机结合,更好地提升监管效果。以华南理工大学为例,该校在这方面进行了有益尝试,颁布的《中共华南理工大学委员会深入推进惩治和预防腐败体系建设实施方案》明确对领导干部违反政治纪律、组织纪律案件,以及贪污贿赂、权钱交易、腐化堕落、失职渎职等案件进行严厉惩罚,并强调要落实信访举报及案件情况向上级纪委报告制度;同时,要进一步树立大宣教理念,把党风廉政建设和反腐败宣传教育工作纳入党委宣传工作总体部署,加强宣传和舆论引导。党组织理论学习中心组每年要安排廉洁从政专题学习,利用各种形式的载体宣传党的反腐倡廉决策部署、工作成果和勤廉先进典型,利用教育系统发生的典型案例进行深入剖析,用身边事教育身边人。

(二)第二层面:"制度+科技"反腐型监管模式

该模式是在健全制度建设的前提下,有机将科技方法或手段融入高校校办企业反腐监管中,通过制度建设与现代科技之间的有机融合,不断提高制度设计、制度运行和制度监督中的科技含量,增强制度的执行力和有效性。"制度+科技"侧重的是以预防性的方式提高反腐败建设的效力。在当前腐败形势日趋多样化、腐败手段愈加隐蔽化、腐败途径更加智能化的背景下,传统的反腐败方式和手段难以遏制腐败趋势蔓延。在高校校办企业的反腐败过程中,必须以制度建设为核心,着力构建拒腐防变教育机制、权力运行监控机制、源头治理预防机制,形成内容科学、程序严密、配套完备、有效管用的制度体系。同时,结合科技元素,充分利用信息化技术和网络传播媒介,通过播放警示教育视频、网上信访举报、组织校办企业廉政知识线上宣传测试、发送校办企业廉政提醒短信、开辟廉政论坛博客、定期公布高校反腐监

---

① 黄威威. 制度为本、技术为器:基于"互联网+"条件下的协同反腐模式创新 [J]. 领导科学, 2017 (17):11-13.

管信息，通过将制度与科技元素结合以加强高校校办企业党风廉政建设和预防腐败知识的宣传教育，将制度建设与科技反腐有机结合，把科技手段融入制度设计。[①] 同时，将信息监管平台作为制度执行落实的重要载体，充分利用信息监管平台实现对校企监管信息的充分整合和公开，促进形成公开、透明、高效的权力监督机制，促进权力公开、透明、规范运行[②]。

（三）第三层面："文化+科技"反腐型监管模式

该模式主要借助现代信息技术等高科技手段，通过文化与技术之间的有机融合和互动，更好实现文化反腐的引导功能、教化约束功能、凝聚功能以及舆论监督功能。具体来说，一是将科技手段或方法有机融合到文化反腐中，创新文化反腐形式，通过现代科技赋能文化反腐，提高文化反腐的效果。可以有效利用现代信息技术，如新媒体、自媒体等，将反腐宣传、舆论监督纳入公众的日常生活，搭建反腐的信息化平台，从而提升文化反腐的精度和准度，通过更加多样化、多层次的宣传方式，提高文化反腐的科技含量，保证反腐的科学化水平。二是以文化反腐促进科技手段更新，可以通过文件发布、宣传教育、会议倡导、动员呼吁等形式唤醒监督主体对监督手段与工具的重视，通过文化反腐唤醒监督主体对反腐型监管的重视，并推动科技运用于反腐型监管以及新型监管工具的开发。

综上所述，高校校办企业国有资产360°全方位反腐监管模式具有以下特点：一是该模式强调的是一种全方位、多角度的监管，体现的是360°覆盖思维；二是该模式强调的是制度、文化和科技三重要素互嵌耦合的多重监管，发挥的是"组合拳"的治理功效；三是该模式强调高校校办企业国有资产的反腐和监管双重目的，体现的是双管齐下，即一种复合型治理思维；四是该模式的运行与实施依赖于制度、文化和科技反腐型监管的协同互联，体现的是一种系统治理的思维。

---

① 朱立政. 高校运用"制度+科技"手段预防腐败工作的思考［J］. 赤峰学院学报（自然科学版），2012（14）：265-267.

② 黄威威. 制度为本、技术为器：基于"互联网+"条件下的协同反腐模式创新［J］. 领导科学，2017（17）：11-13.

第三节　360°全方位反腐监管模式的运行与实施

一、制度反腐型监管的设计与运行

制度建设是反腐倡廉的根本之策。实行制度型反腐，只有通过制度和法律的手段对权力运行进行有效的监督与制约，建立制度反腐的长效机制，才能从根本上治理腐败问题。在高校校办企业国有资产监管中，由于校办企业的特殊性，制度型反腐的内容是以制度手段进行反腐，但并不意味着仅仅以反腐制度来反腐，其依赖的不仅仅是以预防和惩治腐败行为为直接目的的制度，即反腐专门制度，还包括高校校办企业管理制度、产权制度等并非以反腐为直接目的的配套制度。① 因此，制度反腐型监管是一项庞大的系统工程，必须总体规划，构建系统全面、科学规范、运行有效的制度体系，把制度建设贯穿高校校办企业监管的各个环节，从宏观层面构建制度反腐的法律法规，从微观层面构建制度反腐的专门制度和配套制度。

（一）完善法律法规

制度型反腐要惩戒与预防并重，在进行制度约束的同时，也要注重法律法规的完善。治理高校校办企业国有资产腐败问题要结合我国国情和校办企业发展现状，建立系统、完备、具有强威慑力的校办企业监管的法律法规体系，细化腐败的惩罚办法，做到有法可依，依法治腐。党的十八大以来，党和国家加大了反腐的力度，深入推进党风廉政建设和反腐败斗争，颁布了《关于改进工作作风、密切联系群众的八项规定》，修订了《新形势下党内政治生活的若干准则》《中国共产党党内监督条例》《中国共产党纪律处分条例》以规范、约束党员和领导干部的行为，有效地预防腐败。高校校办企业制度反腐要以习近平新时代中国特色社会主义思想为指导，依据党和国家反腐败的决策部署和要求，建立和完善高校校办企业反腐的法律法规，切实推进高校校办企业不敢腐、不能腐、不想腐的腐败治理体系。

从反腐败立法角度来说，立法部门应结合我国的反腐需要，借鉴其他国

---

① 张孟英，刘京美. 对高校制度反腐问题的思考［J］. 西南民族大学学报（人文社科版），2007（7）：165-168.

家先进经验，加强反腐败专项法律的立法工作，适时推出反腐败法，让反腐败做到有法可依。要不断完善《中华人民共和国刑法》《中华人民共和国刑事诉讼法》等法律，明确腐败犯罪类型、严重程度、处罚依据等具体规定。在完善高校校办企业反腐法律法规时，要充分考虑校办企业在管理过程中易发的腐败问题及行为，法律法规内容应涵盖校办企业领导干部的选拔聘任、领导干部行为规范、公务接待管理、纪律处分等各个方面，以此建立起一套完善的惩处体系，尽可能做到系统化、精细化，使之成为校办企业反腐败斗争的制度依据，并根据校办企业反腐工作形势的发展变化，及时对校办企业反腐法律法规进行修订。另外，在制定高校校办企业制度反腐法律法规的同时，要加强法律法规的宣传教育，提高领导干部的责任意识，严格遵守校办企业反腐法律法规的基本原则，不能让法规流于形式。要加大对高校校办企业腐败行为的查处力度，对腐败行为采取零容忍的态度，坚持有案必查、有腐必惩，在惩处高校校办企业贪污腐败事件时要以法律为准绳，把人民群众的利益放在首位。

（二）完善专门监督制度

监督制度是制约高校校办企业国有资产监管腐败的关键因素。高校校办企业国有资产监管中腐败问题的出现，根本原因在于一些领导干部对权力的滥用，使权力缺乏监督。因此，要对高校校办企业的权力运行进行监督，必须制定完善的高校校办企业反腐监督的专门制度。从实践来看，高校校办企业反腐专门制度建设以预防、惩治腐败行为为直接目的，要从内部监督制度和外部监督制度两个方面入手。

1. 完善高校校办企业内部监督制度

完善高校校办企业内部监督制度，优化校办企业的内部环境，是高校校办企业反腐制度建设的关键问题。只有建立科学的高校校办企业内部监督制度，高校资产经营公司的职能才能更好地发挥，达到不能腐的效果。

（1）发挥经营性资产管理委员会的监督主体作用

对于高校校办企业来说，经营性资产管理委员会是高校校办企业监督的主体和核心机构，担负着监管高校校办企业日常运转和对外经营的职责，承担着防止国有资产流失的责任。① 首先，经营性资产管理委员会要充分发挥监督主体作用。可从以下两个方面入手。一是依法监督高校校办企业各经营管

---

① 王涛，林丽雪. 高校校办企业监督机制研究［J］. 教育财会研究，2017（3）：48-55.

理主体。经营性资产管理委员会应依法监督校办企业派出董事会、监事会，并监督董事会、监事会的各项工作，听取其工作报告，对其工作情况进行考核评价。二是清理整顿高校校办企业。应根据国家相关高校产业政策，以资产经营公司为主体，整合学校经营性资产，采取融资、投资、改制、重组国有股权转让等办法清理整顿高校校办企业，使高校校办企业达到管理科学化、议事规范化、经营有序化、优势整体化的目标，扶持优秀企业迅速成长壮大，实现学校科技成果的转化和产业化。其次，经营性资产管理委员会需要指导校办企业建立一套科学的现代企业制度。可从以下三个方面入手：一是明晰产权关系。高校校办企业隶属于资产经营公司，由资产经营公司负责校办企业的日常运转和经营，国有资产经营公司代表高校管理经营性国有资产，校办企业不再直接与高校发生关系，而是接受资产经营公司的管理和监督。校办企业实施严格意义上的自主经营、自负盈亏，其经济、法律等风险不再与高校挂钩，高校逐步退出经营活动，由此解决校企不分的腐败诱因。二是建立绩效考核评估体系，对高校校办企业管理人员进行考核，并依据考核结果给予适当的奖惩。经营性资产管理委员会要根据需要对资产经营公司的年度财务会计报告进行审计。三是经营管理学校股权。高校校办企业在完成投资划转手续后，均成为资产经营公司投资的公司。资产经营公司作为股东对学校国有股权进行经营管理，依公司法享有股东权利，并承担高校校办企业国有资产保值、增值的责任。

北京大学、清华大学、哈尔滨工业大学等高校纷纷对此进行了有益的尝试。北京大学、清华大学为了有效实现高校与校办企业的分离独立，均成立了独资的企业法人——国有资产经营公司，代表高校管理经营性国有资产，由它负责校办企业的日常运营和运转，并按照相关要求促使校办企业建立现代企业制度，逐步完善高校校办企业中的投入和退出机制。通过以上措施完成校办企业的企业改制，形成"高校—资产经营公司—校办企业"的"防火墙"模式，通过"防火墙"将高校和校办企业分开，二者不再直接联系，预防腐败行为。哈尔滨工业大学在这方面也进行了有益尝试。该校将哈工大航拓自动化设备公司改制为国有独资有限责任公司，即资产经营公司。该公司由学校及其全资公司对外投资形成的股权以及少量的货币资金注册成立，通过理顺校办企业的管理体制，明晰企业产权关系，整合学校经营性资产，使校办企业达到管理科学化、议事规范化、经营有序化、优势整合化的预期目标，推动学校科技成果转化和产业化。

（2）健全高校校办企业审计监督制度

当前，高校校办企业的内部审计工作没有受到足够的重视，规章制度不完善、独立性不强、审计人员专业性不强、职责不明确是普遍存在的问题，应从以下几个方面健全和完善高校校办企业审计监督制度。首先，完善相关规章制度，保障审计规范运行。应根据《中华人民共和国审计法》《中华人民共和国审计法实施条例》《党政领导干部和国有企业领导人员经济责任审计规定》等有关法律法规，并结合实际制定适合校办企业的审计监督规章制度。通过制定规章制度对审计主体、审计责任、审计流程等细节进行规定。同时，内部审计人员因其工作性质的特殊性，应为其制定更具个性化的管理制度并严格规范其落地执行，通过制度的完善与贯彻执行保障高校校办企业内部审计结果的公平、公正。其次，成立审计委员会，增强审计独立性。高校校办企业应遵循国家政策意见，建立由董事会领导的审计委员会，保证其审计地位的独立性和权威性，进而加强内部审计工作，推动完善内部审计管理体制、制度和机制，健全高校校办企业审计监督制度。同时，内部审计机构向高校内部审计委员会负责，保证其履行审计职权的相对独立，并与其他管理部门平级，通过保证其身份的独立性确保其自身监督职责的充分发挥，并提升其内部审计监督公信力。最后，提高审计人员素质，提升审计水平。随着全球信息化的发展，信息时代的到来与发展使内部审计的业务范围不断扩展，并且更加注重对风险的预防与控制，信息化审计、绩效审计、内控管理等大数据审计业务逐渐兴起。审计范围和重点的扩展要求审计人员具备更高的审计能力，包括审计技能、职业道德等诸多方面。高校校办企业要多渠道、全方位提高内部审计人员的素质，提高其业务能力，使其能尽快发现和察觉国有资产监管中的腐败问题及风险，增强其抵制腐败、廉洁诚信的品质，帮助企业建立廉洁的企业文化。同时，内部审计项目负责人可以采用公选与自荐相结合的方式决定，使专业水平更高的内审人员得到历练成长和充分发挥自身价值。以江西中医学院的校办企业——江中制药集团为例，该集团通过纳入国资委统一监督管理解决了以往的监管问题，并通过监管体系的转化升级促进了企业的不断壮大与发展。

（3）完善财产申报制度

财产申报制度要求领导干部定期对财产状况进行申报，对不同时期的收入情况和消费情况进行比对，从而对领导干部的财产情况进行监督。财产申报制度是最重要的反腐制度之一，因此也成为许多国家反腐治腐的利器。将高校校办企业领导层的财产状况进行公开，能够有效地约束领导干部以权谋私、贪污腐败，督促领导干部廉洁清明。要以高校校办企业领导干部为重点对象，组织其学习财产申报的必要性、申报程序和审查等内容，加强领导干部执行财产申报制度的自觉性。首先，应加快完善财产申报制度。应在现有规定的基础上，借鉴其他国家的成功经验，尽快制定校办企业反腐型监管财产申报法，并进一步对申报主体范围、申报程序、受理机构、违反责任、执行监督进行明确规定；明确公开的范围、内容，定期将申报的情况和审查的结果向社会公开，接受群众和新闻媒体的监督。其次，明确违反制度的处罚。参照公务员管理，建立完善的处罚机制，对违纪行为进行框定并对其相应处罚进行明确，同时对拒不申报或者未如实申报财产的人员，除采用行政处分外，还应该引入刑罚机制，用强制方法惩治拒不申报或者不如实申报财产的申报人，以确保财产申报制度的切实实行。①

2. 完善高校校办企业外部监督制度

高度重视外部监督，号召人民群众参与校办企业的反腐监督并广泛听取其反馈的意见建议，完善以人民群众为主体的社会监督体系。② 高校校办企业外部监督主要包括举报制度、舆论监督制度、校办企业信息公开制度等。

（1）完善反腐败举报制度

反腐举报制度是依靠人民群众的力量推进反腐败治理的重要制度，是发现腐败线索的主要来源，是个人对国家公职人员的腐败行为进行检举揭发，并由专责机关对其进行处理的制度。完善高校校办企业国有资产反腐型监管模式，应借鉴本土和国际上的有益经验，尽快改革和完善现行的高校校办企业监管反腐败举报制度。

首先，唤醒公民积极参与权力监督的意识。目前，一些公民存在漠视校办企业反腐监督的消极情绪，认为这与自身利益不相关，于是事不关己，高高挂起，这不利于高校校办企业反腐监管进程的推进，也不利于多元治理格局的形成。面对这一现实问题，政府应采取多种手段以充分调动公民的积极性，通过开展多形式、全方位的宣传教育活动，培养全民监管的社会氛围，转外力推动为内力驱动，实现全民自主监督。同时，崇尚风清气正的社会氛

---

① 陈婴虹. 论我国公务员财产申报配套制度［J］. 中共浙江省委党校学报，2012（2）：34-39.

② 朱光磊，盛林. 过程防腐：制度反腐向更深层次推进的重要途径［J］. 南开学报（哲学社会科学版），2006（4）：13-20.

围也会给腐败分子带来社会压力，增添其腐败的压力与心理负担，在一定程度上增加其腐败难度，抑制腐败风险。

其次，建立多主体参与的反腐败统一战线。即整合反腐力量，建立检察机关与群众个人、群众组织、私人部门及国际社会相联合的反腐败统一战线。只有将反腐力量进行整合，才能实现反腐信息的互通，才能全方位整合反腐力量，形成反腐合力，从而真正将法律监督与民主监督相结合，才能最大限度打击和抑制腐败。

最后，创建完善的举报处理机制。可从以下四方面入手：一是推行密码举报制度。密码举报制度是署名举报与匿名举报之间的第三条道路，是指举报人在利用信函、电话或网络举报时，不使用真实姓名、地址，而是通过设定的密码与举报受理人保持联系。其最大特点就是保障了举报人的信息安全，并通过更加安全的形式给予举报人以激励。近几年，我国有些地方已经开始尝试密码举报方式，并取得了成功。如厦门市思明区检察院 2002 年 7 月实行"网上密码举报"，半年多时间该院收到的举报量相当于以往两年的总和。高校校办企业的反腐型监管也可借鉴这一成功经验，并将其运用于实践。二是完善举报奖励制度。应借鉴成功经验，进行如下改革：①限定举报范围，限定举报范围为"大案要案"；②遵循人均奖励原则，对所有举报人给予相应奖励；③加大奖励力度，通过将奖励力度与损失金额挂钩的方法，按比例确定奖金金额，并加大举报奖励力度；④推行密码举报的奖励方式，通过按密码兑换奖励的方式来代替传统实名制奖励的方式。三是建立举报补偿制度。让举报人承担因举报而花费的经济成本、时间成本乃至生命健康成本是显然不公平的。对此，应建立举报补偿制度，通过制度对举报人的补偿力度进行明确的界定，并按照规定对举报人给予补偿。四是设立举报投诉机构。应在检察机关内部设立一个专门机构，专门负责包含校企反腐监督在内的所有举报案件，以此保障处理举报事项的效率与质量。①

（2）完善舆论监督制度

舆论监督具有透明度高、覆盖面广、威慑性强等特点，在反腐败中具有重要且不可替代的作用。在高校校办企业国有资产监管中，要充分发挥人民群众、新闻媒体和社会舆论的监督作用，建立舆论监督信息收集制度、舆论监督信息查处制度、舆论监督信息反馈制度，及时回应社会舆论。

①　李继华. 我国检察举报制度的问题及对策 ［J］. 法学杂志，2006（2）：106-109.

首先，建立舆论监督信息收集制度。就权力监督主体获取监督信息的方式而言，监督信息的收集可分为主动收集和被动收集两种制度。针对监督信息大部分是监督主体通过博客、微博等网络媒体进行信息披露的特点，监督信息的主动收集制度要求权力监督主体主动收集、分析、甄别网络中的各种信息，将有价值的信息汇集起来，使之进入权力监督系统。一是建立完善的舆论监督信息主动收集制度。①建立反腐信息监管平台。各地方政府应联合财政局和高校建立校办企业内部的网络舆论收集平台，通过平台一方面方便人民群众进行网上举报，提高其监管积极性；另一方面方便监管人员整合监管信息，提高监管的效率与科学性。②建立专员监督机制。应继续完善校办企业反腐监督的专员监督机制，如有的地方政府制定"反腐倡廉网络监督员"制度，专门负责对网络舆论的监测，收集监督信息。③不断提高机构与人员主动监管的积极性。应不断通过制度的完善、机构的建立和宣传的普及提高多元监管主体主动获取监管信息、主动监管校办企业反腐的积极性。二是建立完善的舆论监督信息被动收集制度。校办企业反腐监督的舆论信息被动收集制度主要是要进一步完善网上举报制度。目前，中央纪委国家监委已开通了全国统一纪检监察举报网站。另外，随着信息时代的悄然来到，公民多通过诸多知名网站了解社会时事，知名网站是网络监督信息和网民参与监督治理的重要聚集地。因此，高校校办企业的反腐监督应重视各大主流网站的建设完善，政府与学校通过与主流网站合作，建立"高校校办企业反腐网络监督举报专区"，整合多方监管信息，拓宽监管信息的来源边界。①

其次，建立监督信息查处制度。监督信息的查处制度是指通过程序性管理制度与相应的责任制度对权力监督主体处理监督信息的行为进行规制。高校校办企业监督信息查处制度主要包括对校办企业反腐信息的管辖、受理、移送、审核和决定等内容。建立高校校办企业监督信息查处制度包括专门的受理查处制度和责任追究制度。一是建立完善的校办企业监督信息受理查处制度。应通过制定、完善制度的形式对监督信息处置的程序给予规范与明确，其主要包括监督信息受理的主体、范围、方法、步骤和顺序等；同时，也要设置统一的信息收集平台，实现多渠道收集信息的汇总与整合，提升信息查处的效率与科学性。二是要建立完善的校办企业监督信息责任追究制度。为

---

① 郭莉. 网络舆论监督与权力监督对接制度的建构 [J]. 学术界，2013 (7)：164-171+310.

保障权力监督主体依法履行自身职责，进而保障校办企业反腐监督效果，应建立完善相应的责任追究制度，以此防止权力监督主体的不作为或不积极作为，并对性质严重的相关方人员追究法律责任。①

最后，建立监督信息反馈制度。监督信息反馈制度是权力监督主体对监督信息和结果的实时反馈，其体现了舆论监督与权力对接互动原则和信息公开原则，监督信息反馈包括事中沟通反馈制度和事后结果反馈制度。其中，事中沟通反馈制度是指权力主体在监督信息处理的过程中主动、实时告知网络舆论主体案件的有关信息，同时需要时主动争取监督主体的意见。事后结果反馈制度是指权力主体在处理完监管信息后，及时将监管信息和监察处理结果告知监督主体。事后结果反馈制度讲究时效性和全面性，其中，时效性是指反馈信息的及时、迅速；全面性是指反馈内容的全面性，反馈内容主要包括受理情况、调查处理的进展程度、证据材料的审核情况、后续即将开展的工作、最终结果等。完善的反馈制度离不开灵活多样的反馈方式。权力监督主体可发展、利用多种权力反馈方式，如采用新闻发言人反馈、官方网站反馈、社会知名门户网站反馈、举报人自助查询等方式和渠道实现举报信息的及时、全面反馈。

（3）推行校办企业信息公开制度

高校校办企业信息公开既是公民充分享有知情权，有效进行过程监督的基础，也是消除"暗箱操作"，增强校办企业领导干部主动拒腐意识的基础。②

首先，扩大监管信息的公开范围。通过扩大高校校办企业反腐信息的公开范围，保障人民群众的知情权，增进人民群众参与反腐监督的积极性。可通过制定相关制度，如《校办企业监管信息公开条例》将信息公开范围、公开时限、公开程序，相关人员职责权限、联系方式，以及对违反条例应承担的法律责任加以明确，以制度完善为监督信息的公开提供稳定支撑。同时，还应进行信息公开模式的转换升级。信息公开机构可借助现代信息技术并采纳先进管理理念，通过大数据技术和现代通信平台突破传统"自上而下"逐

---

① 郭莉. 网络舆论监督与权力监督对接制度的建构［J］. 学术界，2013（7）：164-171+310.

② 朱光磊，盛林. 过程防腐：制度反腐向更深层次推进的重要途径［J］. 南开学报（哲学社会科学版），2006（4）：13-20.

层传递信息传导模式，转换升级为一体化信息整合的网络化信息公开模式。①

其次，拓宽监管信息公开渠道。应拓宽高校校办企业监管信息公开渠道，加快校办企业监管信息公开网站建设，更多赋予公众政府信息请求权。提供全面的监管信息及更便捷的服务，提高反腐监管效能，改变高校校办企业与公众传统的交流方式，加快校办企业监管信息公开网站建设，发挥校企合作管理资源优势，建立校办企业与公众有关校办企业监管信息的互动回应机制，提高校办企业的反应能力和社会回应能力，扩大公众的参与程度。通过网络进行校办企业反腐监管信息公开，以此扩大信息的发布范围，拓宽信息的覆盖和扩散渠道。

（三）完善配套制度

制度反腐所依托的不仅仅是以监督和惩治为直接目的的制度安排，制度反腐意味着以全面的制度进行腐败治理，还包括完善的现代企业制度，明晰的产权制度、绩效考核制度、公司财务制度、审计制度等。

1. 完善产权制度

由于产权不清，一些高校校办企业管理者以权谋私，产生了腐败行为，造成了国有资产流失。因而产权不清既是高校校办企业国有资产监管中存在的突出问题，也是滋生腐败问题的原因之一。对于高校校办企业国有资产监管来说，完善产权制度表现如下。

（1）依法保护各类产权

应健全产权监管制度和交易规则，推动产权有序流转，有效保障所有市场主体的发展权利和平等法律地位，从而建立健全现代产权制度。坚持以管资本为主加强所属企业国有资产监管，改变校企不分、产权不清的现状。这需要明确高校作为出资人，拥有校办企业财产所有权；校办企业作为独立的法人实体，拥有法人财产权，对高校授权经营的财产依法享有使用的权利，进而完善产权制度。

（2）坚持校企分开

高校要依法履行好出资人的职能，维护校办企业作为市场主体依法享有的各项权利和所有者的权益等，在高校校办企业内实现国有资产的保值、增值，使国有资产的流失得到有效防止。对国有资产监管和经营的有效形式进

---

① 吴根平. 建立我国政府信息公开制度探析 [J]. 南京农业大学学报（社会科学版），2002（4）：52-56.

行深入探索，从而促进国有资本的优化配置。要实现企业所有权与经营权的分离，明确高校和校办企业的产权边界，高校对校办企业按比例承担有限责任，资产经营公司代表学校持有股权，对高校校办企业实施投资、经营和管理，从而有效规避和分散学校经营风险，增强校办企业活力。

（3）促进现代化市场体系的形成

要加快规范的资本市场和产权交易市场的建立，从而使市场在资源配置中的决定性作用得到更好发挥，在不同所有制和不同企业之间实现资本的流动重组，促进资源配置和利用效率得到切实提高。建立职业高校的"准市场地位"，提高校企合作产权意识，建立明晰的校企合作产权制度是进一步提升校企合作质量、优化校企合作治理的重要保障。以市场为导向，以"产权+契约"为基础，由企业、学校等利益相关者组建的股份制经营实体应是未来校企深度合作发展的方向。

诸多高校校办企业进行了上述有益尝试，如北京大学、清华大学和哈尔滨工业大学等。北京大学、清华大学在这方面起步较早。在改制之前，北京大学和清华大学是在高校内部设立了专门机构，负责校办企业国有资产的监管，其中北京大学设立了国有资产管理委员会和北大科技开发与产业管理办公室，清华大学设立了清华大学经营资产管理委员会。虽然两校尝试过市场化的一些探索，如组建股份制公司，但仍停留在事业单位管理的框架内，高校与校办企业的关系十分紧密。针对以上弊端，在中央的支持与引导下，两校开启了校办企业改制的进程。首先，相关政策制定提供了改制环境。2000年，国务院办公厅下发了《关于北京大学清华大学规范校办企业管理体制试点问题的通知》，同时，国务院体制改革办公室和教育部起草了《关于北京大学和清华大学规范校办企业管理体制试点指导意见》，自此启动了北京大学和清华大学规范校办企业管理体制的试点工作。其次，国有资产经营公司设立提供了组织保障。高校成立一个独资的企业法人——国有资产经营公司，代表高校管理经营性国有资产，校办企业不再直接与高校发生关系，而是接受资产经营公司的管理和监督。高校校办企业隶属于资产经营公司，负责高校校办企业的日常运转和经营，校办企业实施严格意义上的自主经营、自负盈亏模式，高校逐步退出经营活动。据此，两校校办企业改制逐步形成了"高校—资产经营公司—校办企业"的"防火墙"模式。最后，现代企业制度建立提供了制度保障。两校通过逐步完善高校在校办企业中的投入和退出机制，建立动态的市场准入和退出机制，基本建立了现代企业制度。通过以上措施，在高校校办企业国有资产监管中，基本实现了从"高校"到"资产经营公司"到"校办企业"的监管模式转变，实现了高校与校办企业的分开。经过有益的探索和尝试，北京大学将原校办企业北大三川信息技术公司改造为国有独资公司。北大资产经营有限公司，负责原北大的校办企业，如方正、青鸟、未名等的日常运营和监管。清华大学则成立了国有独资公司清华大学控股有限公司，负责原清华的校办企业，如同方等的日常运营和监管。通过完善产权制度，成立国有独资的资产经营公司设立防火墙，实现高校与校办企业的分开。

2. 健全绩效考核制度

健全和完善科学的绩效考核制度，通过以评促改来加强高校校办企业国有资产反腐监管。

（1）科学设置考核目标和内容

应综合运用考核方法，科学设置考核目标，借助规范的考核程序对高校校办企业相关机构和人员进行考核，并将考核结果作为资产经营公司及其校办企业负责人岗位晋升、奖惩及薪酬待遇确定的依据；并根据校办企业内外部环境的变化，适时调整考核内容，将考核内容的重点聚焦在校办企业的发展战略规划和队伍建设、党风廉政建设、规范管理和安全生产、财务管理和经济效益等方面。

（2）不断健全特色考核指标体系

建立具体化、可操作的考核指标体系是绩效管理的基础。对于高校校办企业的绩效考核，需要有可度量的指标和确定的评价方法，并且将校办企业绩效指标分解为部门、员工的绩效指标。在绩效考核中，应运用科学的评估方法，做到定性与定量相结合，定量为主、定性为辅。另外，对高校校办企业的绩效考核，除了企业发展的一般评价指标外，还要有体现校办企业本身特征的评价指标，前者考核其经营状况，后者主要评价其服务人才培养工作的质与量。由于在高校校办企业发展的不同阶段，绩效管理的重点有所不同，现阶段的高校校办企业考核要着重于以下两个方面。①一般性评价指标。一般性评价指标包括：企业创新能力与市场应变能力；资产增量与提高机制；核心竞争力的形成，包括科研投入、新产品的研发周期；产值与利润指标、市场增长率指标；其他经济指标。②特性评价指标。特性评价指标包括对应用型人才培养的支持力度，供给学生的实习岗位；提供给教师实践的岗位，对专业教师的培训力度；科技创新的支持力度，由企业资助的科研基金增长情况；企业经理人开办的针对学生或教师的讲座数量；校办企业联办特色班；校办企业联合科研攻关、新产品研制情况。①

（3）持续强化绩效激励

企业绩效管理目的之一是促进员工改进工作。通过绩效考核，对那些努力工作的员工要给予表扬等正向激励，对于不能完成工作的员工给予批评等负向激励，对于岗位不适的员工调整其工作岗位。高校校办企业员工的特点是专业技术人员与高学历者较多，一些员工还具有校、企双重身份，要使这部分员工安心工作就要用运好激励手段，兑现对他们的承诺。同时，要建立激励机制，增加企业对教师的吸引力，吸收具有专业基础的教师参与校办企业的管理经营。建立专业教师到企业、企业经理人到学校轮岗工作的机制，以优良的科研环境和合理的薪酬，吸引教师参与企业的生产经营。②

（4）加强绩效考核结果的反馈工作

绩效管理是将企业目标和员工个人目标联系起来，获得业绩和效率的一种过程。在对高校校办企业的绩效考核中，要重视反馈环节。对高校校办企业绩效考核的结果要及时反馈，既要使校办企业的管理层知道，也要让校办企业的员工知晓。对高校校办企业绩效考核的过程应成为了解企业整体目标、寻找差距的过程，使企业整体绩效不断进步的过程。如果绩效考核反馈仅限于经营指标，高校校办企业中层管理者及其下属并不知道自己的行为与企业目标的关联程度，就无法改进工作，通过绩效考核改善绩效的目的也就不能实现。绩效管理的根本目的是实现对组织宗旨、预期战略和组织绩效的最优，即通过有效沟通，吸收员工参与改进绩效的计划，修订校办企业发展的下一阶段目标，使每一位员工明确今后工作的意义，进而愿意为之努力。通过反馈环节建立起各个阶层之间相互信任的关系，这有利于促进校办企业各类任务高质量地完成。在这方面，重庆大学资产经营有限责任公司在原有管理制度的基础上修订并出台了一系列重要文件——《重庆大学资产经营有限责任公司派出董事、监事及股东代表管理办法》《企业负责人薪酬管理办法》《企业负责人考核实施意见》等，通过颁布系列文件健全校办企业的绩效考核制度，规范企业员工行为、激励员工工作动力。

---

① 柳雨霏. 高校企业绩效管理中的问题与对策 [J]. 企业科技与发展，2009（2）：34-36.
② 柳雨霏. 高校企业绩效管理中的问题与对策 [J]. 企业科技与发展，2009（2）：34-36.

3. 健全公司财务制度

财务管理决定着高校校办企业的经营业绩和运营效率，要建立包括预算管理、投资管理、资金管理等在内的财务管理制度，加强财务部门对公司资金的监控。

（1）完善财务会计核算体系

高校校办企业应按照法律法规和财政部的相关规定，根据校办企业经营情况，健全和完善财务会计核算体系。应规范财务管理制度，做到内容完整、数字真实、计算准确，不得漏报或随意进行取舍。财务报告列示的资产、负债、所有者权益的金额应当真实可靠。收入、费用的确认应当符合规定，不得虚列、隐瞒或随意改变确认的方法，也不得随意调整利润的计算和分配方法。各高校作为校办企业的出资人，对企业执行财务制度的情况也要定期检查，发现问题及时提出，确保校办企业财务管理规范化与制度化。

（2）实施会计委派制度，加强校办企业财务监督

会计委派制度的实施，有利于通过有效的财务监督实现对校办企业经营活动的监督，从而进一步提升国有资产监管的质量和效率。高校实行委派总会计师制度，有利于提高财务管理的效率，加强对校办企业经营活动的监督，避免国有资金流失。现行高校校办企业实行委派制是以学校财务处制定的相关规章制度为基础来指导高校校办企业相关日常财务工作，而要想实现学校与校办企业的分离，会计委派制也应顺势改革以适应新形势。首先，健全财务管理制度。即健全委派主体与被委派企业的财务管理制度以及保证国有资产保值、增值的具体规章制度。其次，建立完善的会计委派制人事管理制度。一方面应完善包括任职升迁、考评轮岗、工资奖金考核等制度，以在人事管理上保证委派人员与校办企业的独立性，防止委派人员与校办企业之间形成利益盘错关系。另一方面应明确委派总会计师的职责，规定委派总会计师要定期向委派单位进行汇报。同时，要加强对委派总会计师的管理和考核，实行委派总会计师年度工作报告制度，督促其提高在财务管理、组织核算、财务监督、服务决策和生产经营等方面的能力。最后，建立会计委派的监督机制。要建立会计委派的监督机制保障会计员在实际操作过程中的公平公正。同时，监督机制的建立要注意效率与效益原则，要维护企业的合法权益。

（3）根据校办企业的主营业务，加强资金和资产的监管

在高校校办企业国有资产监管中，资金挪用和侵占屡禁不止，滋生了不少腐败问题，因而高校要重点关注校办企业资金和资产的流向、使用与处置，

避免由于监管不严而增加廉洁风险，进而导致国有资产的流失。应严格规范对外筹资、投资的审批程序，使用大额资金的支出应当实行集体决策审批或联签制度。定期对资产实物进行盘点，账实不符的找出原因，防范国有资产流失。

4. 完善审计制度

对监管机构本身进行反腐型监管，要求完善审计制度。高校内部审计工作是在审计署及上级审计机关指导下开展工作的，审计部门作为独立的第三方要积极参与到校办企业国有资产的监督中。

（1）开展多种形式的审计

首先，开展经济效益审计，其有利于正确判断校办企业的发展前景和经营情况，以便及时调整经营思路。其次，开展财务审计，并不定期进行检查，财务审计员应真正代表国家履行职责，保证国有资产的保值、增值，对于在审计中发现的问题，要责令相关部门限期整改，并追究相关人员及监督人员的责任。再次，开展经济责任审计，通过经济责任审计能够使企业的主管部门或下任领导了解到该企业遗留的债权、债务问题及事项，明确经济责任，从而使企业尽量减少呆账、坏账造成的损失。最后，开展对财务管理监督机构的审计，主要是通过对全国的校办企业进行财务审计，查找问题，追究相关财务监督机构与监督人员的责任。

（2）改变审计重点

随着高校校办企业现代企业制度的逐渐建立，其性质也渐渐发生了变化，高校由以前既扮演投资者又扮演管理者的双重角色转变到完全成为投资者，而高校校办企业则完全转变为经营者。传统的财务审计只审查企业经济活动的合理性与合法性已不合时宜，应适当将审计重心向经济效益上转移，对高校校办企业的经营管理与经济效益做出评价，为高校校办企业分析问题出谋划策。

（3）改进审计方法

提高高校校办企业的生产、经营、销售等环节的控制质量，是现代审计需要解决的问题之一。审计要引入全面质量控制理念，注重过程管理与监督，积极从事后审计向事前、事中、事后全程审计转变，为高校校办企业的发展提供有力支持，帮助管理者做出正确的决策。

二、文化反腐型监管的运行与实施

文化反腐的对象是腐败文化，目的是建立廉洁文化。① 制度反腐通过令行禁止的条条框框对人们的行为进行约束，旨在解决"不能""不敢"腐败的问题，而达不到"不想"腐败的效果。而文化反腐通过廉洁教育和道德软约束改变人们对腐败的认知与态度，把正确的价值观念和基本原则渗透到人们的心灵，培养人们廉洁健康的社会心理，从而实现"不想""不愿"腐败的效果。文化反腐为制度反腐提供持久的内在动力。现阶段的很多腐败现象与社会当中的负面文化密不可分。如受"官本位"文化的影响，衍生了一系列以权谋私、钱权交易、权色交易、滥用职权等腐败问题；破坏社会规则的人情观，为"熟人"办事，破坏了社会公平正义，为腐败行为提供了文化土壤。② 文化反腐就是通过培育廉洁文化，引导正确的社会主流价值观念，摒弃落后文化，提高人民的思想道德修养，从而提高人们反腐、防腐、拒腐的主动性和自觉性。高校校办企业文化反腐型监管要从两个方面入手。

（一）加强社会道德教育，建设廉洁文化

腐败文化是滋生腐败的深层土壤，为腐败现象的生存提供了环境，腐败文化得不到有效治理，会渗透到人们的观念和日常行为当中，甚至会成为人们默认或接受的一种价值观，形成不良社会心理，败坏社会风气和道德观念，严重影响反腐败工作的开展。公众是党和国家进行反腐败斗争的坚决拥护者和支持者，在社会舆论中，经常能够听到公众对于腐败现象的批判之声。但是公众在批判腐败行为的同时，并没有意识到自身存在的腐败问题，很多人认为腐败是领导干部的特权，殊不知自身也存在着腐败观念，如"走后门""送礼"也是腐败。反腐败同样是一场价值观念和文化的较量，因而要加强社会主义思想道德教育，全方位开展廉洁文化建设，净化社会风气，弱化或抑制腐败动机。

1. 加强社会思想道德教育

腐败文化的存在严重降低了社会道德风尚，在社会上形成了丑恶的文化价值观念，因此加强社会思想道德教育，净化社会风气，是当今反腐败面临

---

① 任建明，胡光飞. 文化反腐：历史反思、特点分析及手段策略 [J]. 中国特色社会主义研究，2018（9）：11-20.

② 黄少平. 论文化反腐 [J]. 中州学刊，2011（3）：30-32.

的十分迫切的任务。一是要充分利用自媒体、新媒体等新媒介，并搭配报纸、广播等传统媒介，多渠道、多层次宣传社会主义核心价值观，使社会主义核心价值观深入人心。二是要弘扬中华民族优秀传统文化中的廉政思想。中国传统廉政文化为当今的社会道德教育提供了精神支持，要以中国传统廉政文化为基础，在全社会营造以廉为荣、以贪为耻的舆论氛围。三是要加强青少年思想道德教育，从小引导青少年树立正确的人生观、价值观、金钱观，增强腐败的免疫力。社会道德教育要抓实效，反对形式主义，真正形成良好的社会氛围，让腐败行为无处藏身。

2. 全方位开展廉洁文化建设

廉洁文化建设是文化反腐的基本措施，要全方位开展廉洁文化建设。一是要加大反对腐败文化的宣传力度，清理和遏制有害的腐败文化，让人们认识到腐败文化的危害，意识到自身的腐败行为，提高人民对腐败文化的辨识度，当遇到腐败文化时坚决披露和抵制，与腐败彻底决裂。二是要拓宽廉洁文化宣传渠道。充分利用网络、电视、报纸等载体进行廉洁文化宣传，通过有声、有形、有言、有文等方式，打造廉洁文化宣传的多层次、全畅通渠道。三是要丰富廉洁文化活动载体。根据不同受众群体采取灵活多样的形式，比如，针对青年学生可以通过书籍、文艺演出等开展廉洁教育，针对老年人可以通过社区活动、廉洁文化知识问答等形式开展廉洁教育。四是深入开展示范教育、警示教育，通过对先进典型的榜样宣传、反面教材的警示教育以及法律法规的宣传普及，深入开展反腐文化的示范教育。

（二）净化监管环境，加强廉洁教育

1. 加强廉洁文化建设

由于腐败文化的影响，一些高校校办企业存在着不健康的企业文化，这使得高校校办企业的工作环境也受到影响。领导干部离不开他所在的工作环境，一个具有廉洁风气的企业环境会引导领导干部廉洁自律，而一个风气不正的工作环境会侵蚀领导干部的思想。现在一些校办企业中贪污受贿、托关系走后门的人被视为懂变通的人，而廉洁自律、拒腐、拒贪的人被嘲笑为死板的人。① 原因可想而知，廉洁自律的人与腐败的企业文化格格不入，破坏了企业腐败文化笼罩下的"潜规则"，在这种企业文化氛围里，会有一批意志脆

---

① 牟广东，曹云生. 廉政文化：从源头上预防和治理腐败的重要途径［J］. 求实，2008（8）：66-69.

弱的人随波逐流，致使腐败现象越来越猖獗。因此，高校校办企业要加强廉洁文化建设，净化环境，加强反腐倡廉的宣传引导，营造廉洁清明的氛围。要形成"以廉为荣，以贪为耻"的企业文化，定期组织开展一些廉洁教育活动，学习先进模范人物的事迹，使廉洁教育内化于心，为高校校办企业反腐败工作深入开展奠定思想基础、营造舆论氛围。

2. 完善领导干部廉洁教育体系

由于腐败文化的影响，一些领导干部的世界观、价值观、权力观发生了改变，一些党政干部在主观认识上背离党的根本宗旨，丧失了作为一个公职人员应具备的道德修养，而以金钱、权力至上，走上了腐败犯罪的道路。领导干部是企业的骨干，掌握着重要权力，他们是否廉洁，直接影响到企业的发展，在加强高校校办企业廉洁教育时要抓住领导干部这个主体，必须筑牢领导干部抵制腐败文化侵蚀的思想防线，要进一步完善党员领导干部的思想政治教育体系。

（1）构建廉洁教育体系，将领导干部廉洁教育纳入企业教育体系

首先，建立责任体系。建立分层分类教育责任体系重点是把分层分类的责任明确到人，落实到位。明确党委主体责任和纪委监督责任，逐步建立以责任分解、责任明确、责任落实、责任追求为内容的责任体系。同时，高校校办企业要充分发挥纪检监察机关组织协调和分类指导的作用，明确不同类型、不同层次对象的教育主体和责任，并依靠各方面的力量，落实到校办企业内部重点工作的检查巡查上来。其次，建立活动体系。分层分类教育的活动体系需要结合不同教育群体的特点来设计，实现活动体系的普适化、长效化、个性化和特色化。高校校办企业要以严肃党内政治生活为重点，严格落实党的组织生活制度，坚持"三会一课"制度、民主生活会和组织生活会制度、谈心谈话制度、党员民主评议制度。以干部和关键岗位人员为重点，开展系列警示教育活动，切实增强干部的廉洁自律意识，树立正确的权力观和利益观，有效防范权力腐败风险。同时，积极探索新媒体背景下党风廉政宣传教育的新途径和新方法，全面提高廉政教育的针对性和实效性。

（2）有效运行廉洁教育体系，明确领导干部廉洁教育的类别和形式

首先，树立人本理念。将高校校办企业领导干部廉洁教育纳入分层分类廉洁教育体系，要认识到他们与普通员工等在思想觉悟、工作经验、工作岗位等方面的差异，对校办企业领导干部采取不同的廉洁教育方法。其次，强调整体规划。分层分类廉洁教育活动要根据目标任务，由纪委部门牵头做好

全面、系统和有针对性的整体规划，协调各部门共同参与完成。对于高校校办企业领导干部的廉洁教育，要在校办企业整体廉洁教育的规划下进行，充分考虑校办企业干部的工作现状和实际需要，充分考虑和尊重教育对象的需求和特点，以点带面开展教育活动。

（3）完善廉洁教育体系，确保领导干部廉洁教育效果

可以从教育群体的不同层次、不同岗位特点出发，进一步完善分层分类廉洁教育体系，以确保校办企业领导干部的廉洁教育效果。首先，完善组织协调机制。分层分类廉洁教育要以实现党风政风端正，党群关系密切为目标，联合校办企业和合作学校的力量，形成教育合力。各校办企业要完善党委统一领导，纪委办公室和相关部门具体负责，广大职工共同参与的组织协调机制。其次，完善责任追究机制。高校内部要逐步建立责任追究的协调机制和责任机制，建立保障执行的程序性规定和违反执行的惩戒性规定，为有效落实分层分类廉洁教育提供有力的制度保障。①

3. 推行廉洁教育常态化

在新时代背景下，需要立足于校办企业的特殊属性，打造校办企业廉洁教育体系，实现廉洁教育常态化。

（1）进行廉洁文化常态化宣传教育

拓宽宣传教育途径，充分利用网站、微信公众号等媒介渠道定期推送廉洁文化的内容。积极加强校办企业网站建设和微信公众号建设，开设廉洁教育专栏，传播廉洁文化，宣传反腐倡廉思想，形成廉政文化宣传教育常态化。

（2）进行腐败行为的常态化警示

这需要始终把纪律摆在前面，早提醒、早教育，加大对腐败行为的警示力度和对廉政思想的提醒力度，不定期对校办企业腐败行为的典型案例进行通报，做到用身边的事教育身边的人，进行腐败行为的常态化警示，以起到警示作用。

（3）进行廉洁思想常态化培训

举办廉政教育专题讲座，对党员领导干部应重点加强党纪法规、落实"两个责任"和思想政治教育，对一些关键岗位，如直接参与人、财、物管理的工作人员应重点加强岗位职业道德教育和廉洁自律教育，不断进行廉洁思

---

① 张润，谢金楼. 创新江苏高校领导干部廉洁教育体系的路径选择与对策研究［J］. 常州工学院学报（社科版），2020（2）：103-107.

想常态化培训。

（4）完善监督巡查机制

完善监督巡查机制，不断提高用法治思维和法治方式惩治腐败的能力和水平，是推进分层分类廉洁教育的重要手段。在高校校办企业内部不断完善监督巡查机制，定期开展对各职能部门的巡查，突出问题导向，抓住重点问题、重点人、重点事，强化对领导干部执行党章和党内法规、遵守党的纪律、落实"两个责任"、行使权力等情况的监督，对履行职责不力、失职失责的领导进行问责，切实遏制不正之风和监督过程中的腐败问题。

三、科技反腐型监管的运行与实施

科技反腐是新形势下反腐的必然选择，是推进反腐倡廉科学化的重要抓手。我国政府提出"互联网+"计划，掀起了一场"互联网+"浪潮。互联网技术的快速发展引起了社会经济生活等各领域的深刻变革。同时，"互联网+"也为反腐败斗争注入了新的活力，带来了新机遇，也带来了新的挑战。随着科技的进步和惩治腐败力度的加大，腐败行为越来越具有"技术含量"，腐败手段越发智能、高端。现代科技手段具有公开性、公平性、程序性、严密性等特点。科技在高校校办企业反腐败中的应用，提高了反腐倡廉科学化水平，可以减少腐败的机会，有效抑制腐败行为的发生。在当前腐败形势日趋严峻、腐败手段愈加隐蔽、腐败方式更加智能的情况下，科技手段为反腐败提供了一个新的平台和渠道，创新了反腐的形式和手段，网络反腐、电子政务反腐、网络廉政教育等手段在反腐中具有重要作用，有效惩治和预防了越发"高端"的反腐行为，因而在当前阶段要充分发挥科技手段的作用。

（一）开展网络廉洁教育

可通过开设专栏、建立网上学习制度和丰富网络学习形式等方式开展校办企业的网络廉洁教育。一是通过高校和校办企业网站、微博、微信公众号等载体进行宣传教育，开设廉洁教育专栏，通过选取大众感兴趣的信息，不断创新趣味性与多样性并存的宣传方式，调动大家学习的积极性。二是建立网上学习制度，通过建立网上学习制度，严格规定校办企业党员领导干部网络学习时间，完成规定书目、栏目的学习，并定期进行检查，通过学习提高校办企业领导干部抵御腐败的能力。三是丰富网络学习的形式，可通过开展网上论坛专题讨论、举办廉政知识竞赛等形式，增强网络学习实效。

（二）开发电子政务反腐功能

大数据等现代信息技术的运用有利于制度设计从过去的经验主义走向数据驱动，保证了反腐制度制定的精细化、严密性。与此同时，腐败行为频发的一个重要原因就是信息不对称，权力行使不公开、不透明，为潜在的腐败分子提供了进行暗箱操作和权钱交易的机会。① 云技术的发展改变了政务信息公开模式，电子政务的广泛应用为政务信息公开、公职人员财产公示等创造了条件，能够有效解决权力行使者与监督者信息不对称问题，使政务信息更加公开透明，使权力在阳光下运行。开发电子政务的反腐功能应从以下两个方面进行：一是促进流程再造。应充分利用高校在现代信息技术方面的优势，对校办企业的业务流程进行优化和再造，构建信息量大、使用方便快捷、功能强大的电子政务平台，在此基础上开发电子政务的反腐倡廉功能，适时监督高校校办企业领导干部的权力运行。二是推进信息公开。应充分利用和完善电子政务平台，进一步推进高校校办企业相关事务的公开，使高校校办企业资产管理公司的职责、履职过程更加公开透明，减少公众信息不对称的风险，提高公众的知情权和监督权，不断提高公众对高校校办企业领导监督的广度和深度。

（三）完善网络监督机制

随着智能手机的普及，人人都是监督者，"互联网+"时代反腐新模式的变革提升了公民的参与热情，越来越多的公众利用网络对国家公职人员进行监督，扩大了公民的反腐参与度。网络监督具有时效性、匿名性、主体广泛性的特点，对加强反腐败工作发挥着重要作用。网络监督具有自主性、非制度性等特点，如果缺乏对网络监督正确的制度导向，难免会产生负面影响，因此需要完善网络监督机制。一是推进网络监督与专门监督相融合。高校校办企业国有资产的相关监管部门应利用网络与公众进行沟通，听取人民群众的意见，建立信息收集、处理、反馈机制。完善反腐网络信息审查的流程，加强对网络管理队伍的培训，对人民群众反映的腐败信息进行审核，防止虚假的信息在网络上传播，营造良好的监督环境。发挥网站、微博、微信公众号的监督举报作用，开通监督举报专栏，扩宽人民群众监督的途径。引导人民群众正确参与网络监督，提高网络道德素质和参与监督的责任意识，提高

---

① 杜治洲. 科技反腐的理论模型与风险防范［J］. 安徽师范大学学报（人文社会科学版），2011（6）：630-634.

对网络信息真伪的鉴别能力。二是促进网络道德舆论建设与法律规制相结合。网络是一把"双刃剑"，在技术赋能公众广泛参与高校校办企业反腐监督的同时也可能带来网络舆情方面的负面效应，因此，一方面进行网络道德舆论建设，使网民监督做到"从心所欲不逾矩"；另一方面完善相关规章制度，规范网络监督的运行秩序，保障网络监督的运行效力。

（四）建立反腐败信息网络

高校校办企业通过建立企业内部的反腐败信息网络，对公司高管、"三管"人员等易贪、易腐职位的人员建立特定人员信息库和权力运行电子监控体系，实现强有力的内部监督。一方面，建立跨地域、跨部门的电子监控网络。利用网络技术开发电子软件以规范权力的运行程序，把高校校办企业管理中决策制定、组织人事、财务管理以及审批等重点领域和关键环节的运行程序设计进去，通过建立校办企业的电子监管网络实现信息在网上公开、审批在网上运行、资源在网上交易、资金在网上流通、监督在网上实施，并且在发现腐败线索、查处腐败问题时，最大限度发挥网络信息电子留痕的作用。另一方面，建立反腐败情报信息监测预警网络。构建腐败监测预警体系，科学设计廉政风险监测预警规划和建模，明确监测预警目标、廉洁量化和腐败风险评价指数，制定一套廉洁度量评估方法，通过多种形式进行动态检测和科学客观的量化评价。建立腐败风险三色预警机制，对蓝色预警人员加强跟踪监测，对黄色预警人员进行重点监测，对红色预警人员进行反腐调查。通过准确、客观的数据综合反映企业整体的廉洁状况，充分发挥反腐败信息网络的"指挥棒""度量衡""推进器"作用。

（五）培育科技反腐人才

信息化时代背景下，高校校办企业国有资产监管向纵深发展必须把现代科技运用到权力制约和监督中，提升对权力制约和监督的科技含量与制约能力，使现代的监督手段与传统的监督方式相结合，适应时代发展新要求，多方位整合资源，培育科技反腐人才。一是充分利用高校人才资源。高校校办企业应该发挥高校专家学者构成的智囊团或思想库的作用，为科技防腐提供充沛的人力资源支撑，帮助企业培育兼顾现代科学技术与反腐倡廉工作的"双栖类"人才。二是建立高校人才数据库。运用电子信息技术，建立整合高校校办企业科技型反腐人才的人才数据库，通过大数据技术对人才信息进行整合与分析，并交由地方政府统一监督管理。

下篇

02

典型案例

第一章

高校校办企业腐败典型案例

案例1：北京大学方正集团数名高管财务犯罪

内容提要：包括李某在内的多名高管利用北京大学方正集团内部管理混乱、产权制度不清的监管漏洞和企业高管的职务便利，违法侵吞国有财产，被判犯内幕交易罪，妨害公务罪和隐匿会计凭证、会计账簿、财务会计报告罪。

1986年，北京大学投资创办方正集团；1996年，方正（香港）有限公司在港股上市，正式进军国际市场。经过多年发展，方正集团逐渐从一元发展阶段进入多元发展阶段，其业务领域涵盖信息技术、医疗医药、金融证券、大宗商品交易、钢铁、产业地产等，并拥有方正科技、北大医药、中国高新、方正控股、北大资源和北大证券共6家上市公司。

方正集团作为北京大学的校办企业，其成立后不久，不论是企业规模，还是利润增长，都一度成为校办企业的典范。但从1998年起，方正集团经营状况开始出现了分水岭，盈利能力减弱，利润开始下降。2003年底，方正集团的净资产仅为1.5亿元，且内部财务管理比较混乱，账面应收款项规模较大，加上盲目实施多元化扩张战略，给集团财务带来了危机和风险。此外，集团下属企业"面和心不和"，每隔几年就会有一次高层人事大规模调整。在这种情况下，方正集团的神话不再，危机四伏。

在此背景下，方正集团于2003年开始进行校办企业改制。同年12月，教育部批准了方正集团的改制方案，方正集团体制改革拉开帷幕。经过改制，方正集团的股权发生了较大变化，具体调整如下：北大资产经营公司持股

70%，代表管理层的北京招润投资管理有限公司持股 30%。这改变了方正集团以往的单一股权结构，有效调动了管理层的积极性，创造了方正集团的"第二春"。2013 年，方正集团旗下拥有五大产业，上市公司 6 家，员工 3.5 万多人；总资产为 960 亿元，净资产为 339 亿元，总收入为 680 亿元，占当年全国校办企业总资产的 50%，总利润的 70%，是当之无愧的第一大校办企业。相较而言，当年全国八成左右的校办企业面临亏损困境。

但方正集团在经历巨大发展的同时，内部是危机重重。改制后的方正集团一方面凭借高校校办企业的身份获得了更多的融资资金和项目机会；另一方面打着改制的旗号进行"私有化"，校办企业的私有化发展与国有资产的保值增值矛盾日益凸显。2014 年底，李某等方正集团高层管理人员被传出遭到控制。同年 12 月 24 日，政泉控股（北大医药第三股东）公开发表声明称，包括李某等在内的方正集团多名高管可能涉及刑事案件，正在接受调查。随后不久，包括李某在内的多名高管被立案调查。

经过两年多的调查取证，2016 年 11 月，大连市中级人民法院一审公开宣判，方正集团李某等人犯内幕交易罪，妨害公务罪和隐匿会计凭证、会计账簿、财务会计报告罪；本案其他 11 名被告人分别以内幕交易罪，妨害公务罪和隐匿会计凭证、会计账簿、账务会计报告罪，依法判处有期徒刑、罚金或免于刑事处罚。从审判的细节来看，该案涉及很多校办企业国有资产流失和侵吞的问题。中国"第一校企"腐败案终有定论，但有关高校校办企业国有资产如何有效监管的话题仍在持续。①

从以上案例可以看出：

（1）该集团内部管理较为混乱，致使校办企业国有资产监管腐败风险增大

案例显示，截至 2003 年 3 月，北大方正集团评估后的净资产仅为 1.5 亿元，集团内部管理较为混乱。究其成因，主要体现在以下几个方面：账面应收款项居高不下，财务管理异常松散混乱，盲目实行多元化。在此背景下，北大方正集团内部的腐败风险增大，由此造成的烂账侵蚀了企业的大部分净资产。

---

① 搜狐新闻. 校办企业缺乏监管野蛮生长，已成滋生腐败温床［EB/OL］.（2015-05-13）［2022-10-23］. http://www.sohu.com/a/14776626_105067；中国新闻. 北大方正原 CEO 李友获刑 4 年 6 个月 处罚金 7.5 亿［EB/OL］.（2016-11-25）［2022-10-23］. https://news.china.com/domestic/945/20161125/30051807_all.html.

（2）该集团产权关系混乱，致使校办企业国有资产监管困难重重

案例显示，北大方正集团存在着股权结构混乱不清、"董监高"结构失衡等问题，致使企业国有资产监管困难重重。首先，方正集团股权结构混乱不清。方正集团在发展过程中出现过多次控制权争夺战，存在股权结构不清晰、内部治理结构失衡等问题。2003年，方正集团实施改制，其中，股权改革是重点领域。集团成立之初由北大资产100%绝对控股，改制后由北大资产、社会股东和员工（招润投资）三方分别持股35%、35%、30%。随后，经社会股东向北大资产转让全部股份，最终北大资产以70%持股比例对方正集团实现绝对控股。但因社会股东未按时全额支付股权受让款，此次改制宣布失败，国有资产监管腐败风险居高不下。其次，方正集团"董监高"结构失衡。一方面，方正集团由北京大学持股100%，拥有绝对控股权。另一方面，北京大学通过向方正集团委派高管强化对其的控制。高管大多曾是北京大学的工作人员，包括但不限于校长、院长、书记、教授等。其中，大多在校办企业中占据关键岗位，在企业的关键性经营决策中拥有高度话语权，已然架空了董事会，使得企业完全沦为控股股东的工具。最后，方正集团虽然基本建立了现代企业制度，并凭借高校校办企业的身份获得了更多的融资资金和项目机会，但实际上是借改制之名行"私有化"之实。总之，方正集团产权关系的混乱，使得其长期游离在国资委监管之外，校办企业国有资产监管困难重重。

案例2：南开大学允公集团高管贪污和挪用公款

内容提要：杨某在担任南开大学允公集团董事长期间，利用职务便利，伪造会计凭证，多次隐瞒资金真实用途，将允公集团的大量资金用于为他人牟取利益，并从中获利，造成了国有资产的大量流失。

作为南开大学校办企业，允公集团成立于1997年，是南开大学在原有37家校办企业的基础上，以资产为纽带组建而成的。时至今日，允公集团已经发展为拥有防伪系统工程产业、电子信息产业、精细化工产业、新能源产业、生物制药产业、文化产业等六大产业结构和数十家公司的集科、工、贸服务于一体的综合型企业，承担着学校解决资金困难的重任。然而，允公集团的高管，原董事长杨某在任职期间，多次挪用公款用于个人盈利活动，且数额

巨大，引致校办企业国有资产的大量流失。另外，杨某还蓄意伪造会计凭证，情节严重，其行为已构成了严重的失职、渎职及严重违反财经纪律的错误。2005年12月29日，南开大学对允公集团进行调整，杨某被撤换；3个月后，杨某外逃。

据《第一财经日报》报道，2006年6月，南开大学党委曾向学校中高层通报允公集团出现重大资金漏洞的情况。据当时的通报，该事件涉及资金4亿元，其中1.1亿元被杨某贪污、挪用，另外3亿元债务问题乃杨某担任董事长期间管理失误所致。杨某外逃之前，南开大学曾请人审计允公集团账目，审计人员称，"从没见过这么混乱的账目"，因为没办法对账，能落实的资金有1亿多元，但审计出的为3亿~4亿元。2017年5月1日，外逃11年的南开大学允公集团原董事长杨某被成功缉捕。①

从该案例可以得出以下两点结论。

（1）高校校办企业应加强内部控制制度

案例中显示，杨某在担任南开大学允公集团董事长期间，由于管理决策不当造成了重大资金漏洞，且会计审计账目混乱，涉嫌伪造会计凭证，贪污挪用公款等，造成了经营性国有资产的大量流失。因此，高校校办企业应加强财务会计审计的独立性，加强对资金的管理与利用，强化内部控制，防范腐败风险。

（2）高校校办企业应强化外部监管机制

权力缺乏监管，必然会滋生腐败，允公集团外部监管机制的欠缺诱发了腐败风险。杨某身为南开大学校办企业管理人员，没有严格的外部监管机制对其进行监督和约束，这为其利用手中公权攫取大量个人利益提供了可乘之机，为其进行贪污腐败提供了便利环境。因此，为防范腐败事件发生、减少高校校办企业国有资产监管风险，校办企业要建立规范权力的监管机制，即通过引进专业化、多元化的监督主体，充分利用法律与道德双重手段，对高校校办企业国有资产进行有力监管。

---

① 澎湃新闻. 南开大学校办企业董事长外逃11年后被捕，贪污挪用超1亿元 [EB/OL]. (2017-05-14) [2022-10-23]. https：//www. thepaper. cn/newsDetail_ forward_ 1684908.

案例 3：浙江大学中控集团高管侵吞和骗取公款

内容提要： 褚某作为浙江大学中控信息技术有限公司总经理，利用职务便利，侵吞、骗取公款，并指使他人销毁会计凭证、会计账簿，造成校办企业国有资产的大量流失，并导致公司遭遇发展危机。

褚某是我国自动化领域的顶尖科学家，也是一位副厅级官员，担任浙江大学副校长多年。他一手打造了中控集团（浙江大学校办企业），该企业是中国工业自动化领域少有的能与国外抗衡的公司之一。

1999—2002 年，褚某利用担任浙江大学海纳中控自动化有限公司（现更名为"浙大中控信息技术有限公司"，为中控集团子公司）董事、总经理等职务便利，侵吞、骗取公款共计 238.18 万元人民币。2012 年下半年，褚某指使他人销毁浙江中控软件有限公司、杭州浙大中控自动化公司（均为中控集团控股公司）、浙江大学工业自动化工程研究中心等相关公司及单位的会计账册，躲避调查。

2013 年 10 月 18 日，浙江省人民检察院以涉嫌贪污罪对褚某立案侦查，次日以涉嫌行贿罪对其补充立案；10 月 19 日，褚某被采取刑事拘留强制措施；11 月 5 日被正式拘捕。据新华社报道，褚某被捕之后，中控集团也出现了危机，高校校办企业发展受到较大影响。2014 年，中控集团的离职率高达 20%，中国控制系统领域的自主产业正面临着"全军覆没"的危险，增加了校办企业国有资产流失的风险。①

从该案例可以看出，高校与校办企业双重领导的身份大大增加了高校公职人员腐败的风险。中控集团是褚某一手创办的校办企业，且褚某为该企业"一把手"，其权力之大可想而知。因为褚某的特殊身份，既是体制内的科学家，又是体制外的企业家，当初根据国家政策和学校政策推行产学研一体化，创办了科技类校办企业，公与私的边界越来越不清晰，高校与校办企业双重领导的身份致使褚某权力扩大，他将国有资产转变为个人利益，滋生腐败问

---

① 新浪新闻. 浙大原副校长褚健 3 年牢狱后再创业　获 2758 万经费［EB/OL］.（2018-05-17）［2022-10-23］. http：//news. sina. com. cn/s/2018-05-17/doc-iharvfhu6126490. shtml.

题，造成国有资产流失。

案例4：浙江大学宁波智达房地产开发公司高管渎职和受贿

内容提要： 吴某利用担任浙江大学校办企业——宁波智达房地产开发公司法定代表人、总经理的职务便利，授权私营建筑业主刘某代理行使宁波智达房地产开发公司法定代表人职责，使刘某以宁波智达房地产开发公司名义向银行等金融机构大量贷款，其间多次受贿。

1992—1998年，吴某担任浙江大学副校长，自1993年1月起兼任宁波智达房地产开发公司（浙江大学校办企业）总经理、法定代表人。吴某利用其担任浙江大学副校长和宁波智达房地产开发公司总经理之便，授权私营建筑业主刘某代理行使宁波智达房地产开发公司法定代表人职责，使刘某以智达公司名义向银行等金融机构大量贷款，并多次收受该公司常务副总经理刘某贿赂。1999年底，吴某称其女出国留学需要美元，在未给予刘某兑付所需人民币的情况下，要求刘某为其兑换2万美元。因此，这2万美元视为收受的贿赂。2001年12月28日，吴某因涉嫌受贿罪被刑事拘留。2003年4月23日，宁波市中级人民法院做出一审判决。吴某犯受贿罪，被判处有期徒刑10年，其犯罪所得8万元人民币、2万美元予以追缴。①

从该案例可以看出，腐败是造成高校校办企业国有资产流失的重要原因之一。而腐败问题产生主要有以下两点原因。一是校办企业部分管理人员思想腐化。管理人员思想腐化导致其禁受不住权力和巨额金钱的诱惑，最终做出以权谋私、违法违纪的行为。二是管理人员监督机制的缺失诱发腐败风险。吴某调任同济大学副校长后，仍兼任浙江大学宁波智达房地产开发公司法人代表和总经理，游离于两所高校的管理之间，两校对其约束监督较为薄弱，加之自身私欲的不断膨胀，最终导致权力异化，滋生腐败问题，也造成校办企业国有资产的流失。

---

① 浙江新闻. 浙大原副校长吴世明被判处有期徒刑10年［EB/OL］．（2003-01-26）［2022-10-23］. http：//zjnews. zjol. com. cn/05zjnews/system/2003/01/26/001598968. shtml.

案例 5：东华大学校办企业负责人贪污受贿和侵吞公款

内容提要： 东华大学校办企业——东华科技园公司和上海虹桥东华纺织服饰科技园有限公司江某、华某、刘某等负责人利用职务便利，贪污受贿、侵吞公款、故意销毁会计凭证、隐瞒境外存款，造成了校办企业国有资产的大量流失。

江某、华某、刘某分别为东华大学原副校长、虹口区人大常委会原副主任和上海东华大学科技园发展有限公司（以下简称"东华科技园公司"，为东华大学校办企业）原总经理。2002—2014 年，江某、华某、刘某等负责人利用东华大学校办企业——东华科技园公司和上海虹桥东华纺织服饰科技园有限公司（以下简称"虹桥东体公司"）的职务便利，共同贪污校办企业国有资产。一是通过为他人承接工程项目提供帮助，共同收受贿赂人民币 1220 万元，后用于共同投资获取非法收益 2900 余万元；二是通过签订虚假合同，共同侵吞公款 715 万余元。

江某和刘某两人另犯有以下罪行。一是采用隐瞒获赠干股、账外投资等方法共同侵吞东华科技园公司公款 775 万余元。二是同孙某采取虚构建设工程合同的手法共同侵吞东华科技园区发展专项基金 184 万余元。三是挪用东华科技园区公款和发展专项基金共计 1980 万元，用于江某购买房产和为两名被告人实际控制的上海捷思纺织品有限公司、上海骏盛纺织科技有限公司增资验资和入股等，非法获利 676 万余元。此外，华某还单独利用职务便利，为他人租借商业用房和承接工程项目提供帮助，收受贿赂共计 350 万元。并与刘某共谋，将虹桥东华公司全部财务账册等予以销毁。①

从以上案例可以看出，高校校办企业直接对接市场，在市场化的幌子下，一些腐败问题不易发觉。加上相关负责人私欲膨胀，又缺乏有效监管，作为东华大学的校办企业负责人江某、华某、刘某利用职务之便，贪污受贿、侵吞公款、故意销毁会计凭证、会计账簿、财务会计报告、隐瞒境外存款，贪

---

① 澎湃新闻. 贪污、受贿、挪公款，东华大学原副校长江建明一审获刑 20 年 [EB/OL].（2017－11－22）［2022－10－23］. https：//www. thepaper. cn/newsDetail_ forward_ 1875303.

污受贿和侵吞公款，造成了校办企业国有资产的大量流失。

案例6：上海交通大学昂立公司高管贪污受贿和挪用公款

内容提要： 上海交通大学昂立股份有限公司原副董事长兼总裁兰某在担任校办企业负责人期间，伙同范某、叶某等人利用职务便利，以挪用公款、贪污受贿等形式侵吞国有资产1.53亿元，造成了国有资产的大量流失。

兰某为上海交通大学的校办企业——昂立股份有限公司（以下简称"交大昂立"）的原副董事长兼总裁，同时兼任多家子公司的高管。兰某在任职期间，伙同他人，利用职务便利，挪用公款、贪污受贿，侵吞国有资产，造成了国有资产的大量流失。

2003年1月，兰某在未经董事会讨论的情况下，利用职务便利伙同叶某擅自放弃交大昂立的增资权，增资的800万元由自然人股东认购，企业持股比例从80%降至48%。经专业机构评估，这一举动直接导致交大昂立国有资产大量流失，其被侵吞资产达4700万余元，兰某和叶某则从中各占有680余万元。与此同时，兰某利用职务之便伙同范某，擅自挪用公款，将交大昂立子公司诺德公司的5500万元借给捷捷公司。一年后，该公司向诺德公司归还了本金及利息，并以借款等名义给予兰某等3人2568万元。其中，兰某伙同范某共同收受捷捷公司分红中未出资的30%股权部分，共计1571万余元。2010年11月12日，上海市二中院一审认定，兰某职务侵占、非国家工作人员受贿、挪用资金罪罪名成立，范某非国家工作人员受贿罪罪名成立，叶某职务侵占、挪用资金罪罪名成立。①

从以上案例可以看出，在市场经济运行中，作为直接对接市场的校办企业，由于涉及大量的市场交易活动，隐藏在背后的一些腐败问题不易察觉，给校办企业国有资产监管带来了很大的风险。比如，在市场竞争中，主动放弃市场前景较好、利润空间较大项目的增资权，进而从中获益，不易察觉。因而，校办企业国有资产监管应不断创新机制，与市场经济接轨，科学精准

---

① 搜狐新闻.上海交大昂立原总裁兰先德因涉贪受贿　被判20年［EB/OL］.（2010-11-12）［2022-10-23］.https：//news.sohu.com/20101112/n277579560.shtml.

识别隐藏在市场交易活动背后的腐败问题，并采取相关措施进行预防与治理。

案例7：西安交通大学校办企业负责人涉嫌侵吞国有资产

内容提要： *西安交通大学校办企业——西安交大资产经营有限公司原总裁张某利用职务便利，挪用国有资产进行非法投资和经营，将数十亩教育和科研用地变相转卖给开发商，导致国有资产遭受侵害。*

2006年，西安交大资产经营有限公司（以下简称"西安交大资产公司"）成立，注册资本1.34亿元，西安交通大学是该公司的唯一股东，属于典型的校办企业。随后，西安交通大学将其持有的企业股权或无偿划转、或委托管理。因此，西安交通大学资产公司的主要职责为经营和管理其所持有（或受委托管理）的股权和资产，促进国有资产的保值和增值。西安交大则除对西安交大资产公司进行投资外，不再以事业单位法人的身份对外进行投资和经营。

2007年9月，张某就任西安交大资产公司副董事长、总裁。此后，历任西安交通大学校长助理、副校长等职位，曾主持西安交大资产公司工作达12年之久。在此期间，张某利用职务之便在工程承揽、设备采购方面侵吞国有资产，如将数十亩教育和科研用地变相转卖给了开发商搞房地产开发，开发的部分房子将用于教师福利房。直到购房后，教师、社会人士才发现这些房子手续不齐全，也办不了房产证。另外，协议显示，该项目开发过程中，地产公司将按照工程总造价的3%向西安交通大学缴纳共计800万元的"管理费"，但这批"管理费"至今不知去向。张某还通过收受财物的形式侵占国有资产。2019年11月25日，张某被宝鸡市检察院指控受贿1054.5万元人民币、17.5万美元以及价值4.3万元人民币的钻石一颗，违规减免合作方基础设施配套费共计3877.2079万元人民币。2019年12月17日，宝鸡市中级人民法院一审判决以受贿罪判处其有期徒刑十一年，以国有公司人员滥用职权罪判处有期徒刑四年，数罪并罚，决定执行有期徒刑十二年，并处罚金100

万元人民币。①

张某被查，给整个教育界留下了一个思考：高校到底应该如何对待产业合作，尤其是地产这样的商业合作？像张某这样的人，在经营管理岗位上时就已经非议不断了，为何还会转任副校长？结合教育部巡视反馈情况来看，基建项目、财务管理等资源或资金密集的领域，腐败问题多发、易发，容易成为滋生腐败的温床。

案例 8：天津大学校办企业负责人监察失职

内容提要：单某作为天津大学的前校长，在对天津大学校办企业的国有资产进行监管过程中，未能认真履行职责，独断决策，导致校办企业国有资产严重流失。

1997 年 6 月至 2006 年 7 月，单某任天津大学校长，是第九、第十届全国人大代表。2000 年初，天津大学为提高校办企业的综合实力，决定对其进行股份制改造并争取上市。2000 年 9 月至 2001 年 8 月期间，单某在未经领导班子集体讨论、相关部门审核批准的情况下，擅自与深圳某公司签订协议，并将学校 1 亿元股份改造资金分三批交付该公司，由其在股票二级市场购买股票，并将股票用于质押融资。2003 年下半年，质押股票被证券公司相继强行平仓。最终，天津大学到账资金仅 234.67 万元。这一事件导致天津大学国有资产至少损失 3758.83 万元，国有资产大量流失，相关当事人畏罪潜逃。

事件发生后，中纪委和教育部对此进行了调查，认为在这一重大资金损失案中，时任校长单某负有失察责任，其行为已构成严重失职错误。根据党的纪律处分的有关规定，经组织批准，决定给单某留党察看两年处分。另据《天津日报》报道，天津市人大常委会于 2006 年 11 月 21 日举行会议，表决通过罢免单某的全国人大代表、天津市人大代表和人大常委会委员的职务。②

该案例表明，单某失职的主要原因在于其将"集体决定"转变为"个人

① 搜狐新闻. 西安交大副校长张汉荣和他的"生意"［EB/OL］.（2019-02-23）［2022-10-23］. http：//www. sohu. com/a/296987313_ 99939235.

② 中国石油大学（华东）. 天津大学原校长单平被免的警示意义［EB/OL］.（2006-12-14）［2022-10-23］. http：//jiwei. upc. edu. cn/2013/0603/c2478a35532/page. htm.

决断"，没认真履行个人职责。资金委托管理涉及考察论证、协议审核、资金监管等多个环节，任一环节的疏忽都可能引发连锁反应。由于单某轻信他人，在考察论证等环节都出现了决策失误，最终导致国有资产大量流失。这表明，对高校校办企业的管理，不仅需要领导有所不为，也需要领导有所为，要切实加强对国有资产全周期的监管工作，在保障国有资产安全的基础上促进其保值、增值。同时，要加强财务管理，对国有资金进行依法管理、科学管理，提高国有资产在经济活动中的风险防范能力。校方领导作风清廉是必备品质，但也需要具有过硬的管理能力和决策能力，减少失职行为。

案例 9：上海交通大学投资及参股公司原董事长收受贿赂

内容提要：许某利用担任上海交通大学副校长，上海交大昂立股份有限公司、上海交大产业投资管理（集团）有限公司、上海交大科技园有限公司、上海交大南洋股份有限公司等单位董事长、总经理的职务便利，收受他人钱款 113 万余元。

许某曾担任上海交通大学副校长主管校产工作，并受上海交通大学委派分别兼任由上海交通大学投资或参股的上海交大昂立股份有限公司、上海交大产业投资管理（集团）有限公司、上海交大科技园有限公司、上海交大南洋股份有限公司等单位董事长、总经理。

法院经审理查明，2003 年至 2011 年期间，许某利用职务便利，非法收受兰某、钱某、朱某计价值人民币 113 万余元的钱款，并为其谋利。这一行为已构成受贿罪。鉴于许某到案后，主动供述收受钱某、朱某贿赂等办案机关未掌握的事实，并退赔全部赃款，依法应予以从轻处罚。2013 年 8 月 21 日，上海市第二中级人民法院做出一审判决，以受贿罪判处许某有期徒刑 11 年，剥夺政治权利 3 年，并处没收财产人民币 30 万元；违法所得的财物予以没收。①

从该案例可以看出，高校校办企业对权力的制约力度较小，严密有效的

---

① 人民网. 上海理工大学原校长许晓鸣犯受贿罪被判刑 [EB/OL]. （2013-08-21）[2022-10-23]. http：//politics. people. com. cn/n/2013/0821/c70731-22649212. html.

监管机制仍未形成，对高校校办企业的权力监管仍存在真空地带。对领导干部特别是"一把手"的监督存在很大的疏忽。许某在担任上海交通大学投资或参股的公司董事长时，独揽大权，将公共权力异化为个人寻租的工具，将学校发展机遇转化为牟取个人私利的机会。因此，高校校办企业要建立健全的权力监督机制，对领导干部行使权力情况进行经常性监督，将腐败遏制在萌芽状态。

第二章

高校校办企业国有资产监管的典型案例

案例1："防火墙"模式——成立国有独资的资产经营公司

内容提要：北京大学和清华大学成立独资的企业法人——国有资产经营公司，通过国有资产经营公司对高校经营性国有资产进行管理和监督；并逐步完善和建立高校在校办企业中的投入和退出机制，以此实现校办企业自主经营、自负盈亏，从而形成"高校—资产经营公司—校办企业"的"防火墙"模式。

改革开放以来，高校校办企业如雨后春笋般迅猛发展，其通过将科技成果产业化等方式有效弥补了学校办学经费的不足。但随着高校校办企业的发展，校办企业产权关系混乱、管理体制不规范等问题逐渐暴露，校办企业改制刻不容缓。在此背景下，2000年底，由国家体改委和教育部等9部委以及北大和清华联合组成的小组对北京大学和清华大学的校办企业管理，尤其是国有资产监管情况进行调研；2001年11月，国务院办公厅发文同意体改办、教育部等部门发布《关于北京大学、清华大学规范校办企业管理体制试点指导意见》，该意见提出要促使校办企业尽快建立现代企业制度，完善学校在创办高科技企业中的投入与撤出机制，扩大科技成果转化渠道。自此，两校开启校办企业改制的有益探索。经过积极探索，两校校办企业改制逐步形成了"高校—资产经营公司—校办企业"的"防火墙"模式，其核心是成立国有独资的资产经营公司，其实质是通过"防火墙"将高校和校办企业分开，二者不再直接联系，而是通过独资的资产经营公司进行联系，实现校办企业分开。具体如图2-1所示。

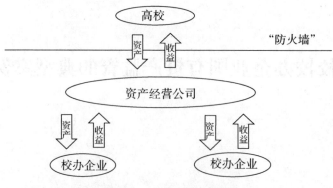

图 2-1 "防火墙"模式

在改制之前，北京大学和清华大学两所高校已设立了负责校办企业在内的国有资产监管专门机构，其中，北京大学设立了国有资产管理委员会和北大科技开发与产业管理办公室，清华大学设立了清华大学经营资产管理委员会。虽然尝试过市场化的一些探索，如组建股份制公司，但高校与校办企业的关系仍十分紧密，效果并不理想。改制后形成的"防火墙"模式，主要采取以下措施。

①高校成立一个独资的企业法人——国有资产经营公司，代表高校管理经营性国有资产，校办企业不再直接与高校发生关系，而是接受资产经营公司的管理和监督。②高校校办企业隶属于资产经营公司，并由其负责校办企业的日常运转和经营，校办企业实施严格意义上的自主经营、自负盈亏，其经济、法律等风险不再与高校挂钩，高校逐步退出经营活动。③按照相关要求促使校办企业建立现代企业制度，逐步完善和建立高校在校办企业中的投入和退出机制，建立动态的市场准入和退出机制。

通过以上措施，在高校校办企业国有资产监管中，基本实现了从"高校"到"资产经营公司"到"校办企业"的监管模式转变，实现了高校与校办企业的分开。经过有益的探索和尝试，北京大学将原校办企业北大三川信息技术公司改造为国有独资公司北大资产经营有限公司。清华大学则成立了国有独资公司清华大学控股有限公司，负责原清华的校办企业的日常运营和监管，如同方等。通过成立国有独资的资产经营公司设立"防火墙"，实现高校与校办企业的分开。

从运行效果来说，"防火墙"模式的优点不言自明。但这种模式也存在一些问题。一是资产的划转手续烦琐，难以操作。对于很多高校来说，校办企业已存在了很久，形成了一些独特的管理制度，要对其进行划转，相关变更手续烦琐，难以操作。二是高校和校办企业是否能实现真正意义上的分开。从模式来看，通过设立国有独立的资产经营公司以建立"防火墙"，但校办企业很多领导的人事关系都隶属于高校，二者之间能否真正割断这种行政隶属关系？三是校办企业要实现独立运转和经营，以前从高校下派的人员该何去何从，以前的高校科技入股该如何实现合理界定？这些问题都是校办企业改制后形成的"防火墙"模式发展中必须解决的问题。①

案例 2："江中"模式——纳入国资委统一监管体系

内容提要：2004 年，作为江西中医院的校办企业——江中集团正式划归给江西国资委管理，纳入国资委统一监管体系。此后，江中集团凭借国资委的平台，实施了股权分拆转让及增资等一系列市场化改革，为校办企业的发展注入了新的活力。

2004 年，江西省国资委开始行使江中制药集团出资人职责，由此开启高校校办企业国有资产监管纳入国资委统一监管体系的先河。正式划转后，原隶属于江西中医学院的江中集团正式划归给国资委管理，纳入国资委统一监管体系，由省国资委代理行使出资人职责，江西中医学院将会按照约定的比例享受利润分成，并以合同的形式保证原有校办企业合作关系不变、双方技术成果实现有偿转让。江中集团的改革进一步推进了"产学研"合作，实现了从"红旗制药厂"到"江中制药厂"再到"江中集团"的变革。

回顾江中集团的发展历程，改制前的江中集团利用高校的科研优势，先后开发"草珊瑚含片"等多个品牌，多年产值保持较快的增长，其中 1992 年产值更是高达 2 亿元，成为全国校办企业利润的排头兵。但其后遭遇发展瓶颈，一度停滞不前。1998 年，江中制药厂开始实施市场化改革，对东风药业公司进行了兼并，成立了江中集团，其中江西中医学院持股 65%，江西省医药集团公司（将）持股 35%。2001 年，江西省政府将省医药集团公司 35% 的

---

① 新浪新闻.校企资变 国资属性成为变革焦点 [EB/OL].（2005-05-30）[2022-10-23].http：//finance.sina.com.cn/g/20050530/18151637628.shtml.

股份正式划转给江西中医学院，江中集团成为 100% 的校办企业。2004 年 5 月，江中集团正式划归江西省国资委监管，成为全国首家划归地方国资委监管的校办企业。

纳入国资委统一监管体系后的江中集团借助国资委的平台，实施了一系列市场化改革，为其发展注入了新的活力。

（1）股权转让

2010 年 5 月，正式开启江中集团股权结构多元化改制工作，具体如下：①股权拆分；②江中集团将 10% 股权出让给解放军军事医学科学院；③江西国资委将其 30% 股权通过奖励及配售的方式转让给江中集团由 24 名自然人组成的管理层，并签署相关合同，办理产权变更手续。

（2）注资增资

经过综合评估和集团股东会审议批准，江西省国资委同意大连一方集团以货币方式对江中集团进行增资。增资完成后，江中集团股权结构调整为：江西省国资委、大连一方集团、管理层（自然人股东）、解放军军事医学科学院、江西中医院持股占比分别为 41.528%、27.143%、21.857%、7.286% 和 2.186%。

江中集团的市场化改革不仅使其股权结构更加合理，为其增添了发展活力，而且作为曾经校办企业——江中集团的出资方，江西中医学院在本次改制过程中获得了 7 亿元的现金，用以支持其新校园的建设及教学、科研的发展，改善了办学条件。纳入国资委统一监管后的江中集团，利用国资委的经营平台，实现了"双赢"。

从推广的意义来说，"江中模式"是高校资产划转地方国资委的典型成功样本，江中集团是国内第一个由地方国资委监管的校办企业，为国资部门监管高校资产建立了典范，对全国有一定的借鉴意义，为高校和校办企业之间"产学研"相结合探索了一条新路，在国内高校办企业改制中是先行者。但在此之后，并没有发生"江中模式"的连锁和轰动效应，教育部也未将这一模式进行推广，可以说"江中模式"还只是个别现象，其原因复杂多样，但以下原因值得深思。一是纳入国资委监管体系的高校校办企业其属性该如何界定？二是其产权该如何界定？三是如何平衡国资委和教育部的利益分配？这些问题都是困扰该模式推广发展的制约因素。①

案例3："市场化"模式——推动股权重组与市场化改革

内容提要：清华大学校办企业——紫光集团通过股权重组，进一步实现市场化，将校办企业国有资产监管融入市场化因素，使得清华紫光集团的盈利能力不断提高，发展潜力和竞争力也得到提升，实现了国有资产的保值、增值。

作为清华大学校办企业，清华控股旗下产业涵盖科技产业、创新服务、科技金融、创意产业、在线教育五大产业群组，运营着同方股份、紫光集团、启迪控股、诚志股份四大综合性集团以及清控人居、清控资管、清控核能等专业性集团。

2018年，清华控股通过股权重组使紫光集团的实际控制人发展转变，"紫光之变"推动了高等教育的内涵式发展，优化国有产权结构，是推动校办企业市场化进程的重要举措。2018年9月4日，清华控股分别与苏州高铁新城国有资产经营管理有限公司（以下简称"高铁新城"）、海南联合资产管理有限公司（以下简称"海南联合"）签署《股权转让协议》，清华控股将其持有的紫光集团30%、6%的股权分别转让给高铁新城、海南联合，三方签署《共同控制协议》，对紫光集团实施共同控制。随着清华控股将36%股权对外转让，其持有紫光集团的股权比例降至15%。②

股权变动后的紫光集团充分发挥自身优势，先后斥资近60亿美元收购展讯、锐迪科、华三通信等具有全球影响力的公司，并相继在武汉、南京、成都开工建设总投资额近1000亿美元的存储芯片与存储器制造工厂，清华紫光集团的盈利能力不断提高，发展潜力和竞争力也得到提升。

清华大学校办企业紫光集团通过股权重组，进一步实现市场化，将校办

---

① 搜狐新闻. 校办企业缺乏监管野蛮生长，已成滋生腐败温床 [EB/OL]. (2015-05-13) [2022-10-23]. https://www.sohu.com/a/14776626_105067；李士伟，黄乐桢. 校企改制：模式背后的产权归属 [J]. 教育与职业，2006（28）：22-28.

② 新京报. 紫光集团股权变动　清华系领衔校企改革 [EB/OL]. (2018-09-06) [2022-10-23]. https://www.bjnews.com.cn/feature/2018/09/06/503399.html.

企业国有资产监管融入市场化因素，使得清华紫光集团的盈利能力不断提高，发展潜力和竞争力也得到提升，实现了国有资产的保值、增值。虽然这种市场化的方式存在一些风险，但从实践来看，该模式有利于进一步增强校办企业竞争力，通过股权重组，有利于紫光集团引入更专业的管理人才与技术人才，进一步增强紫光集团的竞争力，推进成熟校办企业的市场化进程，优化国有产权结构。毋庸置疑，融入市场化因素的校办企业国有资产监管方式值得进一步探索。

案例 4："启迪"模式——压缩国有资产规模实现混改

内容提要：启迪控股通过混合所有制改革和坚决剥离非相关业务等措施，在实现改制的同时缩减总资产规模近 800 亿元，实现压缩国有资产的混合所有制改革，成为大型校办企业中通过压缩资产规模实现转型的引导者。

启迪控股改制前为清华大学的校办企业"清华启迪"。启迪控股进行混合所有制改革，通过压缩资产规模实现业务集中式发展，成为大型校办企业中转型成功的引导者。

2012 年，启迪控股开始进行混合所有制改革，股权结构变为清华大学和非公经济股东共同持股。在教育部和清华大学的领导下，启迪控股开始从享誉海内外的清华科技园转型，聚焦科技创新和科技服务主业，剥离非相关业务，总资产规模缩减近 800 亿元。缩减规模后，启迪控股又通过融资实现了股权改革。2020 年 12 月 1 日，启迪控股合肥建投及其一致行动人蜀山城投通过 22.2 亿元的公开摘牌及 22.8 亿元增资，成为启迪控股并列第一大股东；青岛红景智谷基金通过 30 亿元增资成为并列第二大股东。这标志着启迪控股历时 3 年的校办企业改革任务全面完成。改制进程中，启迪根据自身作为全国最大新兴企业"种子库"的特有优势，创造性地推行"双向+双新"模式。其中，"双向"体现为一方面吸收地方国资企业大比例入股；另一方面引进地方国资委监管，将其改造为国企。"双新"体现为其改革后的各新兴集团聚焦于各地急需的新基建、新产业，成为地方经济发展急需的新动能。改革后的启迪控股成功建立起覆盖全球的科技创新网络，形成了全链条的垂直孵化体系，组建了环保、新能源、数字经济、大健康、新材料等战略性新兴产业集群，参、控股 10 余家上市公司，2021 年第一季度总资产 1350 亿元，成为科技服务领域无可争议的引领者和全球典范。

校办企业改革的本质是，通过引入更具有产业实力、更具有现代化公司治理经验的资本推动校办企业发展，激发高科技企业创新，提升技术产业化能力。由以上内容分析可得，"启迪模式"呈现出三大特点。

一是"在校生"变成"毕业生"。虽然启迪控股从清华控股脱出，但清华控股仍为启迪控股的并列第一大股东。虽然行政上的上下级关系按中央政府的要求终止了，但启迪控股党委归清华控股党委管理，双方在人才、业务上仍血脉相连。

二是股权改革"门当户对"，治理结构全面优化。基于启迪控股在"战略性新兴产业发动机"的重要地位，股权改革没有采用流行的民营化混改，而是通过引进国资股权，大大提升国资比重并到占绝对多数。同时，因为各个股东股比接近，没有单一的"控制人"股东，从而强化和保障了股东会、董事会决策的民主集中制。

三是上下动员，全面参与，深度融合。启迪控股从集团层面到下属各二、三级新兴产业集团，均与国内重点创新发展区域实现包括股权融合、治理融合、创新融合在内的全面深度融合，打造利益共同体、生命共同体。①

总之，启迪控股通过一系列改革实现从"清华启迪"到"中国启迪"的华丽转身，成为通过改革压缩资产规模的大型校办企业转型的引导者。

案例 5：中国农业大学校办企业探索市场化改制

内容提要：中国农业大学采取改制、出售、销号关闭的方式，对中农大建筑设计院、涿州农场原饲料厂、农药厂等校办企业进行了管理体制改革的尝试，并通过制定企业登记管理办法、学校名称使用规定等一系列规章制度，进行了校办企业市场化改制的有益探索。

在过去十余年间，中国农业大学采取改制、出售、销号关闭的方式，对

---

① 搜狐新闻.启迪控股：探索校企改革新模式 迈入创新发展快车道［EB/OL］.（2021-09-14）［2022-12-20］. https：//www. sohu. com/a/489814456_ 120007037.

中农大建筑设计院、涿州农场原饲料厂、农药厂等校办企业进行了管理体制改革，通过改革明确产权关系，实现校企分离，使校办企业成为独立的市场主体，激发其发展增收的内生动能。

中国农业大学主要通过成立校办产业委员会和成立学校资产经营公司等新式推动其校企改革。

首先，通过制定规章制度成立校办企业委员会。2002 年后，中国农业大学采取改制、出售、销号关闭的方式，对中农大建筑设计院、涿州农场原饲料厂、农药厂等校办企业进行了管理体制改革的尝试，并制定了企业登记管理办法、学校名称使用规定等一系列规章制度，成立了校办产业管委会。

其次，成立学校资产经营管理公司，尝试市场化改革。2006 年，中国农业大学印发《中国农业大学校办产业规范化建设实施方案》，成立了学校资产经营管理公司，任命了公司董事会和监事会，并通过对各企业的甄别分析，确定了第一批进行资产评估的全资企业。在整个过程中，资产经营管理公司建立股票期权制度、员工持股制度、业绩奖励制度，尝试市场化改制。[1]

从该案例可以看出，作为老牌重点高校——中国农业大学也在积极探索校办企业的市场化改制，如股票期权制度、员工持股制度和业绩奖励制度，这些都将成为高校校办企业市场化改制的重要方面，有利于推动校办企业建立完善的现代企业制度。

案例 6：武汉理工大学规范校办企业国有资产管理

内容提要：武汉理工大学通过完善国有资产保障体系、构建现代企业管理制度、支持校办企业发展等一系列改革措施规范校办企业国有资产管理，深化国有资产管理改革，取得了显著经济效益和社会效益。

2014 年，武汉理工大学出台了《武汉理工大学国有资产管理办法》，对学校的国有资产管理机构、资产处置、资产使用及绩效管理、监督管理等做出了一系列规定，为其进行国有资产管理提供制度支撑。

---

[1]　新浪财经. 校办企业改革再启程 [EB/OL]. (2018-05-19) [2022-10-23]. https://finance. sina. cn/2018-05-19/detail-ihaturfs4537611. d. html.

（1）实施校办企业产权管理和目标考核，实现国有资产保值增效

武汉理工大学出台《2014—2016年校办企业目标责任制考核实施方案》，通过制度明确校办企业管理的目标和考核标准，实现了全校各二级单位全方位的目标责任制考核。

（2）健全校办企业国资管理体制，构建现代企业管理制度

一是学校先后成立国有资产管理委员会和经营性资产管理委员会，以"管资本"为主加强对学校经营性资产管理、监督和考核，履行直接出资人职责。二是建立以市场经营为主的资产经营公司（产业集团），实施以股东会、董事会、监事会"三会"为代表的企业法人治理结构。三是建立有效的校办企业国有资产监管制度，遵循"分级监管、民主决策、控制风险、追踪问效"的工作原则，严格按照"经营性资产管理委员会议事规则"和"三重一大"要求相关提议经学校经营性资产管理委员会审议后再由校党委常委会审定。四是制定《廉政风险预警与防范管理小法》，确定校办企业资产管理岗位责任人，制定防范与监督措施，每年检查风险点，确保国有资产不流失。学校对产业集团委派财务主管，履行对所投资全资及控股企业的财务监管职责。学校派驻纪检监察员，强化廉政监督管理。

（3）支持校办企业建设发展，促进国有资产保值增效

一是构建科技成果转化促进机制。学校出台《无形资产管理办法》《促进科技成果转化的规定》等制度，为校办企业提供了技术支持服务。二是搭建科技成果产业化支撑平台。通过股份制形式创建武汉理工大学科技园公司，通过BOT模式建设科技孵化楼。三是扎实推进校办企业目标考核。通过出台《校办企业工作目标责任制考核暂行办法》《2014—2016年校办企业目标责任制考核实施方案》，实现国有资产的保值增效。四是整合优势资源，通过深挖学校科技优势，与地方发展和企业需求紧密结合，依托建材建工、交通、汽车三大行业，积极开展政产学研合作，为校办企业培育新的经济增长点。

（4）注重校办企业反哺学校，推进校企协同发展

一方面，依托行业与校办企业构建"学校+公司+品牌"的卓越工程师工程教育实践模式，在校办企业建立自动化、材料等学科的实践教育中心，让学生在校园里就能接触到先进技术设备。另一方面，建立企业退出机制，反哺学校教学科研。如武汉理工光科股份有限公司是学校通过专利技术投资建立的校办企业，2009年产业集团公司转让持有的大部分股份，实现收入2230万元。此外，该企业每年还为学校提供350万元的科研平台建设经费。十多

年来，该企业反哺学校教学科研经费近亿元。①

从该案例可以看出，武汉理工大学通过多种措施规范校办企业国有资产的管理，这些措施实现了通过加强内部管理与强化制度以实现校办企业协同，同时实现校办企业对国有资产的有效管理。虽然武汉理工大学的校办企业改革还没能形成成熟的模式以供推广，但是其中的很多思想、理念与做法均值得其他学校学习借鉴。

案例 7：东南大学探索校办企业国有资产规范化管理

内容提要： 东南大学资产公司通过完善全资、控股企业法人治理结构，健全现代企业制度，强化经营调控职能，实施股权市场化管理，为高校校办企业股权管理做出了有益的探索和尝试，进一步加强了校办企业国有资产规范化管理。

东南大学借改革东风顺势而为，通过完善校办企业制度规范，加强校办企业财务监管、档案监管和业绩考核，进一步加强了校办企业国有资产规范化管理。截至 2015 年，学校全面完成了校办企业的改革改制工作。在对校办企业改制的过程中，东南大学为推进高校校办企业规范化发展，对高校企业股权管理做出了有益探索。

（1）加强对校办企业的制度规范

2006 年，东南大学成立了企业清产核资工作组和校办企业改革改制工作组，制定和上报了《东南大学产业规范化建设实施方案》，明确了校办企业改革改制工作领导小组的职责，资产公司的组建方式及企业改革改制工作的原则、内容、工作流程等。同年 9 月，学校出台了《东南大学关于规范管理科技产业的实施意见》，进一步推进改革改制工作，并成立了东南大学国有资产经营管理委员会，代表学校行使资产公司股东职权。学校发布了《关于进一步规范全资、控股企业相关会议管理的通知》，督促企业及时召开董事会、监事会会议，并制定了《派出董事、监事管理办法》，明确了董事监事责任、权

---

① 中华人民共和国教育部. 武汉理工大学规范校办企业国有资产管理 [EB/OL]. （2014-12-30） ［2022-10-23］. http：//www. moe. gov. cn/jyb_ xwfb/s6192/s133/s200/201412/t20141230_ 182533. html.

利及义务。在此背景下，按照现代企业制度的要求，进一步完善资产公司及全资、控股企业的法人治理结构，发挥"三会"在企业治理中的核心作用。同时，进一步强化了企业的规范管理，明确经营管理层的岗位职责，特别是"三重一大"决策过程。

（2）加强对校办企业的财务监管

2007年3月，东南大学设立了江苏东南大学资产经营有限公司，对所属校办企业进行了全面梳理，通过关、停、并、转等方式对所属企业逐一进行处置。2012年，资产公司建立了统一的财务管理平台；2014年，做到了对全资、控股企业的全覆盖，实现了对企业财务运行总体情况的实时监控和预警，对存在的问题及时给予纠正。2017年底，又在平台上添加了报销凭证汇总录入系统，方便快速准确了解所属企业财务的动态状况。为了加强对所属企业的财务监管，资产公司采取了定期与不定期两种形式对校办企业进行财务检查。定期检查，每两年开展一次，对企业财务管理工作进行全面检查；不定期检查，根据财务平台异常状况或对某一个企业开展专项检查，并对存在的问题提出整改意见，针对薄弱环节进一步完善财务管理制度。

（3）加强对校办企业的档案监管

自2014年以来，资产公司通过搜集各种企业零散的资料，建立了每家企业的纸质档案。随后，为了进一步加强对所属企业档案的科学化、规范化管理，建立了数字计算机信息系统，实现电子化档案管理，利用数字科技整合所属企业的各类信息，提高企业档案管理的效率与质量。

（4）加强对校办企业的业绩考核

2015年，资产公司建立了控股企业业绩考核体系，不断优化考核指标，完善考核方法。考核体系包含党建工作、内部治理、财务管理、财务风险控制、党风廉政建设、科研成果转化等多方面；考核方式包含企业自评、考核工作组实地检查，工作组对照考核体系打分等方式。通过完善考核体系并拓展考核方式对企业进行综合考核，并逐步推行将业绩考核结果与企业负责人薪酬挂钩。①

从该案例可以得出以下结论。

一是出台了一系列政策文件进行规范化管理。这些政策文件包括《东南

---

① 江苏东南大学资产经营有限公司：凝练特色，整合资源，健全内控机制，强化经营管理目标［EB/OL］.（2017-07-06）［2022-10-23］. https：//zcgs. seu. edu. cn/2017/0706/c35668a192771/page. htm.

大学产业规范化建设实施方案》《东南大学关于规范管理科技产业的实施意见》《关于进一步规范全资、控股企业相关会议管理的通知》《委派董事、监事承诺书》《关于全资、控股企业负责人薪酬管理的指导意见》等。这些文件规范了资产公司的治理结构，明确了董事会、监事会、股东会的职责，规范了所属企业的薪酬分配行为，对推动学校所属企业的改革改制工作起到了重要作用。

二是采取了灵活的考核与激励方法进行股权管理。自2015年开始，东南大学通过与企业签订目标责任书的方式，明确经营管理人员的责权利关系；通过定期考评与不定期考评，将考评结果与相关负责人的薪酬挂钩，对所属企业负责人起到了一定的激励作用。

案例8：重庆大学推进校办企业国有资产精细化管理

内容提要：重庆大学资产经营有限责任公司遵循国家创新创业、科技成果转化的大政方针，构建了"1+5"科技创新体系，同时开展校办企业清理整顿工作，对校办企业进行全面清理排查，以此推动校办企业国有资产的精细化管理。

高校校办企业改制是国有资产管理体制改革的重要环节，也是高校校办企业规范化建设的重要任务之一。重庆大学通过成立资产经营有限公司、完善规章制度、加强校企监管等系列措施推进校办企业的精细化管理。

（1）成立重庆大学资产经营有限责任公司，负责校办企业的运转和经营

重庆大学按照国家相关政策，组建了重庆大学资产经营有限责任公司，按照市场化模式，负责下属校办企业的运转和经营；并按照国家创新创业、科技成果转化的大政方针要求，构建了"1+5"科技创新体系。"1+5"科技创新体系意指由科学技术发展研究院1个科研管理机构，前沿交叉学科研究院、产业技术研究院、国防科学技术研究院、国际联合研究院、建筑规划设计研究总院5个科研实体组成，能够为科研攻关提供了很好的组织保障和资

源支撑。① 其中，产业技术研究院是由重庆大学资产经营有限责任公司与九龙坡区政府合作共建的事业单位性质的技术应用型研究院，实行理事会领导下的院长负责制，采取市场化运营模式，设立若干研究所和创新中心，业务涵盖科学研究、技术研发、技术转移、企业孵化以及项目引进等方面。重大知识产权运营公司是由资产公司全额出资成立的学校知识产权运营平台，旨在依托学校，通过知识产权投资运营，盘活学校知识产权资产，推动科技成果转化，提高创新成果转变为知识产权的能力。

（2）通过出台一系列文件，进一步加强对校办企业的管理

重庆大学资产经营有限责任公司在原有管理制度的基础上修订并出台了一系列重要文件——《重庆大学资产经营有限责任公司重大经济事项决策管理办法》《重庆大学资产经营有限责任公司投资管理办法》《重庆大学资产经营有限责任公司资金管理办法》《重庆大学资产经营有限责任公司派出董事、监事及股东代表管理办法》《企业负责人薪酬管理办法》《企业负责人考核实施意见》等，用制度规范企业管理流程与秩序。

（3）强化校办企业有机整合

重庆大学为强化校办企业的有机整合，开展了包括校办企业清理整顿，统计学校参股停业吊销的校办企业，召开校办产业清理整顿固定会议，邀请会计师事务所参与清算注销等各类工作。同时，开展了重庆大学建筑规划设计研究总院有限公司、重庆大学规划设计研究院有限公司、重庆学苑房地产开发有限公司、重庆大学重大专利代理有限公司等企业的股权无偿划转至资产公司的工作。②

从该案例可以看出，重庆大学遵循国家相关政策要求，致力于推动校企分离，成立了国有独资的资产经营有限责任公司，并按照市场化模式对校办企业进行日常管理；重庆大学资产经营有限责任公司在原有管理制度的基础上修订并出台了一系列重要文件，以建立现代企业制度的目标进行企业改制；重庆大学开展校办企业清理整顿工作，通过清理整顿停业吊销的校办企业，实现校办企业的有机整合，有利于国有资产的有效监管。

---

① 重庆日报. 从顶层设计，到机制体制改革，到科技成果转化：重庆加快构建全域联动科技创新生态 [EB/OL]. (2021-01-23) [2023-02-13]. https：//news. cqu. edu. cn/archives/medias/content/2021/01/23/ed665fd661589a7a1e89af479e198fcea0048c15. html.

② 资料来源于重庆大学资产经营有限责任公司, http：//cyb. cqu. edu. cn/zcgs/wzsy. htm.

案例 9：东华大学加强校办企业国有资产的监管

内容提要： 东华大学在管理机构的职责设定、资产评估管理与核资清产、国有资产产权管理与监督、业绩考核与责任追究等方面实施一系列改革措施，推动了校办企业国有资产的合理流动和有效配置，增加了校办企业的活力。

2018 年，为进一步加强对校办企业国有资产的监督管理，东华大学采取一系列措施促进其校办企业的改革与发展，相关重点内容如下。

第一，明晰职责。认定校办企业国有资产属于国家所有，学校代表国家履行出资人职责，享有所有者权益，实行权利、义务和责任相统一，建立以管资本为主的企业国有资产管理体制。校办企业国有资产管理包括企业国有资产出资人权益的重大事项决定及清产核资、资产评估、产权登记等基础管理工作。

第二，明确产权。学校对校办企业的管理实行事企分开、所有权与经营权分离，企业依法享有有关法律、法规规定的企业经营自主权。

第三，专设机构。学校设立国有资产管理领导小组，并规范国有资产管理领导小组的具体职责，坚持以管资本为主加强对校办企业的国有资产进行监管。根据学校授权，依法对校办企业行使出资人权利，履行出资人义务。依法制定或审批企业章程、履行资产受益、重大决策、选择管理者等出资人权利，考核企业经营业绩并对企业负责人进行奖惩，切实维护国有资本权益，统筹决策校办企业国有资产管理的相关事宜。

第四，完善制度。通过建立现代企业制度对校办企业重大事项进行管理。即通过现代制度的确立与完善对企业国有资产的产权界定、注销登记等事项进行明确规定，为国有资产的规范运营提供制度保障。

第五，加强监督。在企业国有资产监督方面，国有资产管理领导小组代表学校向一级企业派出监事。监事会的组成、职权、行为规范等依照国家文件规定执行；同时，对企业的年度经营进行业绩考核，企业董事会、监事会未按照规定向国有资产管理领导小组报告财务状况、生产经营状况和国有资产保值增值状况，造成债务风险、国有资产流失的，予以警告；情节严重的，对直接负责的主管人员和其他直接责任人员依规给予相应处分。①

从以上条例可以看出，东华大学主要通过两点加强对校办企业国有资产的监督管理。一是通过新型管理机构的设置提升校办企业资产管理的方式和水平，对校办国有资产管理领导小组进行职责的界定和划分，在现代企业制度的框架内对企业的重大事项进行管理。二是完善相关规定，细化监督管理措施，关于企业的清产核资和资产评估管理，新监督管理办法详尽规定了对企业资产处分的条件和场景，明确了企业国有资产的产权管理方案，加大对企业国有资产的监督，并实施企业年度经营业绩考核制度，使得校办企业的资产增长处于适应市场经济和企业发展规律的环境下，并通过责任追究机制消减国有资产财务风险。总体而言，东华大学对国有资产的管理思路借鉴了现代企业的管理思想，坚持了事企分开，所有权与经营权分离的大方向，保障了企业的经营自主权。

案例10：华中科技大学校办企业的脱钩剥离改革

内容提要：华中科技大学旗下的产业资本平台——武汉华中科技大学产业集团有限公司采取股权转让厘清产权和责任关系，通过脱钩剥离实现了校企分离。"华科系"的脱钩剥离式校办企业改革在全国范围内引起了"大地震"，同时佐证了高校校办企业纳入地方国有资产管理是未来相对明确的发展方向。

华中科技大学凭借强大的科研产业化能力、开放的政策支持以及整合的资产平台——武汉华中科技大学产业集团有限公司（以下简称"华科大产业集团"），陆续培育了三家上市公司，分别为华工科技、天喻信息和华中数控。

从2019年开始，为贯彻落实中央全面深化改革委员会发布《高等学校所属企业体制改革的指导意见》及财政部、教育部改革方案，华中科技大学和旗下上市公司启动治理体制改革，对高校校办企业的国有资产进行全面规范，

---

① 东华大学信息公开网. 东华大学校办企业国有资产监督管理办法（试行）[EB/OL].（2018-08-28）（2022-10-23）. https：//xxgk. dhu. edu. cn/2018/0828/c19081a199523/page. htm.

厘清产权和责任关系，分类实施改革工作。校办企业改革力度空前，甚至被相关高校校办企业视为"大地震"。具体措施如下。

首先，通过股权转让厘清产权和责任关系。华科大产业集团旗下的华中数控公司率先开局，引进民营资本——卓尔智能入驻华中数控。同时，华中数控控股股东变更为行动人卓尔智能。华工科技和天喻信息紧随其后，华工科技控股股东由华科产业集团变更为国恒基金，实际控制人则由华中科技大学变更为武汉市国资委；天喻信息也依照校办企业改革相关部署推动股权转让工作。

其次，通过脱钩剥离实现校企分离。在校企改革路径上，除了高校不再新办企业之外，对于已有企业主要采取清理关闭、脱钩剥离、保留管理、集中监管四种方式进行校企分离。相较于清理关闭、保留管理、集中监管三种校企分离方式，此次"华科系"的改革就属于校办国有资产脱钩剥离方式，达到对现有资产的全面规范、清理再增值。即通过脱钩剥离将企业交给社会，让高校回归教育。

推进高校企业混合所有制改革可促进企业建立真正的现代企业制度，提高科研人员从事研发的积极性，也能持续提高科研成果质量和科技成果转化率。华中科技大学的校办企业改革为其他学校进行校办企业改革提供了成功经验。

案例11：中南大学校办企业改革的未来
——国资委"放权管资"

内容提要：中南大学通过成立资产经营公司，将校办企业转入资产经营公司，并对校办企业进行全面清理与分类改革完成校办企业改革。通过改革减轻自身负担，促进国有资产的增值、保值。

中南大学通过成立资产经营公司，并由其对转入该公司的校办企业进行全面清理与改革，实现了校办企业的成功转型。

中南大学成立中南大学资产经营有限公司，并将粉末冶金工程研究中心有限公司（以下简称"粉末中心"）纳入名下。中南大学资产经营有限公司顺应国家倡导，对粉末中心及其下属企业进行了一系列改革，具体措施如下。

首先，通过股权变更更改实际控制人。2019年，粉末中心引入湖南兴湘投资控股集团（以下简称"兴湘集团"）对博云新材上市公司进行增资，改革过后，兴湘集团将持有粉末中心51%的股权，中资公司股权变为49%，兴湘集团成为粉末中心控股股东。这意味着改革后，博云新材上市公司的实际控制人由中南大学变更为湖南省国资委。

其次，通过"放权管资"各司其职。粉末中心下属企业博云新材上市公司过去一直是校办企业的模式，体制和机制无法适应高度竞争的产业需要。加之博云新材上市公司之前历经高管贪腐、股东内斗、混改失败等跌宕起伏的资本大戏，企业经营情况不容乐观。面对这些难题，湖南省国资委与时俱进，顺应中共十九届四中全会明确形成以"管资本"为主的国有资产监管体制。在湖南省国资委调研督导博云新材上市公司改革工作的时候，要充分利用高等院校和创新平台优势，放大国有资本功能，对标一流企业，提升经营管理水平。同时，要切实推进以"管资本"为主的管理方式，发挥校办企业背靠高校的优势，更好地促进学校的科研成果转化，真正做到各司其职，让高校回归本位。①

由此可见，中南大学校办企业改革顺应了时代要求，通过中南大学资产经营中心对校办企业进行清理与改革，将特定企业划分到湖南省国资委管理，减轻自身负担。湖南省国资委也响应国家号召，通过"放权管资"实现各主体各司其职，让高校回归教育本位。

---

① 湖南日报. 国有资本推进校企合作 兴湘集团将增资中南大学粉冶中心［EB/OL］. （2018-11-12）［2022-10-23］. https：//m. voc. com. cn/xhn/news/201811/14181587. html.

参考文献

一、中文文献

（一）著作类

1. 阿什比. 科技发达时代的大学教育［M］. 滕大春，等译. 北京：人民教育出版社，1983.

2. 布鲁姆. 走向封闭的美国精神［M］. 缪青，等译. 北京：中国社会科学出版社，1994.

3. 陈振明. 政策科学：公共政策分析导论［M］. 北京：中国人民大学出版社，2004.

4. 缪勒. 公共选择理论［M］. 杨春学，等译. 北京：中国社会科学出版社，1999.

5. 德里克·博克. 走出象牙塔：现代大学的社会责任［M］. 徐晓洲，等译. 杭州：浙江教育出版社，2001.

6. 法约尔. 工业管理与一般管理［M］. 北京：中国社会科学出版社，1982.

7. 塔洛克. 寻租［M］. 李政军，译. 成都：西南财经大学出版社，1999.

8. 何增科. 腐败防治与治理改革［M］. 长春：吉林人民出版社，2009.

9. 何增科. 公民社会与治理［M］. 北京：社会科学文献出版社，2011.

10. 亨廷顿. 变化社会中的政治秩序［M］. 上海：上海三联书店，1989.

11. 洛克. 政府论：下篇［M］. 叶启芳，瞿菊农，译. 北京：商务印书馆，1982.

12. 孟德斯鸠. 论法的精神：上册［M］. 张雁深，译. 北京：商务印书馆，1961.

13. 任建明，杜治州. 腐败与反腐败：理论、模型和方法［M］. 北京：清华大学出版社，2009.

14. 克雷克，乔丹. 腐败史：上 [M]. 邱涛，译. 北京：中国方正出版社，2016.

15. 伊特韦尔，等. 新帕尔格雷夫经济学大辞典 [M]. 北京：经济科学出版社，1996.

（二）期刊类

1. 海登海默. 腐败的面貌：以比较眼光进行的探索 [J]. 国际社会科学杂志（中文版），1997（3）.

2. 柏维春，李红权. 国有企业腐败的发生机理与治理对策 [J]. 河南社会科学，2013（5）.

3. 海伍德，何增科. 政治腐败：问题与透视 [J]. 马克思主义与现实，1998（6）.

4. 蔡陈聪. 腐败定义及其类型 [J]. 中国青年政治学院学报，2001（2）.

5. 陈刚，李树. 官员交流、任期与反腐败 [J]. 世界经济，2012（2）.

6. 陈婴虹. 论我国公务员财产申报配套制度 [J]. 中共浙江省委党校学报，2012（2）.

7. 戴军，张广玲. 国有资产监管体制市场化改革路径研究：以淡马锡模式的本土化创新为例 [J]. 天津大学学报（社会科学版），2015（3）.

8. 董瑛，刘绩川. 清廉中国：反腐败斗争压倒性胜利的三重逻辑 [J]. 治理研究，2022（1）.

9. 杜治洲，任建明. 我国网络反腐特点与趋势的实证研究 [J]. 河南社会科学，2011（2）.

10. 杜治洲，张阳阳. 微博反腐：模型、现状与对策 [J]. 理论视野，2012（6）.

11. 杜治洲. 科技反腐的理论模型与风险防范 [J]. 安徽师范大学学报（人文社会科学版），2011（6）.

12. 樊浩. 当前中国伦理道德状况及其精神哲学分析 [J]. 中国社会科学，2009（4）.

13. 房宁. 我国反腐倡廉的形势、特点与制度建设 [J]. 科学社会主义，2015（1）.

14. 高德华，季斐斐，樊非，等. 浅议高校校办企业领域治理存在的问题及对策 [J]. 教育教学论坛，2018（41）.

15. 高红，管仲军. 公益事业单位国有资产监管：重点、挑战与优化路径

[J]. 中国行政管理, 2020 (6).

16. 管素叶. 反腐败错误认识剖析 [J]. 科学社会主义, 2020 (3).

17. 郭莉. 网络舆论监督与权力监督对接制度的建构 [J]. 学术界, 2013 (7).

18. 郭旭. 中国校办企业的发展与展望 [J]. 中国科技产业, 2021 (12).

19. 国家统计局课题组, 章国荣, 彭志龙, 等. 国有资产监管指标体系研究 [J]. 统计研究, 2006 (6).

20. 过勇, 胡鞍钢. 行政垄断、寻租与腐败: 转型经济的腐败机理分析 [J]. 经济社会体制比较, 2003 (2).

21. 韩小明. 关于国有资产管理体制改革的探讨 [J]. 教学与研究, 1999 (11).

22. 何旗. "一家两制" 现象中的隐性权力腐败及其治理: 基于利益冲突的分析视角 [J]. 甘肃行政学院学报, 2019 (3).

23. 何增科. 高校腐败及其治理状况的调查与研究 [J]. 广州大学学报 (社会科学版), 2013 (11).

24. 何增科. 依靠制度建设遏制商业贿赂 [J]. 经济社会体制比较, 2008 (1).

25. 贺东航, 孔繁斌. 中国公共政策执行中的政治势能: 基于近20年农村林改政策的分析 [J]. 中国社会科学, 2019 (4).

26. 胡鞍钢, 过勇. 公务员腐败成本—收益的经济学分析 [J]. 经济社会体制比较, 2002 (4).

27. 胡鞍钢, 康晓光. 以制度创新根治腐败 [J]. 改革与理论, 1994 (3).

28. 黄百炼. 论反腐败与坚持社会主义 [J]. 科学社会主义, 1994 (3).

29. 黄萃, 任弢, 张剑. 政策文献量化研究: 公共政策研究的新方向 [J]. 公共管理学报, 2015 (2).

30. 黄萃, 苏竣, 施丽萍, 等. 政策工具视角的中国风能政策文本量化研究 [J]. 科学学研究, 2011 (6).

31. 黄贲辉, 许正中. 国内行政改革研究热点与发展趋势研究: 基于 CiteSpace 知识图谱分析 [J]. 长白学刊, 2021 (5).

32. 黄少平. 论文化反腐 [J]. 中州学刊, 2011 (3).

33. 黄威威. 制度为本、技术为器: 基于 "互联网+" 条件下的协同反腐

模式创新 [J]. 领导科学, 2017 (17).

34. 黄燕, 杨连招, 李月发, 等. 广西高校廉洁教育现状调查与对策分析 [J]. 经济与社会发展, 2015 (5).

35. 贾振国. 国有企业反腐倡廉建设有效途径探讨 [J]. 理论前沿, 2008 (19).

36. 姜国权, 王越. 高校廉政建设的深层思考与对策 [J]. 中国行政管理, 2011 (8).

37. 敬乂嘉. 控制与赋权: 中国政府的社会组织发展策略 [J]. 学海, 2016 (1).

38. 李福生, 邱冠文. 高校反腐倡廉创新思考 [J]. 人民论坛, 2011 (29).

39. 李继华. 我国检察举报制度的问题及对策 [J]. 法学杂志, 2006 (2).

40. 李健生. 构建高校所属企业的多维多主体监管体制研究 [J]. 广西社会科学, 2019 (8).

41. 李江, 刘源浩, 黄萃, 等. 用文献计量研究重塑政策文本数据分析: 政策文献计量的起源、迁移与方法创新 [J]. 公共管理学报, 2015 (2).

42. 李洁. 提高国有企业纪检监察干部能力建设的途径 [J]. 企业研究, 2013 (18).

43. 李金荣. 浅论企业的营销腐败 [J]. 当代经济研究, 2003 (7).

44. 李培林. 改善高职院校固定资产管理初探 [J]. 现代经济信息, 2015 (7).

45. 李培林. 基于管理学视角的国企高管腐败治理研究 [J]. 中州学刊, 2015 (7).

46. 李仁刚. 论高校资产经营公司的功能定位与职能配置 [J]. 中国高校科技与产业化, 2010 (5).

47. 李士伟, 黄乐桢. 校企改制: 模式背后的产权归属 [J]. 教育与职业, 2006 (28).

48. 李瑛. 高校国有资产管理制度廉洁性评估 [J]. 中国高校科技, 2015 (5).

49. 李煜, 王义秋. 高校无形资产管理现状及对策 [J]. 东北大学学报 (社会科学版), 2006 (5).

50. 李志强. 制度配置理论：概念的提出 [J]. 山西财经大学学报，2002（1）.

51. 廖冲绪，杨旭. 党的十八大以来反腐倡廉制度建设探要 [J]. 毛泽东思想研究，2017（6）.

52. 廖红伟. 我国国有资产监管问题与对策研究 [J]. 经济纵横，2009（1）.

53. 刘国佳，韩玮，陈安. 基于三维分析框架的突发公共卫生事件应对政策量化研究：以新冠肺炎疫情为例 [J]. 现代情报，2021（7）.

54. 刘金程. 依规治党：从"不敢腐"到"不能腐" [J]. 人民论坛，2017（6）.

55. 刘鑫，朱启友. 中国特色反腐倡廉建设的现实困境及路径选择 [J]. 政治学研究，2010（2）.

56. 刘幸菡. 高校党委落实党风廉政建设主体责任问题探析 [J]. 思想教育研究，2017（12）.

57. 刘银善. 适应新常态，全面履行监督执纪问责职能：关于新形势下高校纪委深化"三转"工作的研究与思考 [J]. 吉林师范大学学报（人文社会科学版），2015（4）.

58. 罗迪. 高校边缘腐败的成因分析与预防对策研究 [J]. 中国管理信息化，2018（1）.

59. 吕丽，杨崇祺. 高校腐败治理的路径依赖与困境突破：基于历史制度主义视角的分析 [J]. 中国行政管理，2017（8）.

60. 马东亮，王美英，等. 高校领域腐败预防与内控制度建设实证研究 [J]. 产业与科技论坛，2016（12）.

61. 马培泉，李永春等. 高校校办产业与现代企业制度 [J]. 兰州大学学报（社会科学版），2001（5）.

62. 马庆钰. 关于腐败的文化分析 [J]. 中国人民大学学报，2002（6）.

63. 牟广东，曹云生. 廉政文化：从源头上预防和治理腐败的重要途径 [J]. 求实，2008（8）.

64. 倪受彬. 中国国有资产管理目标及其实现机制 [J]. 学术月刊，2008（6）.

65. 倪星. 公共权力委托-代理视角下的官员腐败研究 [J]. 中山大学学报（社会科学版），2009（6）.

66. 庞玉清. 构建高校"不想腐、不能腐、不敢腐"的反腐败有效机制 [J]. 长春师范大学学报, 2016 (9).

67. 戚聿东, 张任之. 新时代国有企业改革如何再出发: 基于整体设计与路径协调的视角 [J]. 管理世界, 2019 (3).

68. 任建明, 胡光飞. 文化反腐: 历史反思、特点分析及手段策略 [J]. 中国特色社会主义研究, 2018 (9).

69. 桑玉成. 政治发展的规划与预期 [J]. 探索与争鸣, 2008 (10).

70. 邵燕斐, 童国华. 新媒体与政府关系的解构与重构 [J]. 电子政务, 2014 (11).

71. 斯阳, 李伟, 王华俊. "制度+科技+文化"高校廉政风险防控机制建设新探索 [J]. 上海党史与党建, 2012 (8).

72. 孙海法, 朱莹楚. 案例研究法的理论与应用 [J]. 科学管理研究, 2004 (1).

73. 孙晓宁. 校办企业国有资产流失问题研究 [J]. 西安工程科技学院学报, 2007 (1).

74. 孙云. 中国高校校办企业产权管理初探 [J]. 中国高校科技与产业化, 2009 (7).

75. 万广华, 吴一平. 制度建设与反腐败成效: 基于跨期腐败程度变化的研究 [J]. 管理世界, 2012 (4).

76. 王帮俊, 喻攀. 光伏产业政策效力和效果评估: 基于中国 2010—2020 年政策文本的量化分析 [J]. 软科学, 2022 (8).

77. 王保坤. 领导权力隐性腐败的内核、外显与治理机制: 基于"一家两制"情境 [J]. 领导科学, 2021 (9).

78. 王浩, 甘晓伟. 高校校办企业的改革实践与发展思考 [J]. 教育理论与实践, 2003 (24).

79. 王红, 郭志丹, 刘烨. 高校校办企业财务管理问题及对策 [J]. 广东农业科学, 2009 (5).

80. 王沪宁. 论中国产生政治腐败现象的特殊条件 [J]. 上海社会科学院学术季刊, 1989 (3).

81. 王林. 强化政府对国有企业改制中资产流失监管的对策探讨 [J]. 商业经济, 2013 (12).

82. 王胜楠, 章利华, 姚丹燕. 校办科技产业廉政制度建设探讨: 基于财

务管理视角的 [J]. 中国高校科技, 2018 (9).

83. 王顺添. 新时期校企机制分析 [J]. 湖北经济学院学报（人文社会科学版）, 2008 (11).

84. 王颖. 高校校办企业治理体系改革分析及建议 [J]. 中国高等教育, 2021 (2).

85. 魏杰, 徐有轲. 关于财产关系、产权及国有企业改革的几个理论问题 [J]. 天津社会科学, 1996 (4).

86. 吴根平. 建立我国政府信息公开制度探析 [J]. 南京农业大学学报（社会科学版）, 2002 (4).

87. 吴荣顺, 朱玉先. 浅谈高校产业的廉政文化建设 [J]. 中国高校科技, 2013 (12).

88. 吴荣顺. 浅谈高校经营性资产监管 [J]. 江苏高教, 2015 (2).

89. 吴易安. 高校廉政文化建设路径探析 [J]. 广西民族大学学报（哲学社会科学版）, 2016 (4).

90. 吴云, 覃渝. 完善校办企业监事会教育行政立法的思考 [J]. 中国高校科技, 2015 (8).

91. 肖世杰, 张龙. 国内外主要反腐败理论的述评及其若干启示 [J]. 湖南社会科学, 2014 (5).

92. 谢地, 刘佳丽. 非经营性国有资产监管机制、体制及制度亟待改革 [J]. 经济学动态, 2013 (10).

93. 徐英, 覃渝, 张冀南. 规范内部控制　加强校办企业财务管理 [J]. 中国高校科技, 2018 (10).

94. 闫平, 彭勃. 校办企业国有资产监管问题研究 [J]. 中国高校科技, 2019 (Z1).

95. 严春燕. 高校校办产业财务管理问题探析 [J]. 北京工商大学学报（社会科学版）, 2009 (5).

96. 杨波. 论基本公共服务均等化的演进特征与变迁逻辑：基于2006—2018年政策文本分析 [J]. 西南民族大学学报（人文社科版）, 2019 (5).

97. 杨德林, 邹毅. 中国研究型大学科技企业衍生模式分析 [J]. 科学管理研究, 2003 (4).

98. 杨莲秀, 胡孔玉. 基于内容分析法的我国智慧养老政策分析 [J]. 上海大学学报（社会科学版）, 2021 (4).

99. 姚永强. 我国高校国有资产监管的法治不足及其治理 [J]. 教育与经济, 2011 (1).

100. 银晓丹. 企业国有资产监管法律责任及其救济 [J]. 河北法学, 2011 (2).

101. 尤树林, 邹爱萍. 新常态下高校惩治与预防腐败体系建设思考 [J]. 教育教学论坛, 2016 (7).

102. 俞海山, 周亚越. 公共政策何以失败: 一个基于政策主体角度的解释模型 [J]. 浙江社会科学, 2022 (3).

103. 岳磊. 腐败行为的概念界定及其对我国的适用: 基于社会学视野的探析 [J]. 郑州大学学报 (哲学社会科学版), 2013 (2).

104. 张斌. 多重制度逻辑下的校企合作治理问题研究 [J]. 教育发展研究, 2014 (19).

105. 张孟英, 刘京美. 对高校制度反腐问题的思考 [J]. 西南民族大学学报 (人文社科版), 2007 (7).

106. 张晓红. 规范高校国有资产管理　加强校办企业改制监督 [J]. 法治与社会, 2007 (4).

107. 张晓文, 李红娟. 国有资产管理体制的变革: 从管理到监管 [J]. 经济与管理, 2016 (5).

108. 张宇同. 论制度与科技反腐对党政建设的重要性 [J]. 中国高新技术企业, 2014 (13).

109. 章国荣, 彭志龙, 等. 国有资产监管指标体系研究 [J]. 统计研究, 2006 (6).

110. 章亿发, 张兵, 王睿. 中国高校校办企业改革: 回顾与展望 [J]. 中国高教研究, 2021 (8).

111. 赵雪芹, 蔡铨, 王英. 我国个人信息保护政策的文本分析: 基于政策工具、社会系统论、政策效力的三维分析框架 [J]. 现代情报, 2021 (4).

112. 赵园园, 张明军. 协同监督的现实困境及拓展路径 [J]. 行政论坛, 2020 (4).

113. 郑震. 社会学方法的综合: 以问卷法和访谈法为例 [J]. 社会科学, 2016 (11).

114. 周义程. 从分权制衡到社会制约: 西方权力制约思想的范式转换 [J]. 社会主义研究, 2011 (4).

115. 朱光磊, 盛林. 过程防腐: 制度反腐向更深层次推进的重要途径 [J]. 南开学报 (哲学社会科学版), 2006 (4).

116. 朱桂龙, 杨小婉, 江志鹏. 层面-目标-工具三维框架下我国协同创新政策变迁研究 [J]. 科技进步与对策, 2018 (13).

117. 朱亮, 孟宪学. 文献计量法与内容分析法比较研究 [J]. 图书馆工作与研究, 2013 (6).

118. 朱炜, 李伟健, 綦好东. 中国国有资产监管体制演进的主要历程与基本特征 [J]. 经济学家, 2022 (2).

119. 朱新梅. 教育腐败与学术腐败及其治理 [J]. 教育发展研究, 2004 (10).

120. 朱延辉. 浅议高等学校校办企业的会计委派制 [J]. 现代教育科学, 2010 (1).

121. 庄德水. 利益冲突: 一个廉政问题的分析框架 [J]. 上海行政学院学报, 2010 (5).

122. 庄德水. 利益冲突视角下的腐败与反腐败 [J]. 广东行政学院学报, 2009 (6).

123. 邹薇. 腐败行为的政治经济学分析 [J]. 武汉大学学报 (人文社会科学版), 2000 (1).

124. 左婧. 校办产业反腐倡廉建设思考 [J]. 中国高校科技, 2014 (9).

二、英文文献

(一) 著作类

1. ACKERMAN S R. Corruption: A study in political economy [M]. New York: Academic Press, 1978.

2. KLITGAARD R. Controlling corruption [M]. Univ of California Press, 1988.

3. ROE M J. Political determinants of corporate governance: Political context, corporate impact [M]. Oxford University Press on Demand, 2006.

4. WILSON R. The structure of incentives for decentralization under uncertainty [M]. Editions du Centre national de la recherche scientifique, 1969.

5. YIN R . CaseStudy Research Design and Methods [M]. Sage, Publication, 1994.

（二）期刊类

1. BARR A, SERRA D. Corruption and culture: An experimental analysis [J]. Journal of Public Economics, 2010, 94 (11-12).

2. BATHELT H, KOGLER D F, MUNRO A K. A knowledge-based typology of university spin-offs in the context of regional economic development [J]. Technovation, 2010, 30 (9-10).

3. BENA J, ORTIZ-MOLINA H. Pyramidal Owner? ship and the Creation of New Firms [J]. Journal of Financial Economics , 2013, 108 (3).

4. BERNHEIM B D, WHINSTON M D. Common Agency [J]. Econometrica, 1986, 54 (4).

5. BONTIS N, SELEIM A, BONTIS N. The relationship between culture and corruption: a cross-national study [J]. Journal of Intellectual Capital, 2009, 10 (1).

6. CAI H, FANG H, XU L C. EAT, Drink, Firms, Government: An Investigation of Corruption from The Entertainment and Travel Costs of Chinese Firms [J]. The Journal of Law and Economics, 2011, 54 (1).

7. CAIDEN G E, CAIDEN N J. Administrative Corruption [J]. Public Administration Review, 1977, 37 (3).

8. CHAN H S. Politics over markets: Integrating state-owned enterprises into Chinese socialist market [J]. Public Administration and Development, 2009, 29 (1).

9. CLARYSSE B, MORAY N. A process study of entrepreneurial team formation: the case of a research-based spin-off [J]. Journal of Business Venturing, 2004, 19 (1).

10. COASE R H. The problem of social cost [J]. The journal of Law and Economics, 2013, 56 (4).

11. DEMSETZ H. Towards a Theory of Property Rights [J]. The American Economic Review, 1967, 57 (2).

12. DOSS R M T, JR. Public Service and Private Hospitality: A Case Study in Federal Conflict-of-Interest Reform [J]. Public Administration Review, 1992, 52 (3).

13. ETZKOWITZ H, WEBSTER A, GEBHARDT C, TERRA B R C. The fu-

ture of the university and the University of Future: evolution of ivory tower to entrepreneurial paradigm [J]. Research Policy, 2000, 29 (2).

14. FACCIO M, LANG L H P. The Ultimate Ownership in Western European Corporations [J]. Journal of Financial Economics, 2002, 65 (3).

15. FRANKLIN S J, WRIGHT M, LOCKETT A. Academic and surrogate entrepreneurs in university spin-out companies [J]. The Journal of Technology Transfer, 2001, 26 (1).

16. FURUBOTN E G, PEJOVICH S. Property rights and economic theory: a survey of recent literature [J]. Journal of economic literature, 1972, 10 (4).

17. GUO Y. Evolution and Thinking of the Accounting Supervision Mode of China's State-owned Enterprises [J]. Journal of Computers, 2011, 6 (11).

18. HASSARD J, MORRIS J, SHEEHAN J, et al. China's state-owned enterprises: economic reform and organizational restructuring [J]. Journal of Organizational Change Management, 2010, 23 (5).

19. HERMAN FINER. Administrative Responsibility in Democratic Government [J]. Public Administration Review, 1941 (3).

20. HEYNEMAN S P. Education and corruption [J]. International Journal of Educational Development, 2004, 24 (6).

21. JELFS P, LAWTON SMITH H. Financial performance studies of university spin-off companies (USOs) in the West Midlands [J]. The Journal of Technology Transfer, 2021, 46 (6).

22. JENSON M C, MECKLING W H. Theory of the firm: Managerial behavior, agency costs and ownership structure [J]. Journal of financial economics, 1976, 3 (4).

23. KOPPELL J G S. Political control for China's state-owned enterprises: lessons from America's experience with hybrid organizations [J]. Governance, 2007, 20 (2).

24. LI F, SRINIVASAN S. Corporate governance when founders are directors [J]. Journal of financial economics, 2011, 102 (2).

25. LIBAERS D, MEYER M, GEUNA A. The role of university spinout companies in an emerging technology: The case of nanotechnology [J]. The Journal of Technology Transfer, 2006, 31 (4).

26. LOCKETT A, WRIGHT M. Resources, capabilities, risk capital and the

creation of university spin-out companies [J]. Research policy, 2005, 34 (7).

27. NEVIN J R. Relationship marketing and distribution channels: Exploring fundamental issues [J]. Journal of the Academy of marketing Science, 1995, 23 (4).

28. PARK D S, CHO K T. What factors contribute to the creation of spin-offs? The case of government-funded research institutes in Korea [J]. Asian Journal of Technology Innovation, 2019, 27 (2).

29. PEJOVICH F S. Property Rights and Economic Theory: A Survey of Recent Literature [J]. Journal of Economic Literature, 1972, 10 (4).

30. QIANG Q. Corporate governance and state-owned shares in China listed companies [J]. Journal of Asian Economics, 2003, 14 (5).

31. ROTCH W. Management Control Systems: One View of Components and Their Interdependence [J]. British Journal of Management, 1993, 4 (3).

32. Rothwell R O Y, Zegveld W. An assessment of government innovation policies [J]. Review of policy research, 1984, 3 (3-4).

33. SAM C Y. Partial privatisation and the role of state-owned holding companies in China [J]. Journal of Management & Governance, 2013, 17 (3).

34. SAPPINGTON D E M. Incentives in principal-agent relationships [J]. Journal of economic Perspectives, 1991, 5 (2).

35. SELEIM A, BONTIS N. The relationship between culture and corruption: a cross-national study [J]. Journal of Intellectual Capital, 2009, 10 (1).

36. SHANE S. Technology regimes and new firm formation [J]. Management Science, 2001, 47 (9).

37. STEFFENSEN M, ROGERS E M, SPEAKMAN K. Spin-offs from research centers at a research university [J]. Journal of Business Venturing, 2000, 15 (1).

38. VOHORA A, MIKE W, ANDY L. Critical junctures in the development of university high-tech spinout companies [J]. Research Policy, 2004, 33 (1).

39. WILLIAMSON, OLIVER E. Hierarchical Control and Optimum Firm Size [J]. Journal of Political Economy, 1967, 75 (2).

40. WRIGHT M, LOCKETT A, CLARYSSE B, et al. University spin-out companies and venture capital [J]. Research policy, 2006, 35 (4).

附录1

访谈提纲

一、针对高校校办企业工作人员的访谈提纲

1. 您能谈谈贵校校办企业国有资产监管的现状吗？主要采取了哪些措施呢？

2. 您觉得高校校办企业国有资产监管会存在哪些廉洁风险（或腐败问题）？这些风险该如何防范呢？（不需要以本单位为例）

3. 您觉得高校校办企业现有管理结构是否合理？如果不合理，这些问题是否会导致校办企业国有资产监管中腐败问题的滋生？为什么？（不需要以本单位为例）

4. 您觉得高校校办企业现有产权制度是否合理？如果不合理，这些问题是否会导致校办企业国有资产监管中腐败问题的滋生？为什么？（不需要以本单位为例）

5. 您觉得高校校办企业现有监督体系是否合理？如果不合理，这些问题是否会导致校办企业国有资产监管中腐败问题的滋生？为什么？（不需要以本单位为例）

6. 您觉得高校校办企业现有思想认识是否存在问题？这些问题是否会影响校办企业国有资产监管中腐败问题的滋生？为什么？（不需要以本单位为例）

7. 您觉得制度因素在校办企业国有资产监管中有什么作用呢？在反腐监管中，该如何发挥制度的作用呢？

8. 您觉得文化因素在校办企业国有资产监管中有什么作用呢？在反腐监管中，该如何发挥文化的作用呢？

9. 您觉得科技因素在校办企业国有资产监管中有什么作用呢？在反腐监管中，该如何发挥科技的作用呢？

10. 除此之外，您对高校校办企业国有资产反腐监管，还有什么建议呢？

二、针对高校理论研究工作者和政府机关工作人员的访谈提纲

1. 您认为当前高校校办企业国有资产监管是否到位？为什么？

2. 您认为当前高校校办企业国有资产监管存在哪些廉洁风险（或腐败问题）？这些风险该如何防范？

3. 您觉得高校校办企业现有管理结构存在哪些问题？这些问题是否会导致校办企业国有资产监管中腐败问题的滋生？为什么？

4. 您觉得高校校办企业现有产权制度存在哪些问题？这些问题是否会导致校办企业国有资产监管中腐败问题的滋生？为什么？

5. 您觉得高校校办企业现有监督体系存在哪些问题？这些问题是否会导致校办企业国有资产监管中腐败问题的滋生？为什么？

6. 您觉得高校校办企业现有思想认识存在哪些问题？这些问题是否会导致校办企业国有资产监管中腐败问题的滋生？为什么？

7. 您觉得在高校校办企业国有资产反腐监管中该如何发挥制度因素的作用？

8. 您觉得在高校校办企业国有资产反腐监管中该如何发挥文化因素的作用？

9. 您觉得在高校校办企业国有资产反腐监管中该如何发挥科技因素的作用？

10. 您认为融合"制度、文化和科技"三要素的反腐监管模式构建需要注意哪些问题？该采取哪些措施保证其运行和实施？

11. 除此之外，您对高校校办企业国有资产反腐监管还有什么建议呢？

附录2

高校校办企业国有资产监管和反腐倡廉相关政策和重要讲话一览

编号	政策名称与文号
1	《关于北京大学、清华大学规范校办企业管理体制试点指导意见》（国办函〔2001〕58号）
2	《国有企业监事会暂行条例》（中华人民共和国国务院令第283号）
3	《企业国有资产监督管理暂行条例》（中华人民共和国国务院令第378号）
4	《教育部关于积极发展、规范管理高校科技产业的指导意见》（教技发〔2005〕2号）
5	《教育部关于高校产业规范化建设中组建高校资产经营有限公司的若干意见》（教技发〔2006〕1号）
6	《中央企业综合绩效评价管理暂行办法》国务院管理资产监督管理委员会令第14号
7	《中央企业综合绩效评价实施细则》（国资发评价〔2006〕157号）
8	《加强高校反腐倡廉建设，推动高等教育科学发展》（刘延东在《加强高校反腐倡廉建设工作》会议上讲话）
9	《中华人民共和国企业国有资产法》（中华人民共和国主席令第5号）
10	《教育部关于做好2009年度直属高校产业工作的意见》（教技发〔2009〕1号）
11	《国务院国有资产监督管理委员会国有资产监督管理信息公开实施办法》（国资发〔2009〕18号）
12	《王立英在2011年全国教育工作会议上的讲话》
13	《教育部直属高等学校国有资产管理暂行办法》（教财〔2012〕6号）
14	《教育部直属高校基本建设管理办法》（教发〔2012〕1号）

续表

编号	政策名称与文号
15	《扎实推进干部人事工作和反腐倡廉建设为"办好人民满意的教育"提供坚强保证》（王立英在教育部党组学习贯彻党的十八大精神扩大会议上的发言）
16	《加强反腐败体制机制创新和制度保障，为深化教育领域综合改革提供坚强保证》（王立英的重要讲话）
17	《以深化改革推进教育系统党风廉政建设》（王立英在教育系统党风廉政建设工作暨全国治理教育乱收费部际联席会视频会议上的讲话）
18	《加强高校国有资产管理，杜绝违规经商现象》（教育部）
19	《中共教育部党组关于深入推进高等学校惩治和预防腐败体系建设的意见》（教党〔2014〕38号）
20	《高等学校信息公开事项清单》（教办函〔2014〕23号）
21	《教育部关于加强直属高等学校内部审计工作的意见》（教财〔2015〕2号）
22	《以管资本为主加强国有资产监管》（学习贯彻党的十八届五中全会精神张毅《人民日报》撰文）
23	《全面深化综合改革，全面加强依法治教，加快推进教育现代化》（袁贵仁部长在2015年全国教育工作会议上的讲话）
24	《教育部关于进一步规范和加强直属高等学校所属企业国有资产管理的若干意见》（教财〔2015〕6号）
25	《教育部关于直属高校落实财务管理领导责任严肃财经纪律的若干意见》（教财〔2015〕4号）
26	《财政部关于进一步规范和加强行政事业单位国有资产管理的指导意见》（财资〔2015〕90号）
27	《教育部关于规范和加强直属高校国有资产管理的若干意见》（教财〔2017〕9号）
28	《教育部等五部门关于深化高等教育领域简政放权放管结合优化服务改革的若干意见》（教政法〔2017〕7号）
29	《国务院办公厅关于高等学校所属企业体制改革的指导意见》（国办发〔2018〕42号）
30	《教育部党组书记、部长陈宝生在2018年全国教育工作会议上的讲话》
31	《国务院办公厅关于抓好赋予科研机构和人员更大自主权有关文件贯彻落实工作的通知》（国办发〔2018〕127号）

编号	政策名称与文号
32	《关于扩大高校和科研院所科研相关自主权的若干意见》（国科发政〔2019〕260号）
33	《国务院国资委关于以管资本为主加快国有资产监管职能转变的实施意见》（国资发法规〔2019〕114号）
34	《关于进一步推进高等学校专业化技术转移机构建设发展的实施意见》（国科发区〔2020〕133号）
35	《教育部办公厅关于进一步加强国有资产出租出借管理的通知》（教财厅函〔2020〕9号）
36	《国有资产评估管理办法》（2020修订）（中华人民共和国国务院令第732号）
37	《公共企事业单位信息公开规定制定办法》（国办发〔2020〕50号）
38	《行政事业性国有资产管理条例》（中华人民共和国国务院令第738号）
39	《支持地方高校改革发展资金管理办法》（2021修订）（财教〔2021〕315号）
40	《高等学校财务制度》（2022修订）（财教〔2022〕128号）

高校校办企业国有资产监管和教育领域反腐倡廉的大事记

1992 年

12 月 12 日，北京大学校办企业——北大方正集团有限公司成立。

1993 年

1 月 5 日，复旦大学校办企业上海复旦复华科技股份有限公司在上海证券交易所成功上市，成为中国第一家上市的校办企业。

3 月 10 日，浙江大学工业自动化国家工程研究中心创建了浙大中控科技集团有限公司。

1997 年

12 月 24 日，上海交大昂立股份有限公司在上海市工商行政管理局登记注册。

2000 年

3 月 15 日，为健全国有企业监督机制，加强对国有企业的监督，国务院第二十六次常务会议通过《国有企业监事会暂行条例》，对国有企业监事会职责、与企业关系、监督工作、应具备条件提出了要求。

6 月 29 日，上海东华大学科技园发展有限公司成立。

7 月 24 日，清华大学校办企业——启迪控股成立。

12 月 29 日，为深入推进高校党风廉政建设，保障高校改革与发展的顺利进行，中共教育部党组发布《关于在高校管理体制改革中加强纪检监察工作的通知》。

2001 年

11 月 1 日，国务院办公厅发布《关于北京大学、清华大学规范校办企业管理体制试点指导意见》，标志着北京大学与清华大学的校办企业改制工作开始。

2003 年

4 月 23 日，宁波市中级人民法院做出一审判决。浙江大学校办企业——宁波智达房地产开发公司法定代表人吴某犯受贿罪，被判处有期徒刑 10 年，其犯罪所得 8 万元人民币、2 万美元予以追缴。

5 月 27 日，国务院发布《企业国有资产监督管理暂行条例》，为建立适应社会主义市场经济需要的国有资产监督管理体制，进一步搞好国有企业，推动国有经济布局和结构的战略性调整，发展和壮大国有经济，实现国有资产保值、增值，对国有资产管理监督机构、企业国有资产管理及监督提出了要求。

2004 年

5 月，江西中医学院校办企业——江中集团正式划归江西国资委监管，成为全国首家划归地方国资委监管的校办企业。

10 月 10 日，北京市第二中级人民法院依照《中华人民共和国刑法》判决北京工业大学毓秀精细化工厂原厂长王某犯贪污罪，判处有期徒刑 13 年，并处没收个人财产人民币 10 万元；犯挪用公款罪，判处有期徒刑 2 年，决定执行有期徒刑 14 年，并处没收个人财产人民币 10 万元。

2005 年

10 月 22 日，教育部发布《关于积极发展、规范管理高校科技产业的指导意见》，在认真总结北京大学和清华大学校办企业管理体制改革试点经验的基础上，进一步规范高校科技产业的发展。

2006 年

4 月 7 日，为加强对国资委履行出资人职责企业的财务监督，规范企业综合绩效评价工作，综合反映企业资产运营质量，促进提高资本回报水平，正确引导企业经营行为，根据《企业国有资产监督管理暂行条例》和国家有关规定，制定《中央企业综合绩效评价管理暂行办法》。

6月2日，为促进高校科技产业健康持续发展，保证高校产业改制工作有序、规范地进行，教育部出台了《关于高校产业规范化建设中组建高校资产经营有限公司的若干意见》。

9月12日，为做好中央企业综合绩效评价工作，国务院制定了《中央企业综合绩效评价实施细则》。

12月29日，西安交大资产经营有限公司在西安市高新技术开发区工商局注册成立。

2007 年

1月9日，四川大学制订《四川大学校办企业清产核资工作实施方案》。

11月3日，浙江大学出台《企业冠用校名管理办法》，进一步加强校名的规范使用和管理。

2008 年

9月25日，中共中央政治局委员、国务院党组成员刘延东在加强高校反腐倡廉建设工作会议上强调，加强高校反腐倡廉建设，推动高等教育科学发展。

10月28日，中华人民共和国第十一届全国人民代表大会常务委员会第五次会议通过了《中华人民共和国企业国有资产法》。

2009 年

2月5日，为了提高国务院国有资产监督管理委员会工作的透明度，促进依法履行出资人职责，充分发挥国有资产监督管理信息对人民群众生产、生活和经济社会活动的服务作用，国务院印发了《国有资产监督管理委员会国有资产监督管理信息公开实施办法》，指出了国资委国有资产监管信息公开的范围、程序、方式及监督和保障。

2月18日，为进一步强化学校企业风险管控，有效规避企业风险，推动学校产业科学发展，为我国建设创新型国家和促进国民经济发展贡献力量，教育部出台了《关于做好2009年度直属高校产业工作意见》。

2012 年

2月22日，教育部党组成员、中纪委驻教育部纪检组组长王立英在2012年全国教育工作会议上强调，教育事业改革发展稳定任务艰巨繁重，党的反腐倡廉建设和组织工作面临许多新情况新挑战，抓好组织保障和纪律保障显得尤为重要。

2月29日，为贯彻落实中央关于工程建设领域突出问题专项治理工作的要求，规范和加强直属高校基本建设管理工作，教育部制定了《教育部直属高校基本建设管理办法》。

11月18日，教育部党组成员、中纪委驻教育部纪检组组长王立英在教育部党组学习贯彻党的十八大精神扩大会议上强调，扎实推进干部人事工作和反腐倡廉建设为"办好人民满意的教育"提供坚强保证。

12月17日，为进一步加强教育部直属高等学校国有资产管理，规范国有资产管理行为，合理配置和有效使用国有资产，防止国有资产流失，教育部印发《教育部直属高等学校国有资产管理暂行办法》。

2013 年

8月21日，上海市第二中级人民法院对上海交大投资及参股公司原董事长许某受贿案做出一审判决，以受贿罪判处许某有期徒刑11年，剥夺政治权利3年，并处没收财产人民币30万元；违法所得的财物予以没收。

10月18日，浙江省人民检察院以涉嫌贪污罪对浙江大学中控集团负责人褚某立案侦查；次日，以涉嫌行贿罪对其补充立案。

12月25日，教育部党组成员、中纪委驻教育部纪检组组长王立英发表重要讲话"加强反腐败体制机制创新和制度保障，为深化教育领域综合改革提供坚强保证"。

2014 年

2月27日，王立英在教育系统党风廉政建设工作暨全国治理教育乱收费部际联席会视频会议上发表讲话，强调要以深化改革推进教育系统党风廉政建设。

7月28日，为进一步推进高校信息公开工作，扩大社会监督，提高教育工作透明度，教育部发布《高等学校信息公开事项清单》。

10月17日，教育部发布《关于深入推进高等学校惩治和预防腐败体系建设的意见》。

10月28日，教育部明确提出，要加强高等学校国有资产管理，理顺资产管理关系，严防借改革之机侵吞国有资产、牟取私利。

12月11日，武汉理工大学出台了《武汉理工大学国有资产管理办法》，对学校的国有资产管理机构、资产处置、资产使用及绩效管理、监督管理等做出了一系列规定，进一步加强国有资产管理。

2015 年

1月22日，教育部部长袁贵仁在2015年全国教育工作会议上提出，全面深化综合改革，全面加强依法治教，加快推进教育现代化。

2月26日，教育部为进一步加强直属高等学校内部审计工作，发布《关于加强直属高等学校内部审计工作的意见》。

6月1日，教育部就直属高校落实财务管理领导责任严肃财经纪律提出若干意见。

6月29日，教育部就进一步规范和加强直属高等学校所属企业国有资产管理提出意见。

12月3日，国资委主任张毅提出，要以管资本为主加强国有资产监管。

12月23日，财政部发布《关于进一步规范和加强行政事业单位国有资产管理的指导意见》。

2016 年

8月15日，北大方正集团收到证监会《调查通知书》，因涉嫌违反证券法律法规，证监会决定对其立案调查。

9月9日，复旦大学校办企业——复旦复华收到《税务行政处罚事项告知书》，税务机关拟对复华药业罚款合计约2.66亿元。

2017 年

4月6日，教育部就深化高等教育领域简政放权、放管结合、优化服务改革提出意见。

5月1日，成功缉捕外逃11年的南开大学校办企业——允公集团原董事长杨某。

6月2日，复旦大学与绿地控股宣布共同发起设立校企合作科技创新平台——绿地光华科技产业集团有限公司，加速推动复旦科技、产业优势与绿地资本、市场优势对接。

8月17日，东南大学制定《东南大学企业国有资产监督管理暂行办法（修订）》。

11月22日，上海市第一中级人民法院公开宣判东华大学原副校长江某、虹口区人大常委会原副主任华某、上海东华大学科技园发展有限公司（东华大学校办企业）原总经理刘某贪污、受贿、挪用公款、故意销毁会计凭证、会计账簿、财务会计报告、隐瞒境外存款案。

12月28日，根据有关规定，教育部就规范和加强直属高校国有资产管理提出意见。

2018 年

1月23日，教育部党组书记、部长陈宝生在全国教育工作会议上强调，加强放管服改革，根据办学实际需要和精简效能原则，高校自主确定教学科研、行政职能部门等内设机构的设置和人员配备，赋予直属高校国有资产管理更大自主权。

5月29日，重庆大学发布《重庆大学国有资产管理办法》。

6月20日，为逐步实现高校与下属企业剥离的目标，深化高校所属企业体制改革，国务院办公厅发布《关于高等学校所属企业体制改革的指导意见》。

9月4日，清华大学为促进高等教育内涵式发展，决定推动所属企业的市场化进程，优化国有产权结构，清华控股分别与苏州高铁新城国有资产经营管理有限公司、海南联合资产管理有限公司签署《股权转让协议》。

12月26日，为了进一步推动赋予科研单位和科研人员更大自主权，深入推进下放科技管理权限工作，进一步做好已出台法规文件中相关规定的衔接，加强对政策贯彻落实工作的督察指导，国务院办公厅发布《关于抓好赋予科研机构和人员更大自主权有关文件贯彻落实工作的通知》。

2019 年

1月24日，为加强对教育系统和教育部直属机关党建工作、全面从严治党工作的统一领导，依据部党组决策部署和驻部纪检监察组的相关建议，部党组决定整合党建工作领导小组、党风廉政建设和反腐败工作领导小组，成立教育部党的建设和全面从严治党工作领导小组。

3月2日，为建立适应社会主义市场经济需要的国有资产监督管理体制，进一步搞好国有企业，推动国有经济布局和结构的战略性调整，发展和壮大国有经济，实现国有资产保值增值，国务院发布《企业国有资产监督管理暂行条例》。

2020 年

7月29日，为进一步规范部属各高等学校、有关直属单位的资产出租出借行为，加强资产出租出借管理，教育部办公厅发布《关于进一步加强国有资产出租出借管理的通知》。

12月7日，为了加强对公共企事业单位的监督管理，提升公共企事业单位服务水平，更好维护人民群众切身利益，助力优化营商环境，国务院办公厅制定《公共企事业单位信息公开规定制定办法》。

12月26日，第十三届全国人民代表大会常务委员会第二十四次会议通过《关于加强国有资产管理情况监督的决定》。

2021 年

2月1日，为了加强行政事业性国有资产管理与监督，健全国有资产管理体制，推进国家治理体系和治理能力现代化，国务院公布《行政事业性国有资产管理条例》。

12月31日，为规范和加强支持地方高校改革发展资金管理，提高资金使用效益，促进地方高校内涵式发展，财政部与教育部印发《支持地方高校改革发展资金管理办法》。

2022 年

5月16日，为推动国有经济布局优化和结构调整，助力企业实现高质量发展，加强国有资产交易流转管理，国资委发布了《关于企业国有资产交易流转有关事项的通知》。

10月16日，党的二十大报告指出，只要存在腐败问题产生的土壤和条件，反腐败斗争就一刻不能停，必须永远吹冲锋号，坚持不敢腐、不能腐、不想腐一体推进，以零容忍态度反腐惩恶，决不姑息。